Hugo Kastner
Mit Spielen lernen

Hugo Kastner

Mit Spielen lernen

Ratgeber für Eltern,
Erzieher und Lehrer

Praktische Tipps
für Kinder ab 8 Jahren

Bibliografische Information der Deutschen Nationalbibliothek

Die Deutsche Nationalbibliothek verzeichnet diese Publikation in der Deutschen Nationalbibliografie; detaillierte bibliografische Daten sind im Internet über http://dnb.ddb.de abrufbar.

ISBN 978-3-86910-609-0

Der Autor: Hugo Kastner unterrichtet an einem Wiener Gymnasium. Im Bereich „Spielerisches Lernen" ist er in der Lehrerfortbildung tätig und Seminarleiter für Workshops an pädagogischen Hochschulen. Schwerpunkte seiner zahlreichen Veröffentlichungen sind Ratgeber zum Thema „Spielen" und „Neue Lernformen".

Originalausgabe

© 2009 humboldt
Ein Imprint der Schlüterschen Verlagsgesellschaft mbH & Co. KG,
Hans-Böckler-Allee 7, 30173 Hannover
www.schluetersche.de
www.humboldt.de

Lektorat:	Eckhard Schwettmann
Covergestaltung:	DSP Zeitgeist GmbH, Ettlingen
Innengestaltung:	akuSatz Andrea Kunkel, Stuttgart
Titelfoto:	colourbox
Satz:	PER Medien+Marketing GmbH, Braunschweig
Druck:	Druckhaus „Thomas Müntzer" GmbH, Bad Langensalza

Hergestellt in Deutschland.
Gedruckt auf Papier aus nachhaltiger Forstwirtschaft.

Inhalt

Für
Gerald Folkvord und Robert Haberbusch,
meine langjährigen Freunde und Spielpartner

Geleitwort

„Mit Spielen lernen" – der Titel dieses Buches ist gleichsam Programm. Und mit der grundsätzlich pädagogischen Zielsetzung bei allen Spielvorstellungen folgt dieser Ratgeber für Eltern, Erzieher und Lehrer auch ganz uneingeschränkt den positiven und zukunftsorientierten Gedanken der *Fachgruppe Spiel* zum spielerischen Lernen:

- Kein Medium beeinflusst die kindliche Entwicklung so positiv und umfassend wie das Spiel.
- Die Freude am Spiel vermittelt Wissen, strategisches Denken und Konzentrationsfähigkeit viel dauerhafter und besser als stures Lernen.
- Spielend lernen entspricht der Natur des Menschen.
- Kinder verbringen immer mehr Zeit alleine mit Computerspielen vor dem Bildschirm. Die negativen Folgen dieser gefährlichen Entwicklung sind uns allen bekannt.
- Gemeinsames Spielen ist durch nichts zu ersetzen. Es fördert die Persönlichkeitsentwicklung und die soziale Kompetenz. Der spielerische Umgang mit Ärger, Enttäuschung und Freude baut Aggressionen ab und trainiert tolerantes Verhalten.
- Miteinander spielen unterstützt die Integration in der Gruppe und verhindert die Isolation.

In der *Fachgruppe Spiel* haben sich die Spieleverlage gemeinsam das Ziel gesetzt, das spielerische Lernen zu fördern und sich für das Spiel als gesellschaftlich und sozialpädagogisch bedeutendes Lern- und Kulturgut einzusetzen.

Michael Hopf, Vorsitzender der Fachgruppe Spiel

Vorwort

„Der Mensch ist nur da ganz Mensch, wo er spielt."

Friedrich Schiller

Das Spiel gehört mit seiner Zweckfreiheit zu den schönsten und gleichzeitig wichtigsten Aktivitäten der Menschheit. Das Spiel ist wohl so alt wie die Menschheit selbst, sicher jedenfalls älter als die Erfindung der Schrift.

Wer spielt, handelt ganzheitlich, mit Kopf, Herz und Hand. „Spielen" darf daher als Zeichen des Lebendigen und der Freude, als Mittel der Kommunikation, als Zeitvertreib, als Lernhilfe, oder auch als soziales Bindeglied verstanden werden – auch und gerade in der Schule. Dies ist meine ganz persönliche Erfahrung nach mehr als 35 Jahren als „spielerisch Lehrender" im Bernoulligymnasium Wien-Donaustadt wie als Seminarleiter für Lehrerinnen-Workshops an den Pädagogischen Hochschulen Wien und Burgenland sowie als Begleiter Hunderter Jugendlicher auf deren Suche nach den Geheimnissen des „königlichen Spiels" in den vielen Jahrzehnten als Schachtrainer. Zudem habe ich durch die langjährige Mitarbeit im Österreichischen Spielemuseum immer wieder neue Einblicke in das kreative Spielen abseits ausgetretener Pfade gewonnen.

Für den Unterricht oder die gelenkte Freizeit, ebenso wie für die der Pädagogik aufgeschlossene Familie, eignen sich Spiele vor allem zum Üben, Vertiefen und Anwenden von Erlerntem, aber auch zur Förderung sozialer, kombinatorischer, kreativer, kommunikativer oder motorischer Fähigkeiten. In diesem Ratgeber für den praktischen Einsatz gibt es drei Grundprinzipien: Die

Spiele müssen (1) für alle Altersstufen adaptierbar, (2) für variable Gruppengrößen geeignet, (3) ohne viel Vorbereitung präsentierbar sein. Das Spiel muss für Eltern, Lehrer und Erzieher eine Hilfe sein, keinesfalls eine Belastung! Am besten eignen sich daher Spiele, die viele eigene Gestaltungs- und Erweiterungsmöglichkeiten bieten und die zudem eine große zeitliche Flexibilität ermöglichen, Spiele also, die in einer Art Baukastensystem präsentiert werden können. Das Spielzimmer sollte Denkwerkstatt und Übungsraum sein, gleichsam ein Ort des „spielerischen Lernens". Dies ist ohne Weiteres möglich. Doch wir sollten immer daran denken: Spielen muss Freude machen! Kommerziell vertriebene Spiele eignen sich mit den Originalregeln genauso wie selbst erfundene Varianten, vorausgesetzt, die schon erwähnten Grundprinzipien werden eingehalten. Und genau dieser Variantenreichtum zu an sich exzellenten Spielideen stellt das Herzstück dieses Buches dar. Alles wurde in vielen Jahren intensiver „spielerischer Arbeit" mit Jugendlichen aller Altersstufen intensiv erprobt, alles wurde anschließend eingehend analysiert und evaluiert. Selbst Rätsel und Denksportaufgaben können bei entsprechender Präsentation der Grundidee „Mit Spielen lernen" sehr nahe kommen, ja unter Umständen sogar eine ganz besondere Atmosphäre des „spielerischen Lernens" erzeugen, egal wo sie dargeboten werden.

Bei jeder spielerischen Arbeit mit Kindern und Jugendlichen gelten, dies habe ich immer wieder bestätigt gefunden, die grundlegenden Betrachtungen des genialen Alex Randolph, des Altmeisters des Spiels: „Es gibt zwei Elemente, durch die sich Spiele von allen anderen unserer Erfahrungswelten unterscheiden, das eine Element ist die Ungewissheit, das andere Element die Gerechtigkeit." Mit Letzterem meint Randolph die disziplinierende Einhaltung der Spielregel. Und für diese ist in jedem Fall der Spielleiter (ob Lehrer oder Eltern tut nichts zur Sache) verantwortlich. Die Regeln eines Spiels bleiben immer gleich. Verlauf und Ausgang des Spiels dagegen ändern sich von Partie zu Partie. Niemand kann dabei in die Zukunft blicken, ganz wie im wirklichen Leben, wie in einer spannenden Erzählung, wie in einem fesselnden Film.

Diese Ungewissheit, verbunden mit dem Willen zu gewinnen, lässt das Spiel zu einem Erlebnis werden. Dabei sind Gewinnchancen kaum entscheidend, allein der Funke der Hoffnung trägt den Spieler auch bei manch schlechter Gewinnerwartung zu seiner nächsten Aktion, zu einem neuen Gedanken. Randolphs Credo „Die Regel ist das Spiel, und das Spiel ist die Regel" gilt für alle spielerischen Aktivitäten, egal ob in der Schule, in der Familie oder im Freundeskreis, mögen es nun Brett-, Karten-, Würfel-, Sport- oder Kommunikationsspiele sein. Für den Zusammenhalt einer Gruppe setzt das Spielen ganz entscheidende Impulse, wie ich aus eigener Erfahrung weiß. Dennoch wird es beim Spielen mit Kindern und Jugendlichen zweifellos von Ihrem Geschick als Spielleiter abhängen, wie stark Sie die spielerischen Momente, die jedem Wissenserwerb innewohnen, entdecken und fördern und damit das Motto „Mit Spielen lernen" gewinnbringend umsetzen wollen.

Auf diesem „spielerischen" Weg soll Sie dieses Buch zuverlässig begleiten und unterstützen. Einige wichtige Spiel-Initiativen, Spielemuseen und deren Aktivitäten bzw. aktuelle Ergebnisse der Spielforschung bilden eine Art Rahmen für das spannende Thema „Mit Spielen lernen". Sie als Eltern, Lehrer oder Erzieher müssen jedenfalls keine passionierten Spieler sein, um das Wesen der hier gebotenen Spielideen zu erfassen und es den Ihnen anvertrauten

Kindern und Jugendlichen zu vermitteln. Zugegeben, die Auswahl ist subjektiv, doch mit Bedacht auf die pädagogisch-didaktischen Wünsche der „spielfreudigen" Leserinnen und Leser ausgerichtet. Es sind eben meine ganz persönlichen Erfahrungen, die ich Ihnen zur Verfügung stellen möchte.

Das Buch beleuchtet zehn wichtige Bereiche der Förderung von Kindern und Jugendlichen: (1) Allgemeinbildung, (2) soziale Interaktion, (3) sprachliche Kompetenz (4) kooperatives Verhalten, (5) kreatives Potenzial, (6) motorische Fähigkeiten, (7) Gedächtnisleistung, (8) abstrakte Raumvorstellung, (9) rechnerische Anlagen und (10) strategisches Denken.

Für all diese Förderbereiche, die dem Leser in einer praktischen wie theoretischen Einleitung in ihrem Wesen vorgestellt werden, werden jeweils mehrere herausragende Spiele empfohlen. Allerdings haben viele Spiele einen durchaus „übergreifenden" Lehrcharakter und fördern damit mehr als nur einen Kompetenzbereich (siehe „Kompetenzschulung" bei jeder Spielpräsentation). Die hier getroffene Zuordnung ist also zweifellos subjektiv, entspricht jedoch wieder der ganz persönlichen Erfahrung aus meiner spielerischen Praxis mit Kindern und Jugendlichen.

Manche Spiele werden mit der (gekürzten) Originalregel vorgestellt, nahezu alle mit zusätzlichen Variationen („Kastners Varianten-Koffer"). Besonderes Gewicht liegt dabei auf den Präsentationen sowie dem didaktisch optimalen Einsatz eines Spiels, da dies ja letztlich für die Umsetzung aller Ideen entscheidend ist. Jedes Spiel, wo nötig auch jede Variante, wird zudem mit einem „Steckbrief" vorgestellt. Dieser enthält Genre, Autor des Originals, Verlag (plus Homepage), Spielerzahl, Alter, Spieldauer, Zeit für die Regelerklärung (ohne Vorbereitung) sowie Einschätzung des Spannungsdreiecks (siehe theoretischer Beitrag). Eine kurze Einführung des Spiels (mitsamt einer Kurzvorstellung des Originals) sowie einige Hinweise zur Kompetenzschulung – insbesondere der in diesem Buch empfohlenen Varianten – sollen Sie bei der Suche nach guten Ideen unterstützen.

Am Ende jeder Spielpräsentation stehen „Kastners Kniffe", einige sehr persönlich gefärbte, pädagogisch-didaktische Anregungen zur Unterstützung für Ihre Spielleitertätigkeit. Jedenfalls hoffe ich, Ihnen einen Zugang zum unendlich weiten Thema des pädagogisch wertvollen Spiels ermöglichen zu können, ganz im Gedanken Bernward Tholes, der mit seinem „Deutschen Spiele-Archiv" eine wahrhaft glanzvolle Sammlung des Kulturguts „Spiel" zusammengetragen hat: „Spiel, das ist für mich eine ganze Welt, eine bunte Welt vielfältiger Möglichkeiten, Geist und Körper herauszufordern und zu trainieren, Umgang mit der Welt innen und außen zu pflegen, die Menschen und gleichzeitig auch sich selbst kennenzulernen und zu erfahren. … Hier wäre ein reiches Betätigungsfeld für eine fruchtbare Reform des Bildungswesens."

Mein Dank gilt all den spielerisch wirkenden Teilnehmerinnen an meinen Seminaren (Pädagogische Hochschule Wien und Pädagogische Hochschule Burgenland) sowie allen meinen Schülerinnen und Schülern, die in den mehr als dreißig Jahren am Bernoulligymnasium in Wien in vielen, vielen Stunden sämtliche Spielvarianten eingehenden Tests unterzogen haben. Dank auch an Ferdinand und Dagmar de Cassan, die mich als Gründer des Österreichischen Spielemuseums durch Ihre Expertise und durch Ihre Kontakte bei der Entstehung dieses Buches stark unterstützten, und ebenso Dank an meine langjährigen Spielpartner Gerald Folkvord und Robert Haberbusch für ihre wertvollen Tipps zur

Präsentation der Spielideen und zum Aufbau des Buches. Zuletzt möchte ich Eckhard Schwettmann für sein Vertrauen danken, mir dieses Thema von Verlagsseite her angeraten zu haben. Ich wünsche nun allen „spielerisch Lernenden" viel Vergnügen mit den hier dargebotenen Anregungen.

Wien, im August 2009
Hugo Kastner
E-Mail: hugo.kastner@chello.at
Homepage: www.hugo-kastner.at

Ich habe mich entschieden, im Sinne einer leichten Lesbarkeit dieses Buches von Ausdrücken wie „Spieler und Spielerinnen" abzusehen und entsprechend den meisten Regelwerken zu Brett-, Karten- und Würfelspielen durchgehend die — kürzeren — männlichen Formen zu verwenden. Selbstverständlich sind immer Frauen und Männer angesprochen.

Symbolverzeichnis

8+	Alter
30 Min.	Zeitdauer
*1–X	Spielerzahl
••/••	Gruppen (hier: von 2 bis 4)
Ω	Kooperative Variante
⊙	Solitärvariante
T	Für Turniere geeignet
P	Partner-orientiert
⋈	Jeder gegen jeden
±	Handicap-Vorschläge
e	Englische Version spielbar

Förderung der Allgemeinbildung

Wissenserwerb in spielerischer Form macht nahezu auf jeder Altersstufe Spaß, das ist keine neue Erkenntnis. Auch die vielen Quizshows im Fernsehen, bei denen die Bandbreite von Allgemeinbildung bis „Zeitgeistiges" reicht, unterstreichen dies. Noch dazu sind diese Fernsehshows oft als Familienprogramm konzipiert, entsprechen daher ziemlich exakt dem Grundgedanken dieses Ratgebers. Die hier vorgestellten Spielideen (plus Varianten) unterstützen Sie in Ihrem Bemühen, Kinder und Jugendliche zu fördern. Selbstverständlich geht es niemals nur um reines Faktenwissen. Je nach Spieltypus werden auch assoziatives Denken, Kommunikationsfähigkeit, kooperatives Verhalten, Schlagfertigkeit, Toleranz und Fairness sowie Sprachkompetenz verlangt. Hinweise dazu finden Sie bei den einzelnen Spielevorstellungen.

Anzeichen für Probleme eines Kindes/Jugendlichen

- Beim assoziativen Denken sind die Reaktionen des Kindes/Jugendlichen zu wenig reichhaltig und vielseitig.
- Die kommunikative Seite der Frage-/Antwort-Situation im Alltag kommt häufig zu kurz.
- Die Vorteile und Möglichkeiten des kooperativen Verhaltens bei Problemlösungen werden nur unzureichend ausgeschöpft.
- Die Gebote von Toleranz und Fairness werden in strittigen Situationen bisweilen nicht eingehalten.
- Schlagfertigkeit und Sprachkompetenz werden nicht ausreichend genutzt.

Die fünf Spiele-Empfehlungen **Anno Domini, Gambit 7, Outburst, Trivial Pursuit** und **Wer wird Millionär / Die Millionenshow** lassen sich allesamt der Familie der „Quiz- und Ratespiele" zuordnen, haben allerdings ganz unterschiedliche Zielsetzungen in Bezug auf das Publikum. Entscheidend ist bei allen „Quizspielen" die Art der Präsentation und die Abstimmung des Schwierigkeitsgrads auf die einzelnen Spielteilnehmer. Solange die Hoffnung besteht, durch eine glückliche Frage-Konstellation am Ende als Gewinner dazustehen, wird die Begegnung mit „trockenen" Fakten und Wissensinhalten als unterhaltend und interessant empfunden. Daher kommt gerade hier dem Spielleiter (Quizmaster) eine wichtige Rolle zu.

Enorm vielseitig einsetzbar und keineswegs nur für den historisch interessierten Leser geeignet sind Urs Hostettlers Ereigniskärtchen im mittlerweile schon ein Dutzend Jahre alten **Anno Domini**. Die zahlreichen Ausgaben bieten interessante Informationen zu praktisch allen Wissensgebieten und lassen sich noch dazu beliebig miteinander kombinieren. Sie können daher Ihr Wissen in spezifischen Bereichen vertiefen − in kompetitiver wie kooperativer Form, aber auch für sich allein. Durch die Bildung von „historischen Ereignisketten" werden Wissensinhalte in übersichtlichen zeitlichen Zusammenhang gebracht.

Gambit 7 und alle ähnlich aufgebauten Ratespiele (wie etwa das exzellente, inzwischen vergriffene **Pi mal Daumen**) sprechen dagegen unser Gefühl für Schätzwerte an. Hier können Jugendliche bisweilen selbst gegen erfahrene Erwachsene gut bestehen, vor allem bei zeitgeistigen Fragen. Alle diese Schätzspiele fördern unser Wissen ganz unterschwellig und scheinbar ohne Druck, wenn auch in spannender und durchaus nachhaltiger Form.

Ganz anders wird Allgemeinbildung bei **Outburst** vermittelt. Innerhalb nur einer Minute müssen hier zu einem bestimmten Thema zehn vorgegebene Fakten, Assoziationen, Begriffe, Wörter (mit bestimmten Buchstaben) und dergleichen gefunden werden. Die Spannung wird auf einen kurzen Zeitraum komprimiert, und dennoch bleibt beim anschließenden Kontrolllesen der vorgegebenen Begriffe enorm viel an Wissen hängen. Selbst Lehrkarten für spezifische Anforderungen lassen sich ohne große Probleme zusammenstellen.

Der moderne Klassiker auf dem Gebiet der Wissensvermittlung ist zweifellos das aus Kanada stammende, inzwischen millionenfach verkaufte **Trivial Pursuit**. Dieses Quizspiel folgt dem Urprinzip des Fragens und Antwortens. Jeder Spieler wird auf sechs unterschiedlichen Wissensgebieten gefordert, jeder muss allein oder in Gruppen Antworten auf trivial klingende Fragen finden. Zudem sind mittlerweile Dutzende Themensets auf dem Markt, sodass praktisch jeder Quizfreund ohne Probleme fündig werden kann. An Flexibilität beim Wissenserwerb ist dieses Spiel einfach nicht zu überbieten.

Die Steigerung von „einfach" bis „schwierig", das Einbinden des Publikums und die Idee der „Multiple choice" machen **Wer wird Millionär** (oder das österreichische Pendant **Die Millionenshow**) zu einem attraktiven Quizformat. Wegen des stark assoziativen Charakters der vorgegebenen Antwortmöglichkeiten sind Erfolgserlebnisse geradezu garantiert, auch für den weniger belesenen Rater. Gerade hier ist das Fernsehen (in nahezu allen europäischen Staaten) mit seinem fließenden Übergang vom Quiz zur Show zum eigentlichen Wegbereiter für das Familienspiel geworden, wohl zum Bildungsnutzen beider Medien.

Anno Domini   12+ 10 Min. *1–30+ ••••/•• Ω ☉ ✕ ±

Quizspiel
Autor: Urs Hostettler
Verlag: Abacus
www.abacusspiele.de
Jahr: 1998

Spielerzahl: 1 bis 30+
Alter: ab 12 (adaptiert ab 8)
Dauer: ab 10 Minuten
Regelerklärung: 2 Minuten
Glück/Wissen/Bluff (insgesamt 9 Punkte) – 3:6:0

Ausgaben: Deutschland, Erfindungen, Flops, Frauen, Gesundheit und Ernährung, Im
Namen des Gesetzes, Kunst, Lifestyle, Münzer, Natur, Schweiz, Seefahrer & Flieger,
Sex & Crime, Showbizz, Sport, Staat und Kirche Österreich, Sachsen, Spiel des Jahres,
VIP, Wort-Schrift-Buch
Empfehlungen für Quiz-Spiele: Schätzen Sie mal!
Literatur: Kastner, Hugo: Die Fundgrube für Spiele. Cornelsen Scriptor, Berlin 2002

Zeitreise durch die Jahrtausende der Menschheitsgeschichte

Das wunderbar ausgefeilte Quizspiel *Anno Domini* von Urs Hostettler kann in sehr breit gefächerten Varianten für jede beliebige
Gruppengröße adaptiert werden. Jedenfalls können Sie als Spielleiter unter einer Vielzahl thematisch aufbereiteter Kartensätze
wählen. Das Grundprinzip ist ganz simpel: Die Spieler müssen nur
raten, ob bestimmte historische Ereignisse vor oder nach anderen
Ereignissen stattgefunden haben. Oft allerdings liegen die Ereignisse zeitlich eng beisammen oder lassen sich überraschender-
weise nur schwer richtig zuordnen. Dies sorgt für Spannung und
Stimmung. *Anno Domini* ist kurzweilig, fordernd und stimmig …
ein absoluter Hit! (aus: WIN 391, Feb. 2009)

Kompetenzschulung

✓ **Wissenserwerb:** Historisches Wissen wird geradezu spielerisch
erworben – und zwar auf allen Gebieten, ob in Geschichte,
Geografie, Biologie, Psychologie oder diversen Kultur- und
Lifestyle-Bereichen. Dafür sorgen schon die Erläuterungen auf
den Rückseiten der einzelnen Kärtchen.

✓ **Kommunikation / Überzeugungskraft:** Je nach Variante kommen zudem Überzeugungskraft und Kommunikationsfähigkeit der Mitspieler zum Tragen.

✓ **Kooperation / Stärkeorientierung:** *Anno Domini* fördert außerdem eine gute Kooperation zwischen den Mitspielern. In Gruppen / Teams sind die Stärken der einzelnen Spieler oft entscheidend.

Kurzidee/Originalspiel

Die Reihenfolge historischer Ereignisse muss möglichst exakt geschätzt werden. Dabei entsteht mit Fortdauer des Spiels eine immer umfangreichere „Zeitleiste". Glaubt ein Spieler nicht, dass diese Zeitleiste korrekt ist, kann er den bis dahin letzten Spieler, der eine Ereigniskarte abgelegt hat, zum Aufdecken der Kärtchen auffordern. „Richtig oder falsch" – davon hängt nun der Erfolg ab.

Allgemeine Regelhinweise

Platzierung: Zur Einordnung der einzelnen Ereignisse gelten folgende Regeln (alle inhaltlich dem Originalspiel entnommen):

- Ein Jahrhundert (Jh.) dauert vom Jahr „01" bis zum Jahr „00", d. h., das 20. Jahrhundert begann im Jahr 1901 und endete mit dem Jahr 2000. Das 7. Jahrhundert v. Chr. dagegen begann um 700 und dauerte bis 601.

- Vor Christi Geburt (v. Chr.) bezieht sich auf unsere Zeitrechnung.

- Um 1905 heißt, dass der genaue Zeitpunkt nicht feststellbar ist. 5 Jahre vorher oder später zählen daher für *Anno Domini* als richtige Antwort. Das heißt in diesem Beispiel: 1900 bis 1910 sind als korrekte Jahre anzusehen.

- Falls eine Frage auf ein Ereignis anspielt, ohne genauer zu präzisieren, ist immer das erstmalige Auftreten dieses Ereignisses gemeint. „Menschen im Weltall" spielt auf Juri Gagarin an, nicht auf alle anderen Astronauten und Kosmonauten, die sich seitdem ins All gewagt haben.

- Ereignisse, die sich zeitlich überschneiden, werden immer als korrekt gewertet. Findet ein Ereignis um 1912 statt, das andere exakt im Jahr 1914, ist es unerheblich, welches der beiden in der Zeitleiste früher platziert wird.

- Erläuterungen bei den Antworten (auf den Originalkärtchen) sind für die Wertung unerheblich.

Kastners Varianten-Koffer

Zeitnischen   ••••/•• >< *2–30+

Spielziel: Ein Mix aus historischen Ereignissen muss der richtigen Zeitnische zugeordnet werden.

Spielvorbereitung: Zunächst werden (bei mehr als sechs Spielern) 4 bis 6 Teams gebildet und jeweils ein Sprecher bestimmt. Jedes Team bekommt einen Satz Spielkarten vom Ass („1") bis zur „10" (Platzierungskarten). Zehn Karteikärtchen werden bereit gehalten.

Spielablauf:

- Der Spielleiter liest ein historisches Ereignis vor.
- Dieses wird auf einem Karteikärtchen durch ein Stichwort festgehalten.
- Danach wird ein weiteres Ereignis vorgelesen.
- Die einzelnen Gruppen beraten kurz, und der jeweilige Sprecher hält seine Platzierungskarte (Spielkarten von „1" bis „10") in die Höhe. Darauf steht in der ersten Runde entweder eine

„1" oder eine „2". Eine „1" bedeutet, dass die Gruppe glaubt, dass das Ereignis vor dem Startereignis stattgefunden hat, eine „2" dagegen deutet eine spätere Zeit an.

- Der Spielleiter gibt nun die richtige Platzierung bekannt, und es folgt unmittelbar eine erste Wertungsrunde (siehe unten).
- Ab der nächsten Frage gibt es bereits drei Möglichkeiten der zeitlichen Einordung: als frühestes Ereignis, als zweites oder aber als letztes Ereignis.
- Dieses Einschätzen, gefolgt von der Wertung, geht so lange weiter, bis insgesamt 10 Ereignisse in einer chronologisch richtigen Abfolge in der Tischmitte liegen.
- Zu empfehlen ist folgende kleine *Zusatzregel*: Falls in einer Spielrunde alle Gruppen das falsche Ergebnis tippen oder alle Gruppen die richtige Platzierung erraten, wird das Ereignis nicht festgehalten, die Runde dafür aber wiederholt.

Wertung: Jede Gruppe bekommt – bei richtiger Einschätzung – so viele Punkte, wie gerade Ereignisse in der Tischmitte liegen. Das heißt, bei zwei Ereignissen (Startkarte und erste Platzierung) sind 2 Punkte möglich, bei 10 Ereignissen daher 10 Punkte. Insgesamt kann eine Mannschaft maximal 54 Punkte erreichen. Die Zwischenwertung für jede Gruppe sollte vom Spielleiter festgehalten werden und jederzeit einsehbar sein.

Bemerkungen: Da die „Zeitnischen" mit jeder Karte enger werden, wachsen die Schwierigkeiten der korrekten Zuordnung, und damit steigt die Spannung von Ereignis zu Ereignis. Sollten zu einem Thema wirkliche Experten am Tisch sitzen, darf selbstverständlich auch auf eine Kette von 12, 15 oder noch mehr Ereignissen gespielt werden. Als Spielleiter können Sie zudem den Schwierigkeitsgrad steuern, indem Sie bei jedem Ereignis entweder nur die korrekte Platzierung bestätigen oder aber auch das genaue Jahr, wodurch historisch interessierte Mitspieler leicht bevorzugt werden. Die einzelnen Originalausgaben sind absolut beliebig mischbar. Aber auch thematische Schwerpunktsetzungen haben ihren eigenen Reiz.

Showdown   Ω *2–30+

Spielziel: Bei dieser Variante verfolgen alle Mitspieler, die nur für die Zwischenwertung in Gruppen aufgeteilt werden, ein gemeinsames Spielziel. Es handelt sich hier also um eine kooperative Spielform.

Spielvorbereitung: Die Spieler (*Showdown* ist besonders gut für Großgruppen geeignet) werden in Gruppen mit ungerader Zahl aufgeteilt (5, 7 oder 9). 25 Spielchips (Münzen) werden bereit gehalten.

Spielablauf:

- Ein historisches Ereigniskärtchen wird am Spieltisch aufgedeckt und vom Spielleiter vorgelesen.

- Danach ein zweites, das nun von der ersten Gruppe zugeordnet werden soll. Auf ein Klopfzeichen des Spielleiters zeigen die Spieler der Gruppe ohne vorhergehende Diskussion mit den Händen an, an welche Stelle das neue Ereigniskärtchen gelegt werden soll. Der Median, das heißt der mittlere Wert, entscheidet über die Platzierung. Beispiel (7 Schüler): 1-1-1-4-4-5-5 würde Position 4 bedeuten. Die richtige Lösung wird vorerst noch nicht bekannt gegeben.

- Danach ist die nächste Gruppe mit einem neuen Ereigniskärtchen an der Reihe. Insgesamt sollte die „Zeitkette" aus exakt 10 Ereignissen bestehen.

- Erst jetzt kommt es zum Showdown. Alle zehn Ereigniskärtchen werden gleichzeitig umgedreht und gewertet.

Wertung: Bei dieser Spielform zählt nur die Abweichung von der korrekten Platzierung. Liegt etwa ein Ereignis auf Position 3 statt auf Position 1, werden zwei Spielchips als Negativ-Punkte auf das jeweilige Kärtchen gelegt. Insgesamt sind 25 Negativ-Punkte möglich, da die Abweichung aller zehn Ereignisse maximal 9+7+5+3+1 betragen kann.

Bemerkungen: Alle Ergebnisse unter zehn Negativ-Punkten sind als ausgezeichnet zu bewerten. *Optional:* Nach der ersten Zuordnung aller zehn Karten durch die Gruppen dürfen alle Spieler noch Vorschläge zur Umschichtung machen. Erst dann folgt der Showdown.

Ketten   Ω ⊙ *1–30+

Spielziel: Wie bei der Variante *Zeitnischen* verfolgen alle Mitspieler ein gemeinsames Spielziel.

Spielablauf:

- Ein historisches Startkärtchen wird am Spieltisch aufgedeckt und vom Spielleiter vorgelesen.
- Beim nächsten Ereignis müssen alle Mitspieler gemeinsam entscheiden, wohin dieses Ereignis platziert werden soll. Eine Diskussions-/Beratungsphase wird ausdrücklich empfohlen.
- Nach Ende der Beratung deckt der Spielleiter die Lösungsseite des Kärtchens auf und kontrolliert die Zuordnung. Ist diese nicht korrekt, endet das Spiel.

Wertung: Die Qualität des Ergebnisses hängt allein von der Länge der Ereigniskette ab.

Bemerkungen: Mehr als zehn Ereignisse sind in jedem Fall ein gutes Ergebnis. *Optional:* Wenn Sie die Schwierigkeiten reduzieren wollen, können Sie auch ein oder zwei fehlerhafte Zuordnungen zulassen. Diese Variante eignet sich hervorragend als Solitärspiel.

Matchplay   ••/•• ✕ ± *2–30+

Spielziel: Bei *Matchplay* treten die Spieler / Gruppen in Einzelrunden gegeneinander an.

Spielvorbereitung: Die Mitspieler werden, falls aufgrund der Spielerzahl erforderlich, in 2 bis 4 gleich große Gruppen aufgeteilt. Eine größere Menge an Spielchips wird bereit gehalten.

Spielablauf:

- Zunächst spielt die erste Gruppe eine „Zeitkette" durch, und zwar so lange, bis ein Fehler passiert. Für jedes richtige Kärtchen (ab dem zweiten) bekommt man Spielchips.

- Danach ist die nächste Gruppe an der Reihe. Sie beginnt allerdings wieder ganz von vorn mit einer neuen „Zeitleiste".

- Gespielt wird bis zu einem vorab festgesetzten Punktestand. (Siehe Wertung)

Wertung: Der Zwischenstand ist durch die Zahl der Spielchips (durch die ständigen Wertungen während des Spiels) jederzeit ersichtlich. Das Spiel kommt in die Endphase, sobald eine Gruppe 15 oder mehr Chips gesammelt hat. Die Zeitkette, die zum 15. Spielchip führt, darf von der betreffenden Gruppe noch bis zum nächsten Fehler ausgebaut werden. Danach sind auch noch genau einmal alle anderen Gruppen, einschließlich der führenden, an der Reihe. Wer nach dieser „Endphase" vorn liegt, hat gewonnen.

Bemerkungen: Wenn Sie unterschiedlich starke Gruppen haben, können Sie auch mit Handicap spielen. Das heißt, eine Gruppe bekommt z. B. bereits vorweg drei oder mehr Spielchips.

Kastners Kniffe

1. **Kinder:** Wer mit jüngeren Kindern (ab 8 Jahren) *Anno Domini* spielen möchte, sollte zuvor bestimmte Kärtchen mit bekannten historischen Ereignissen aus dem breiten Sortiment auswählen. Außerdem sollten Sie größere Zeitabstände bei den Ereigniskärtchen wählen.

2. **Lehrmittel:** Stellen Sie sich Ihr eigenes thematisches Fragekartenset zusammen. Das Anno-Domini-Prinzip eignet sich für jedes Wissensgebiet.

Gambit 7   10+ 30 Min. *3–30+ •••/••• Ω ✕

Schätzspiel
Autor: Dominic Crapuchettes
Verlag: Days of Wonder
www.daysofwonder.com
Jahr: 2008

Spielerzahl: 3–30+ (Variante)
Alter: ab 10 Jahren
Dauer: ab 15 Minuten
Regelerklärung: 5 Minuten
Glück/Schätzkompetenz/Bluff (insgesamt 9 Punkte) – 4:5:0

Empfehlungen für Schätzspiele: Globalissimo, Pi mal Daumen

Wer wagt, gewinnt!

Gambit 7 ist ein modernes, tempogeladenes Schätzspiel, bei dem vor allem ein „Überschätzen" der Ergebnisse vermieden werden muss. Zudem sind Sie in Ihrer gefühlsmäßigen Zuordnung auch stark von den Mitspielern abhängig, da die Antworten letztlich verglichen und gereiht werden. Ein zusätzliches Spielelement des Zockens erlaubt zudem bis zum letzten Augenblick ein „Kippen" der Partie.

Kompetenzschulung

✓ **Teamfähigkeit:** Die Spieler sollten sich bei den doch meist kniffligen Fragen abstimmen, um die Chance auf ein gutes Tippergebnis zu erhöhen.

✓ **Wissen:** Wenn Sie selbst Fragen zu historischen, geographischen und ökonomischen Daten vorbereiten, können Sie geradezu spielerisch einen großen Wissenszuwachs bei den Spielern forcieren.

Kurzidee/Originalspiel

Gambit 7 verlangt ein gutes Einschätzen von teils sehr bizarren Fragen, die allesamt mit Zahlenwerten beantwortet werden können. Zudem bringt *Gambit 7* ein gewisses Element des Zockens ins Spiel und bestraft jede einen Zielwert überschreitende Ansage.

Kastners Varianten-Koffer

Top-Tipp   ●●●/●●● ⋊ *3–30+

Spielziel: Die Spieler bzw. Gruppen versuchen, einen Zahlenwert möglichst exakt zu erraten.

Spielvorbereitung: Zunächst werden (bei großer Teilnehmerzahl) 4 bis 6 Teams gebildet, die möglichst weit voneinander im Raum verteilt sitzen. Jedes Team hält einen Notizzettel und ein Schreibgerät bereit.

Spielablauf: Nun stellt der Spielleiter eine Frage. Nach etwa einer Minute Beratung wird reihum von jedem Team eine zuvor notierte Antwort vorgeschlagen und diese auf einer Tafel oder Flipchart für alle sichtbar notiert. Es kommt bei jeder Frage zu einer Zwischenwertung.

Wertung: Für jede Antwort werden Punkte vergeben, und zwar nach folgendem Schlüssel: (1) Die Mannschaft mit dem „Top-Tipp" (das ist der exakteste Wert) bekommt die höchste Punktezahl gutgeschrieben, die der Zahl der teilnehmenden Teams entspricht. Der zweitbeste Tipp bringt einen Punkt weniger usw. Der schwächste Tipp geht leer aus. *Beispiel:* Bei vier Teams würden pro Frage 4, 3, 2 und 0 Punkte vergeben. Bei fünf Mannschaften wird mit 5 Punkten zu zählen begonnen, bei sechs Mannschaften mit 6 Punkten. (2) *Optional:* Eine Antwort, die innerhalb einer bestimmten Bandbreite (10 Prozent, 10 Jahre usw.) liegt, bringt einen Bonus von 1 Punkt, egal wie viele Teams diesen Bonus erreichen. Theoretisch kann daher sogar der schlechteste Tipp einen Punkt einbringen. Die Bandbreite sollte vorweg vom Spielleiter festgelegt werden.

Gesamtwertung: Es gibt zwei Wertungsmöglichkeiten: (1) Gespielt wird auf 21 Punkte. Erreichen mehrere Teams gleichzeitig diesen Wert, gewinnt das Team, das höher darüber hinaus kommt. Bei Gleichstand gewinnt das Team, das die letzte Frage exakter beantwortet, also für diese Frage mehr Punkte erhält. (2) Es werden genau 10 Fragen gestellt. Wer die meisten Punkte erreicht, gewinnt das Spiel. Bei dieser Zählweise ist auch eine Rekordleistung (bei zwei, drei, vier, fünf Spielern / Teams) möglich, aber auch die Berechnung einer persönlichen Durchschnittsleistung (sowie ein Vergleich einzelner Spielrunden).

Bemerkungen: Wie bei vielen Ratespielen lebt auch diese „Top-Tipp"-Variante vom Moment der Enthüllung der richtigen Antworten. Hier sind bei den teils sehr kuriosen bis skurrilen, dennoch aber höchst interessanten Fragen einige überraschende Reaktionen der Spieler zu erwarten.

High/Low •/• Ω *2–30+

Spielziel: Auch hier muss versucht werden, einen Zahlenwert möglichst exakt zu schätzen.

Spielvorbereitung: Bei dieser Spielform treten zwei Gruppen gegeneinander an.

Spielablauf:

- Zunächst legt der Spielleiter die Bandbreite fest, innerhalb deren die Antwort auf eine bestimmte Frage liegen muss.
- Eine Gruppe beginnt nun und muss zunächst eine Antwort vorschlagen. Liegt diese innerhalb der Bandbreite, bekommt die Mannschaft 6 Punkte gut geschrieben. Sollte dies nicht der Fall ist, sagt der Spielleiter *high* oder *low* an (die richtige Antwort liegt also höher oder niedriger; bei Jahreszahlen früher oder später).
- Nun hat die zweite Gruppe ihrerseits die Chance, eine genauere Antwort zu geben, diesmal für 5 Punkte.
- Im Ping-Pong-Stil geht es dann hin und her, bis eine Antwort innerhalb der Bandbreite liegt. Die erreichten Punkte werden allerdings immer weniger (6-5-4-3-2-1).
- Gespielt wird auf 25 Punkte.
- Die Mannschaft, die die Antwort innerhalb der Bandbreite findet, darf als erste die nächste Frage um 6 Punkte versuchen.

Kooperativ: Hier liegt das gemeinsame Ziel aller darin, einen möglichst guten Durchschnittspunktewert aus zehn bis zwanzig Fragen zu erreichen.

Bemerkungen: Diese Variante lebt spannungsmäßig davon, dass mit jedem Hinweis die Chancen erhöht werden, in den Gewinnbereich zufallen, allerdings bei reduzierten Punkten.

Kastners Kniffe

1. **Originalregel:** Wenn Sie mit der Originalregel spielen, sollten Sie auf jeden Fall mindestens eine Stunde Spieldauer einplanen.
2. **Variation:** Achten Sie bei der Auswahl der Fragen darauf, ganz unterschiedliche Wissensgebiete abzudecken.
3. **Spielkombinationen:** Mit den hier vorgeschlagenen Varianten können Sie Fragen aus den verschiedensten Schätzspielen nahezu beliebig kombinieren.
4. **Bandbreite:** Die Bandbreite sollte so eng gewählt werden, dass nicht von allen automatisch bereits der erste Antwortversuch Vom Spielleiter wird Fingerspitzengefühl verlangt!

Outburst
12+ 10 Min. *2–30+ •••/••• Ω ⋊ e

Kommunikations-/Ratespiel
Autor: Brian Hersch
Verlag: Parker Brothers
www.hasbro.de
Jahr: 1989ff

Spielerzahl: 2–30+
Alter: ab 12 (adaptiert ab 8)
Dauer: ab 10 Minuten
Regelerklärung: 2 Minuten
Glück/Wissen/Bluff (insgesamt 9 Punkte) – 3:6:0

Explosiver Minutenzauber

Die Dynamik und Turbulenz, die Brian Hersch mit seinem *Outburst* um den Spieltisch bringt, ist kaum zu überbieten. Der Grund dafür ist leicht nachvollziehbar: Es sind immer fünfzig Prozent aller Mitspieler gleichzeitig gefordert, ihr Wissen lautstark und unter immensem Zeitdruck hinauszuschreien. (Der Ausdruck stimmt, Sie müssen nur einmal einen Versuch wagen.) Dazu kommt, dass Sie die Themenlisten sehr persönlich auf Ihre Bedürfnisse abstimmen können, auf Wissensinhalte, Assoziatives, Sprachliches oder vielleicht sogar Zeitgeistiges. (aus: WIN 397, Juli 2009)

Kompetenzschulung

✓ **Assoziationen:** Die Fähigkeit, zu Begriffen wie „Tarzan" bestimmte Assoziationsketten zu bilden, ist bei *Outburst* unbedingte Voraussetzung.

✓ **Wissen:** Viele Fragekärtchen setzen Basiswissen zu ganz unterschiedlichen Themen voraus, etwa „Amerikanische Präsidenten".

✓ **Sprachkompetenz:** Überbegriffe wie „Wörter, die mit ‚Wald' beginnen" fördern ein Abrufen bestimmter sprachlicher Kenntnisse. Achtung: Gerade in der Sprachkompetenz haben sich im praktischen Spiel enorme Unterschiede bei den Teilnehmern gezeigt. Darauf sollte bei der Gruppenzusammensetzung im Sinne einer optimalen Förderung geachtet werden.

✓ **Englisch:** Ein Spiel in englischer Sprache ist gut vorstellbar, da ja nur Wörter gerufen werden müssen.

✓ **Fairness:** Sollte der Spielleiter etwas überhört haben – was oft vorkommt –, verlangt gerade dieses Spiel die Fairness aller, den Fehler nachträglich zu korrigieren.

✓ **Schnelldenken:** Bei *Outburst* stehen alle Mitspieler ständig unter immensem Zeitdruck. Wer schneller denkt, wird auf Dauer mehr Erfolg haben.

Kurzidee/Originalspiel

Jeweils zehn Begriffe zu einem bestimmten Thema gilt es zu erraten, allerdings unter großem Zeitdruck. Das Originalspiel kennt sowohl eine Variante, bei der die einzelnen Gruppen abwechselnd raten, als auch eine, bei der eben dieses Rate-Recht ersteigert wird. *Outburst* eignet sich wie kaum ein anderes Spiel besonders gut für Großgruppen.

Kastners Varianten-Koffer

Auktion •/• Ω *2–30+

Spielziel: Die beiden Teams müssen versuchen, jeweils zehn Begriffe zu einem Thema zu erraten.

Spielvorbereitung: Bilden Sie zwei Teams, die in möglichst engem Pulk beisammen sitzen. Die Spielerzahl braucht nur ungefähr übereinzustimmen. Bei größeren Gruppen sollten Sie vorher auch gleich einen Sprecher festlegen. Jedes Team bekommt je 20 Zählmarken unterschiedlicher Farbe. Eine Sanduhr (1 Minute) bzw. ein auf eine Minute eingestellter Timer wird bereitgehalten.

Spielablauf:

- Der Spielleiter liest ein Thema vor. Danach dürfen beide Gruppen um das Recht steigern, die zehn vorgegebenen Begriffe innerhalb einer Minute zu erraten.
- Mindestens 3 Zählmarken werden von einem Team in die Tischmitte geschoben. Damit verpflichtet sich das jeweilige Team, zum vorgegebenen Thema 3 auf dem Kärtchen des Spielleiters festgehaltene Begriffe innerhalb einer Minute zu nennen.
- Das andere Team kann die erste Ansage jederzeit überbieten, egal in welcher Höhe. Maximal 10 Zählmarken können auf diese Weise von einem Team in die Tischmitte geschoben werden.
- Der Spielleiter sollte für diese Gebotsphase maximal 30 Sekunden veranschlagen.
- Am Ende der Versteigerung wird die Sanduhr gekippt und damit das eigentliche Spiel gestartet. Möglichst viele passende Begriffe zum vorgegebenen Thema, die auch tatsächlich auf der Karte aufgelistet sind, müssen genannt werden, mindestens jedoch die Höhe des Gebots. *Empfehlung:* Der Spielleiter sollte bei

großen Gruppen vereinbaren, dass vorwiegend der Sprecher die Aufgabe übernimmt, Begriffe rauszurufen. Was sonst noch vom Spielleiter verstanden wird, zählt jedoch selbstverständlich auch.

- Sobald die Gebotshöhe erreicht wird, hält der Spielleiter die Uhr an.
- Zur Kontrolle werden die restlichen, nicht genannten Begriffe vorgelesen.

Wertung: Es gibt zwei Möglichkeiten des Spielausgangs.

Hat das aktive Team das Gebot erreicht, bekommt es die eigenen Zählmarken zurück, als Prämie dazu noch die halben Spielmarken des gegnerischen Einsatzes (aufgerundet). Der Rest des gegnerischen Gebots wird komplett aus dem Spiel genommen.

Wurde die Gebotshöhe nicht erreicht, gehen alle eigenen Zählmarken für dieses Gebot verloren. Sie werden komplett aus dem Spiel genommen. Der Gegner bekommt alle Zählmarken seines Gebots wieder zurück.

Finish: Hat ein Team nur mehr eine oder wenige Zählmarken, also nicht genug für ein volles Gebot, darf es dennoch bis zu einer beliebigen Gebotshöhe mit steigern. Gehen jedoch nun auch diese Spielchips verloren, endet das Spiel mit einer Niederlage.

Kooperativ: Diese Variante eignet sich auch ausgezeichnet als kooperatives Spiel. Dabei versuchen alle gemeinsam, in 10 Runden einen möglichst hohen Durchschnittswert zu erreichen.

Bemerkungen: Achten Sie darauf, dass in der Gebotsphase nicht zu viel getuschelt wird. Das gegnerische Team hört ja unter Umständen mit und zieht vielleicht dann im eigentlichen Spiel daraus einen Vorteil. Legen Sie die Regeln unbedingt eher großzügig aus. *Outburst* scheint zwar ein Wissensspiel zu sein, hat aber in Wahrheit einen sehr kommunikativen Charakter.

Totscheiben •••/••• >< *3–30+

Spielziel: Die Teams (A, B, C, …) müssen reihum versuchen, möglichst viele Begriffe zu einem Thema zu erraten. Schafft ein Team mehr korrekte Antworten als der Vorgänger oder Nachfolger, verlieren beide „Nachbarn" die Differenz an Zählmarken.

Spielvorbereitung: Eine Sanduhr (1 Minute) bzw. ein auf eine Minute eingestellter Timer sind auch für diese Variante notwendig. Alle Teams bekommen je 21 Zählmarken.

Spielablauf:

- Als Startmarke, die das erste Team erreichen sollte, wird ein Wert von 5 richtigen Antworten angenommen.
- Das durch Los bestimmte Team A versucht nun, zum vorgegebenen Thema möglichst viele Begriffe zu nennen.
- Sind es weniger als 5, verliert Team A die Differenz zu diesem Wert. In jedem Fall ist das Ergebnis von Team A der neue Richtwert für Team B, das nun zu einer weiteren Themenkarte Begriffe nennen muss.
- Das Ergebnis von Team B entscheidet, welches Team Zählchips abgeben muss, A oder B. Das Resultat von Team B wird zum neuen Richtwert für Team C usw.

Wertung: Die Wertung erfolgt ständig, das heißt nach jeder Themenkarte. Sobald ein Team keine Zählmarken mehr hat, scheidet es aus. Gewinner ist, wer zuletzt noch zumindest eine Zählmarke übrig hat.

Bonus: Für 7 richtige Antworten gibt es 1 Bonus-Chip, für 8 Antworten 2 Bonus-Chips, für 9 Antworten 3 Bonus-Chips und für 10 Antworten 4 Bonus-Chips. Diese haben jedoch keinen Einfluss auf die „Nachbarn". *Beispiel:* Bei 9 Antworten (plus 3 Bonuschips) würde der Nachbar mit 5 Antworten nur 4 Chips verlieren, nicht jedoch weitere 3 für den Bonus.

Handicap: Bei unterschiedlicher Spielstärke können Sie vorab vereinbaren, dass das bessere Team jeweils einen Begriff mehr nennen muss, als das jeweilige Höchstgebot vorschreibt. *Ausnahme:* Es wird auf „10" (pro Karte gibt es nur 10 Begriffe) gesteigert. In diesem Fall ist eine Erhöhung ja technisch unmöglich.

Bemerkungen: Totscheiben ist besonders dann zu empfehlen, wenn Sie mit mehreren, gleich starken Teams oder „jeder gegen jeden" spielen wollen. Optimal sind fünf bis sechs Teams/Spieler, da damit viel „nachbarschaftliche" Abwechslung gewährleistet wird, gleichzeitig aber auch keine zu langen Wartezeiten entstehen (sowohl während der Spielphase als auch beim Ausscheiden eines Teams/Spielers).

Kastners Kniffe

1. **Timing:** Lassen Sie sich in größeren Gruppen mit dem Rausrufen der Antworten ein paar Sekunden Zeit. Sonst kommt es oft zu einem ständigen Wiederholen ein und desselben Begriffs.
2. **Sprecher:** Bei sehr großen Gruppen sollte der Spielleiter vorweg einen Sprecher bestimmen, der die Antworten sozusagen bündelt. Damit wird verhindert, dass allzu viele richtige Antworten einfach überhört werden.
3. **Steigern:** Allzu großer Wagemut ist beim Steigern nicht angebracht. Eine Gruppe kann auch gewinnen, wenn die andere zu hoch pokert.
4. **Regelauslegung:** Legen Sie gerade bei diesem Spiel die Regeln eher großzügig aus, etwa bei Antworten, die weder „ganz richtig" noch „ganz falsch" sind.

Trivial Pursuit   14+ 10 Min. *1–30+ ••/•• Ω ☉ ✕ ± e

Quizspiel
Autor: Scott Abbott, Chris Haney
Verlag: Parker Brothers/Hasbro
www.hasbro.de
Jahr: 1994

Spielerzahl: 1 bis 30+
Alter: ab 14 (Junior Edition ab 8)
Dauer: ab 10 Minuten
Regelerklärung: 2 Minuten
Glück/Wissen/Bluff (insgesamt 9 Punkte) – 2 : 7 : 0

Ausgaben (deutsch): Trivial Pursuit – 20 Jahre Edition, Choice, Disney, Evergreen, Familien, Genus, Jahrtausendausgabe, Junior Edition, Kompakt, Kronen Zeitung, Musik, Olympic Edition, Promi, Star Wars, Worldwide

Der Millionenhit unter den Quizspielen

Trivial Pursuit hat vermutlich den größten Quiz-Boom der jüngeren Spielgeschichte ausgelöst. Das Geheimnis des Erfolgs? Die Spieler werden immer wieder durch „triviale" Fragen herausgefordert, ihr Allgemeinwissen zu testen, und zwar in jeweils sechs unterschiedlichen Wissensgebieten. Bei der Basis-Edition Genus sind dies: Blau (Erdkunde), Rosa (Unterhaltung), Gelb (Geschichte), Braun (Kunst & Kultur), Grün (Wissenschaft & Technik) und Orange (Sport & Vergnügen). Doch Trivialwissen ist nicht immer das, was man in der Schule lernt. Und so kommt es durchaus vor, dass nicht die „Eggheads" die Oberhand behalten, sondern der krasse Außenseiter. (aus: WIN 294, April 2009)

Kompetenzschulung

✓ **Allgemeinbildung:** Dieses Quizspiel fördert ganz offensichtlich mit seiner breiten Palette von Fragen die Allgemeinbildung, egal auf welchem Fachgebiet: Geschichte, Geografie, Naturwissenschaften, Sport, Freizeit oder Kultur.

✓ **Konsensfähigkeit:** Darüber hinaus verlangt Trivial Pursuit als Teamspiel die Fähigkeit zur Konsensbildung.

✓ **Englisch:** Mit der Junior-Variante können reifere Jugendliche ihre Englischkenntnisse auf die Probe stellen.

✓ **Toleranz:** Bei manchen Antworten, insbesondere im Schätzbereich, sollte eine gewisse Toleranzbreite vorhanden sein. *Empfehlung: 10 Prozent Abweichung, 10 Jahre Abweichung usw.*

Kurzidee/Originalspiel

Trivial Pursuit ist ein Quizspiel in Reinkultur, allerdings mit einem zusätzlichen Element des Zufalls. Auf einem Spielplan gilt es bestimmte Felder zu erreichen, um die Chance zu bekommen, Fragen zu den sechs ausgesuchten Wissensgebieten zu beantworten. Gewinnen kann nur, wer in allen Wissensbereichen zumindest eine Frage beantworten konnte.

Kastners Varianten-Koffer

Head-to-Head •/• *2–30+

Spielziel: Beide Teams müssen versuchen, von jeder der sechs Farben eine Karte zu erobern.

Spielvorbereitung: Zwei ungefähr gleich starke und gleich große Teams werden zusammengestellt.

Spielablauf:

- Beiden Teams wird eine Eröffnungsfrage gestellt. Wer schneller die richtige Antwort weiß, hat die erste Wahl.

- Das bei der Eröffnung siegreiche Team stellt einen Spieler und entscheidet sich danach für einen Gegner sowie ein erstes Wissensgebiet.

- Der Spielleiter stellt zu diesem Wissensgebiet so lange Fragen, bis einer der Kontrahenten insgesamt zwei richtige Antworten weiß. (Es wird also auf „Best of 3" gespielt.) Als Lohn wird eine Themenkarte vor dem betreffenden Team abgelegt.

- Das Verliererteam entscheidet in der zweiten Wahlrunde über Spieler und Wissensgebiet. Allerdings müssen es jeweils neue Spieler sein, so lange, bis alle zumindest einmal an der Reihe waren.
- Sobald beide Teams eine gleichfarbige Themenkarte vor sich liegen haben oder ein Team zwei Karten desselben Wissensgebiets, ist dieses für das weitere Spiel gesperrt.
- Es wird so lange gespielt, bis ein Team 6 unterschiedliche Karten vor sich liegen hat oder alle Wissensgebiete gesperrt sind.

Wertung: Gewinner ist das Team, das mehr unterschiedliche Themenkarten erobern konnte. Bei Gleichstand stellt der Spielleiter für alle Spieler eine Entscheidungsfrage. Wird diese nicht beantwortet, folgt eine zweite usw.

Bemerkungen: Beim Kopf-zu-Kopf-Spiel entscheidet oft tatsächlich gutes Teamwork, da manche Spieler in einzelnen Themenbereichen gute Kenntnisse mitbringen. Auch die Wahl der Gegner sollte gut überlegt werden, da sowohl Tempo als auch Wissen entscheidend sein können.

Countdown ••/•• ± Ω ⊙ *1–30+

Spielziel: Bei dieser Spielform wird versucht, in vorgegebener Zeit eine volle Fragekarte durchzuspielen.

Spielvorbereitung: Alle Mitspieler werden in zwei bis vier Teams aufgeteilt (*Countdown* kann in jeder Gruppengröße gespielt werden), und für jedes Team wird ein Sprecher bestimmt. Eine Sanduhr oder ein Timer (1 Min. bzw. 1 ½ Min.) werden bereit gestellt.

Anmerkung: *Countdown* ist auch als kooperatives Spiel eine große Herausforderung.

Spielablauf:

- Runde 1 / Team 1: Zunächst wird die Sanduhr aufgestellt. Dann liest der Spielleiter dem ersten Team eine Frage nach der anderen vor.

- Sobald eine Antwort gegeben wird, egal ob richtig oder falsch, liest der Spielleiter die nächste Frage vor. Grundsätzlich darf das ganze Team antworten, doch gilt im Zweifelsfall das Wort des Sprechers. Möchte dieser passen, klopft er einfach auf den Tisch. Sofort folgt die nächste Frage.

- Sobald die Zeit um ist, endet die Runde.

- Je nach Zahl der richtigen Antworten bekommt das aktive Team Punkte gutgeschrieben.

- Runde 1 / Team 2: Nun ist das nächste Team an der Reihe.

- Gespielt werden so viele Runden, wie Teams teilnehmen. Es beginnt in jeder Runde ein anderes Team. Falls nötig, wird zwischen den führenden Teams eine Entscheidungskarte ausgespielt.

Kooperative Variante: Die Spieler versuchen gemeinsam, sich auf eine Antwort zu einigen.

Wertung: Je nach Zahl der richtigen Antworten pro Karte bekommen alle Ratenden 1, 3, 6, 10, 15 oder 21 Punkte. Ziel ist es, aus 10 Karten einen möglichst hohen Punkteschnitt zu erreichen.

Solitär: Countdown eignet sich auch ganz vorzüglich als Solitäraufgabe, wobei die Zählweise der kooperativen Variante beibehalten werden sollte.

Bemerkungen: Die größte Schwierigkeit in beiden Spielformen ist das richtige Timing beim Beraten, vor allem, wenn mit nur einer Minute gespielt wird. Bei der kooperativen Variante ist es für ein gutes Ergebnis entscheidend, bei einzelnen Fragekärtchen möglichst alle Antworten zu wissen, da die Punkte kumulierend verteilt werden. *Handicap:* Um mehr Beratungszeit zu ermöglichen, kann der Timer bei schwächeren Teams auch auf 1 ½ oder 2 Min. eingestellt werden. *Optional:* Es können auch einzelne Themensets (z. B. Geschichte) mit exakt dieser Regel durchgespielt werden.

Glockenspiel   ••/•• >< ± *2–30+

Spielziel: Zwei bis vier Gruppen (bzw. „jeder gegen jeden") spielen gegeneinander, wobei alle gleichzeitig versuchen müssen, Fragen zu beantworten.

Spielvorbereitung: Alle Spieler werden in 2 bis 4 Gruppen aufgeteilt. Diese sollten möglichst in gleichem Abstand von der Tischmitte sitzen. Eine Glocke, ein „Quietschball" oder auch nur ein dickes Buch kommt als „Tipp-Stelle" in die Tischmitte. Jede Gruppe bekommt vorweg 12 Spielchips, weitere 12 Chips werden in Reserve gehalten.

Spielablauf:

- Zunächst liest der Spielleiter eine Frage vor. Wer als Erster die Glocke (oder die vorhandene „Tipp-Stelle") berührt, darf antworten.
- Stimmt die Antwort, werden zwei Spielchips abgelegt. Ist die Antwort falsch, muss ein Spielchip aufgenommen werden.

Wertung: Die Gruppe, die zuerst alle 12 Spielchips loswird, hat gewonnen. *Sonderregel:* Jede Gruppe, die zu einem beliebigen Zeitpunkt einen 16. Chip aufnehmen muss, scheidet umgehend aus der laufenden Partie aus. Grundsätzlich sollte auf zwei oder drei siegreiche Partien gespielt werden, je nach verfügbarer Zeit.

Bemerkungen: Diese Variante schafft viel Turbulenz am Spieltisch, da ja nicht nur die Antwort sondern auch eine körperliche Reaktion verlangt werden. *Handicap*: Falls ein Team auf Dauer zu stark ist, sollte vielleicht mit Handicap gespielt werden. Nach jeder Niederlage darf das betreffende Team in der folgenden Runde mit einem Punkt/Spielchip weniger beginnen.

Kastners Kniffe

1. **Spielstärke:** Achten Sie darauf, dass die Gruppen annähernd gleiche Spielstärke haben. Es macht wenig Spaß, wenn ein starkes Team alles dominiert.

2. **Schätzfragen:** Lassen Sie einen Antwortbereich von $\pm$ 10 Prozent gelten.

3. **Jahreszahlen:** Hier kann nach Vereinbarung ebenso wie bei den Schätzfragen eine bestimmte Bandbreite erlaubt werden.

4. **Ja/Nein-Antworten:** Fragen, die Ja/Nein-Antworten erfordern, sollten besser vollständig weggelassen werden. Falls Sie jedoch darauf nicht verzichten wollen, kann ich folgendes Vorgehen empfehlen: Ein Spieler jedes Teams bekommt einen Spielchip, der – unter dem Tisch – entweder in die Faust genommen („Ja") oder zurückbehalten („Nein") wird. Sobald alle Fäuste auf dem Tisch liegen, werden sie zugleich geöffnet. Sollte nur *eine* einzige richtige Antwort dabei sein, gewinnt der betreffende Spieler diese Fragerunde, sonst gibt es keinen Punkt.

5. **Handicap:** Wie bei allen Wissensspielen sind Handicaps als guter Ausgleich der Spielstärke zu empfehlen.

6. **„Triviales Lernen":** Um bestimmte Lehrinhalte zu festigen, empfiehlt es sich, eigene Fragekärtchen zusammenzustellen und in einer der Spielformen auszuprobieren.

Wer wird Millionär

12+ 30 Min. *2–30+ ●●●/●●●● Ω ☉ ✕

Quizspiel	**Spielerzahl:** 2 bis 30+ (Variante)
Autor: unbekannt	**Alter:** ab 12 Jahren
Verlag: Jumbo, Piatnik	**Dauer:** ab 30 Minuten
www.jumbo.eu/www.piatnik.at	**Regelerklärung:** 2 Minuten
Jahr: 2000	**Glück/Wissen/Bluff** (insgesamt 9 Punkte) – 3:6:0

Ausgaben (deutsch): Junior, Sport & Freizeit, Entertainment

TV-Schlager auf dem Spieltisch

Es darf nicht überraschen, dass das in ganz Europa zum TV-Knüller entwickelte Format um die Jahrtausendwende auch den Weg zum Brettspiel fand. Zu reizvoll ist es doch, mit einfachen Fragen zu beginnen und die Schwierigkeit immer weiter zu erhöhen. Mit den diversen Joker-Möglichkeiten hat sich diese Quizform zu einem abendfüllenden Programm in nahezu allen europäischen Fernsehstationen entwickelt – warum also nicht gleiches Recht für die dem Spiel zugetane Fangemeinde. Wandeln Sie in den Spuren von Günther Jauch und Armin Assinger!

Kompetenzschulung

✓ **Allgemeinbildung:** Wie jedes Quizspiel fördert auch diese Spielform die Allgemeinbildung, besonders jedoch das „zum Tagesgeschehen" passende Wissen. Abgesehen davon sind die Fragen breit gestreut, decken also sämtliche Kultur- und Freizeitbereiche ab.

✓ **Assoziationsgefühl:** Mehr als beim reinen Frage-Antwort-Format kann hier durch kluges und gefühlvolles Assoziieren so manche Lösung fast erspürt werden, selbst auf den schwierigen Spielstufen.

✓ **Konsensfähigkeit:** Im Teamspiel wird auch hier die Bereitschaft zum Konsens gefördert.

Kurzidee/Originalspiel

Alle Spiele dieses Typus folgen sehr streng dem vom Fernsehen bekannten Format der Millionenshow. Der Schwierigkeitsgrad der Quizfragen wird von Mal zu Mal immer höher, dafür gibt es mit den vier vorgegeben Antworten („Multiple choice") und den damit möglichen Assoziationen eine gute Chance, Antworten zu erraten. Außerdem stehen den Spielern diverse Joker, also zusätzliche Hilfen, zur Verfügung.

Kastners Varianten-Koffer

Knock out	●●●●/●●●● Ω ☉ ✂ *2–30+

Spielziel: Dieses lautet, als einzige Gruppe bzw. als einziger Spieler bis zur entscheidenden Frage im Spiel zu bleiben.

Spielablauf:

- Ein Spieler bzw. eine Gruppe bekommt zunächst eine Frage der Stufe 1. Zusätzlich werden jeweils 4 Antwortmöglichkeiten (a, b, c, d) verlesen.
- Kann eine Gruppe bzw. ein Spieler die Frage richtig beantworten, wird die Karte vor diesem Spieler bzw. der Gruppe abgelegt. Ist die Antwort falsch, scheidet der Spieler bzw. die Gruppe aus.
- Reihum werden auch alle anderen Spieler/Gruppen mit einer Frage auf Stufe 1 konfrontiert.
- Nach demselben Prinzip wird auf Stufe 2 sowie in allen weiteren Runden verfahren.

- Joker (Halbe-halbe, Telefon, Publikum usw.): Diese können jederzeit – nach den zuvor gemachten Vereinbarungen – eingesetzt werden. Ob und welche Joker beim privaten Spiel praktikabel sind, müssen Sie vor dem Spiel selbst entscheiden.

Wiederholung: Sollten alle noch im Rennen befindlichen Spieler/Gruppen in der gleichen Runde ausscheiden, muss diese wiederholt werden.

Solitär/Kooperativ: Es ist auch sehr lehrreich und spannend, allein zu versuchen, Stufe um Stufe bis zur „Millionenfrage" zu erklimmen. *Empfehlung:* Lassen Sie dabei alle Joker beiseite.

Bemerkungen: Die Spannung steigt bei dieser „Multiple Choice"-Idee fast vollautomatisch, da ja die Fragen vom Schwierigkeitsgrad gestaffelt sind und es daher von Stufe zu Stufe schwerer wird, die richtige Antwort zu finden.

Kastners Kniffe

1. **Hilfestellung:** Gerade bei diesem Quizformat kommt dem Spielleiter eine wichtige Rolle zu, kann er doch durch kleine Hilfestellungen den Fortgang des Ratespiels stark beeinflussen. *Achtung:* Es muss penibel darauf geachtet werden, dass Hilfestellungen gleichmäßig und fair allen Gruppen/Spielern zugute kommen.

2. **Knock out:** Wenn Sie mit obiger Variante spielen, sollten die Teams wissensmäßig annähernd auf einer Stufe stehen.

3. **Jokereinsatz:** Improvisieren Sie bei den Joker-Einsätzen entsprechend der Gruppe, in der Sie diese Quizform durchführen.

Förderung der sozialen Interaktion

Unter sozialer Interaktion wird das wechselseitig aufeinander bezogene Handeln zwischen mehreren Akteuren verstanden. Damit wird also das Geschehen zwischen Personen angesprochen, die aufeinander reagieren, die einander beeinflussen und die sich gegenseitig steuern. Unbedingte Voraussetzung für ein Gelingen der Interaktion ist die angemessene und zeitgerechte Interpretation der Handlungsgründe und Handlungsziele des Gegenübers. Dabei dürfen die Erwartungen an das eigene Handeln nicht vergessen werden. Da letztlich auch die Interpretation immer wechselseitig geschieht, ist soziale Interaktion zugleich auch Kommunikation. (Siehe dazu den Beitrag „Spiele mit Kommunikationscharakter", Seite 243.) Jedenfalls lassen sich in Erziehungsprozessen mindestens zwei Kategorien sozialer Interaktion unterscheiden: die Inter-

Anzeichen für Probleme eines Kindes/Jugendlichen

- Die Handlungsgründe und Handlungsziele von Freunden werden oft nicht richtig erfasst.
- Die Ziele der eigenen Aktivitäten werden aus den Augen verloren.
- Die kommunikativen Fähigkeiten des Kindes/Jugendlichen werden nicht ausreichend genutzt.
- Die Interaktion zwischen Kind/Jugendlichem und Eltern funktioniert nur unzulänglich.
- Der entspannte Umgang mit Gleichaltrigen fällt dem Kind/Jugendlichen schwer.

aktion zwischen Kind/Jugendlichem und Erziehendem sowie die Interaktionen zwischen Gleichaltrigen. Beide haben eine sehr spezifische Bedeutung bei der Sozialisation des Individuums, und beide können durch Spiele stark gefördert werden.

In diesem Kapitel werden die Spiele **Äpfel zu Äpfeln, Der wahre Walter (Psycho), Gift Trap** und **Linq** vorgestellt – wahre Leckerbissen für jede Altersgruppe. Und trotz des kommunikativen Charakters und der stark auf soziale Interaktion aufgebauten Ideen unterscheiden sich diese vier Spiele in wesentlichen Elementen. Daher sollten Sie wohl allen diesen Ideen eine Chance geben. Jedenfalls spielt die Stimmung um den Spieltisch, die lockere und großzügige Einstellung zum Grundregelwerk, die Lenkung durch den (zeitweiligen) Spielleiter und die Ausgewogenheit der Teams eine entscheidende Rolle.

Bei **Äpfel zu Äpfeln** ist die Grundidee sehr einfach, daher in wenigen Worten in jeder Spielrunde zu erklären. Eine Karte mit einer bestimmten Eigenschaft wird vom aktuellen „Schiedsrichter" in der Tischmitte aufgeschlagenen. Dann müssen alle Mitspieler einen aus sieben Begriffen verdeckt ablegen. Der Schiedsrichter entscheidet nach Gutdünken, wer den treffendsten Begriff zuordnen konnte. Eine gewisse Kenntnis der Vorlieben der Spieler und vor allem eine Portion Glück prägen dieses kurzweilige Partyspiel.

Urs Hostettlers **Der wahre Walter** verlangt eine gute Menschenkenntnis, eine gewisse Schlagfertigkeit und eine Portion Frechheit beim Einsetzen der Schlüsselbegriffe in vorgegebene Satzmuster. Wieder ist es hilfreich, die mitspielenden Personen gut zu kennen. Meine unabhängig davon entwickelte Spielform **Psycho** (in „Die Fundgrube für Spiele" erstmals beschrieben) verlangt ein vielleicht noch stärkeres Eingehen auf die Vorlieben der Spielpartner. Ich möchte sogar behaupten, dass sich *Psycho* selbst für Seminare und Workshops Erwachsener hervorragend eignet. Hierbei können zudem nahezu alle Fragekärtchen der Hostettler-Ausgabe ohne Einschränkung herangezogen werden.

Das Schenken und das Beschenktwerden bilden den Hintergrund des neuen amerikanischen Party-Bestsellers **Gift Trap**. Wenn Sie ein Gefühl dafür haben, was sich Ihre MitspielerInnen wünschen, und wenn diese eine Idee von Ihren Vorlieben haben, dürfen Sie einen gefühlvollen und stimmigen Partyabend erwarten. *Gift Trap* hat auch optisch einiges zu bieten.

Ebenso locker und vielseitig, doch auf Partnerfindung ausgerichtet, bietet **Linq** (samt Erweiterung) eine spannende, ungewohnt elegante Suche nach dem passenden Gegenüber. Sprachlich werden Sie dabei auch noch gefordert. Für das Spiel mit Kindern werden sogar einfachere Grundthemen angeboten. Genaueres finden Sie in meiner ausführlichen Rezension auf www.hugo-kastner.at.

Äpfel zu Äpfeln

12+ 10 Min. *4–12 P ✂ e

Kommunikationsspiel
Autor: Matthew Kirby, Mark Osterhaus
Verlag: Out of the Box Publishing, Pegasus
www.pegasus.de
Jahr: 1999 (Englisch), 2005 (Deutsch)

Spielerzahl: 4 bis 12
Alter: ab 12 Jahren
Dauer: ab 10 Minuten
Regelerklärung: 2 Minuten
Glück/Menschenkenntnis/Bluff
(insgesamt 9 Punkte) – 5 : 2 : 2

Ausgaben: Apples to Apples (Englisch), Erweiterung 1, Erweiterung 2

Kennen Sie Ihre Freunde?

„Man soll Äpfeln nicht mit Birnen mischen". Das wäre ein passender Untertitel für dieses in Millionenauflage verkaufte Spiel aus den Vereinigten Staaten. Immerhin geht es für alle außer dem Schiedsrichter darum, zu einem bestimmten, offen ausliegenden Eigenschaftswort aus einer Auswahl von Begriffskärtchen ein solches zu wählen, das der Schiedsrichter als passend empfindet. „Äpfel zu Äpfeln" eben! (oder wie es in der Originalausgabe heißt „Apples to Apples"). Da alle das gleiche Ziel haben, rutscht jedoch so manchem eine „Birne" aus der Hand.

Kompetenzschulung

✓ **Einfühlungsvermögen:** Bei *Äpfel zu Äpfeln* wird das Gespür für die Vorlieben der Mitspieler trainiert.

✓ **Beeinflussung:** Solange keine Entscheidung über den passenden Begriff gefällt ist, kann jeder Spieler den aktiven Akteur durch geschickte Bemerkungen beeinflussen.

✓ **Englisch:** Wer mit der Originalausgabe spielt, wird fast automatisch seine Englischkenntnisse verbessern, besonders was Eigenschaftswörter (und deren Wortfamilien) anbelangt.

✓ **Kommentare:** Während der Auswahl sollte der aktive Spieler durch Bemerkungen und Kommentare seine Entscheidungen begründen. Dadurch wird er auch für seine Mitspieler „begreifbarer", was ganz im Sinne dieses Spiels ist.

Kurzidee/Originalspiel

Zu bestimmten Eigenschaftswörtern müssen alle Spieler aus sieben Handkarten eine passende Begriffskarte finden, die zunächst verdeckt abgelegt wird. Ein „Schiedsrichter" (aktiver Spieler) wählt nun aus den gut gemischten Begriffskarten diejenige aus, die seiner Meinung nach am besten zur Eigenschaft passt. Der Lohn: Die Begriffskarte geht an den Urheber derselben.

Kastners Varianten-Koffer

Hi, Partner   P >< *4–12

Einige Variationen zur Originalregel haben sich in meiner Spielrunde bewährt. Sie sind beliebig kombinierbar.

1. Bei acht, zehn oder zwölf Spielern werden Partnerschaften gebildet. Gemeinsam müssen mindestens 6 Karten gewonnen werden. *Verlustregel*: Wählt ein Schiedsrichter die Karte seines Partners, muss er diese plus eine bereits eroberte Karte (eine eigene oder eine vom Partner) abgeben.

2. Jeder Spieler bekommt die Chance, verdeckt eine Begriffskarte abzulegen (im Gegensatz zum Originalspiel).

3. Statt der Eigenschaftskarten wird ein Begriff aufgeschlagen. Das Spielziel wird dadurch einfach umgekehrt.

4. Wer Karten aus seiner Hand austauschen möchte, darf dies gegen Abgabe einer bereits eroberten Karte tun. Er muss jedoch keine Runde aussetzen.

5. Falls nur vier oder fünf Mitspieler um den Tisch sitzen, spielt jeder zwei Karten verdeckt ab.

Bemerkungen: Die erste der obigen Regelvarianten garantiert, dass alle Spieler versuchen werden, dem „Schiedsrichter" die Karte seines Partners aufzuschwatzen. Mit Regel zwei wird vermieden, dass die Spieler ohne nachzudenken einfach schnell eine Karte abwerfen. Variante 3 (auch im offiziellen Regelheft vorgeschlagen) ermöglicht einen schnelleren Umlauf der Eigenschaftskarten. Dies wird besonders dann interessant, wenn Sie sich an ein Spiel mit der englischsprachigen Ausgabe heranwagen. Die letzten beiden Regelvorschläge sollen das Spiel vor allem lebendig und offen halten.

Kastners Kniffe

1. **Charakter-Handkarten:** Versuchen Sie unbedingt auch die „umgekehrte" Version, in der die Spieler die Charakterkarten in die Hand bekommen und dafür ein Begriffskärtchen aufgeschlagen wird.

2. **Verlustregel:** Vorausgesetzt, Sie finden mindestens acht Spieler, kommt mit dieser Zusatzregel ungeheure Turbulenz auf. Jeder wird versuchen, dem Schiedsrichter die „böse" Karte aufzudrängen.

3. **Tempo:** Achten Sie als Spielleiter auch in der Entscheidungsphase darauf, dass das Spieltempo nicht zu sehr verlangsamt wird.

4. **Kommentar:** Der aktive Spieler sollte seine Wahl wenn möglich kurz begründen. Dies erhöht die Stimmung ungemein.

Der wahre Walter
12+ 15 Min. *4–10 •/• Ω

Psychospiel
Autor: Urs Hostettler
Verlag: Fata Morgana
www.fatamorgana.ch
Jahr: 1992

Spielerzahl: 4 bis 10
Alter: ab 12 Jahren
Dauer: ab 15 Minuten
Regelerklärung: 5 Minuten
Glück/Einschätzung/Bluff
(insgesamt 9 Punkte) – 4:5:0

Literatur: Kastner, Hugo: Die Fundgrube für Spiele. Cornelsen Scriptor, Berlin 2002
Empfehlungen für Psycho-Spiele: Dixit, Privacy (ab 16), Therapy, Wir sind schwanger

Charakterstudie vom Feinsten!

Der wahre Walter ist eine persönlichkeitsorientierte Variation des *Nobody is perfect*-Spielprinzips. Auf 150 Kärtchen mit je drei Sätzen wird das entscheidende Wörtchen durch „WALTER" oder eine flektierte Form ersetzt. Statt dieses einen Wörtchens müssen die Spieler jeweils Ideen entwickeln, die für den aktiven Spieler, hier die „Sphinx" genannt, passen. Auch diese schreibt ihre wahre Meinung auf ein Blatt Papier. Schließlich werden alle Blätter mit den WALTER-Aussagen gemischt und vorgelesen. Dann tippen sämtliche Mitspieler, welches wohl die Eigendefinition der Sphinx wäre. Für jede richtige Einschätzung des „wahren Walter" bekommt die Sphinx ebenso einen Punkt gutgeschrieben wie der richtig ratende Spieler. Wird jedoch auf einen anderen Spieler getippt, bekommt nur dieser für seine gelungene Täuschung einen Prämienpunkt. Das ist auch schon die komplette Grundregel. Welch stimmungsvolle Turbulenz sich in einer entsprechenden Spielrunde entwickeln kann, muss jeder Spieler selbst erfahren.

Kompetenzschulung

✓ **Sprachvermögen:** Es ist im Originalspiel unbedingt notwendig, die „Sphinx" täuschend ähnlich nachzuahmen. Hier wird viel Sprachkompetenz verlangt.

✓ **Menschenkenntnis:** Nur wer ein Gefühl für die Mitspieler hat, wird auf Dauer den „wahren Walter" herausfinden.

Kurzidee/Originalspiel

Sehr persönliche Fragen wie „Gern hätte ich WALTER verführt, wenn ich zu ihrer/seiner Zeit gelebt hätte" müssen vom aktiven Spieler ehrlich und kurz beantwortet werden. Die Mitspieler versuchen, die gleiche Frage mit Antworten zu versehen, die der des aktiven Spielers möglichst täuschend nahe kommen. Danach wird getippt, wie wohl die Eigendefinition des aktiven Spielers aussieht, und entsprechend werden die Punkte vergeben. Einander gut zu kennen ist jedenfalls von großem Vorteil, da dadurch die versteckten Hinweise besser verstanden werden.

Kastners Varianten-Koffer

Psycho •/• Ω *4–12

Eine von mir schon vor vielen Jahren für meine Arbeit in der Schule entwickelte Spielform folgt einer ähnlichen Grundidee der Persönlichkeits-Tipps, wurde allerdings für Gruppen von 6 bis 10 Spielern konzipiert.

Spielziel: Ganz persönlich gefärbte Antworten zu einzelnen Fragen müssen den richtigen Personen zugeordnet werden.

Spielvorbereitung: Je drei bis fünf Spieler, die ein Team bilden, sitzen sich am Tisch gegenüber. Einer davon wird als Gruppensprecher bestimmt. Der Spielleiter nimmt am Kopf des Tisches Platz. Jedes Team bekommt ein (Mannschafts-)Blatt Papier mit den Namen der Spieler und ein weiteres Blatt Blankopapier für Notizen.

Spielablauf:

■ Vom Spielleiter wird eine Frage vorgelesen. *Assoziationsfrage:* Was symbolisiert für dich am besten die Liebe? – *Charakterfrage:* Wovor hast du am meisten Angst? – *Sonstiges:* In welche Zeitepoche würdest du gerne mit einer Zeitmaschine zurückversetzt werden? Die Mischung aus diesen drei Fragetypen ist beliebig zu wählen.

Jede Frage muss gemäß den folgenden fünf Kriterien beantwortet werden. Die Antworten werden dann zügig notiert:

1. wahrheitsgemäß („nichts als die reine Wahrheit")
2. schriftlich (auf dem Mannschaftsblatt)
3. geheim (für das gegenübersitzende Team nicht einsichtig)
4. möglichst kurz (am besten in einem oder in zwei Wörtern)
5. spontan (der erste Einfall zählt, es soll nicht lange überlegt werden; eine Bauchentscheidung ist gefragt!)

- Anschließend liest der Spielleiter alle Antworten eines Teams vor (selbstverständlich so, dass niemand die Antwortblätter einsehen kann), und zwar in zufälliger Reihenfolge. Die Antworten entsprechen daher nicht der Sitzordnung. Der Sprecher der jeweils anderen Gruppe sollte diese Antworten (zumindest in Stichworten) auf seinem Blatt notieren

- Nun beraten die beiden Mannschaften, wer von der anderen Gruppe welche Antwort gegeben haben könnte. Dafür sollten die Spieler höchstens eine Minute Zeit haben.

- Bei ganz wenigen Fragen kann es vorkommen, dass drei oder mehr Antworten einer Gruppe (nahezu) identisch sind. In diesem Fall wird die Frage gestrichen und für beide Gruppen eine Ersatzfrage gestellt.

Wertung: Die Gruppensprecher geben nun die Beratungsergebnisse bekannt, und der Spielleiter verteilt entsprechend den richtigen Antworten Punkte, und zwar eine Gesamtsumme für beide Teams. Im besten Fall, bei völlig richtiger Zuordnung der Antworten, sind exakt so viele Punkte möglich, wie Spieler teilnehmen. Das Ergebnis wird für jede Runde durch den Spielleiter festgehalten, so dass sich am Ende des Spiels eine Durchschnittsleistung berechnen lässt.

Spielende: Es hat sich bewährt, dieses Spiel mit Open End zu „genießen". Ich empfehle, am Ende des „Psycho-Spiels" eine Zusammenfassung zu geben: „Max liebt die *Rose*, fürchtet sich jedoch vor *Spinnen* und würde gerne *Kleopatras Treffen mit Cäsar* erlebt haben." (*Rose*, *Spinnen*, *Kleopatras Treffen mit Cäsar* waren die Spontanantworten von Max.)

Variable Spielerzahl: (1) Sollte eine gerade Zahl von Spielern anwesend sein, können die Gruppensprecher auch die Funktion des

Spielleiters übernehmen und die Antworten der eigenen Mitspieler vorlesen. (2) Bei 10 oder 11 Spielern funktioniert *Psycho* auch noch sehr gut, doch müssen unbedingt vom Gruppensprecher die Antworten notiert werden. (3) Wenn nur 4 oder 5 Spieler anwesend sind, sollte reihum einer, der Ratende, versuchen, die Antworten der Mitspieler richtig zuzuordnen. Die Funktion des Ratenden wechselt dabei nach jeweils drei oder vier Runden (je nach der Zahl der Mitspieler).

Passive Teilnehmer: Gerade bei diesem Spiel ist es durchaus reizvoll, wenn ganze Schulklassen passiv mitmachen. Erstens können sie mitraten, und zweitens ist es gut, wenn die Zuschauer selbst Fragen spontan beisteuern. Dadurch wird die momentane Stimmungslage einer Gruppe optimal genutzt.

Kärtchen: Wenn Sie Karteikärtchen zur Verfügung haben, können diese statt des oben erwähnten Mannschaftsblatts verwendet werden. Nach den Tippversuchen des Partnerteams werden diese Kärtchen in „dramatischer" Weise aufgeschlagen. Das fördert die Stimmung am Tisch.

Bemerkungen: *Psycho* eignet sich hervorragend für Gruppen, die sich gut kennen und Spaß daran haben, die unterschiedlichen Charaktere auszuforschen. Und *Psycho* ist auch für Erwachsene sehr zu empfehlen. Nahezu alle Beispiele aus *Der wahre Walter* sind auch für *Psycho* gut umsetzbar. Wer weitere Ideen für Fragen sucht, dem darf ich mein oben angeführtes Buch empfehlen.

Kastners Kniffe

1. **5 Grundregeln:** Machen Sie unbedingt die 5 Antwortkriterien vor Spielbeginn jedem Spielteilnehmer deutlich. Wird nur ein Kriterium missachtet, geht viel vom Spielreiz verloren.

2. **Fragen:** Günstig ist es, eine auf die Gruppe abgestimmte, geschickte Auswahl der Fragen zu treffen, also eine optimale Mischung aus Assoziations-, Charakter- und Sonstigen Fragen.

3. **Kooperativ spielen:** Betonen Sie das kooperative Element der in diesem Buch vorgeschlagenen Spielform. Nicht der Gewinn einer Gruppe steht im Vordergrund, sondern vielmehr das gemeinsame, psychologisch gefärbte Spielerlebnis.

Gift Trap

8+ 45 Min. *2–30+ •/• Ω ✕ e

Partyspiel
Autor: Nick Kellet
Verlag: Heidelberger Spieleverlag
www.heidelberger-spieleverlag.de
Jahr: 2006 (Englisch), 2008 (Deutsch)

Ausgaben: Gift Trap (Englisch)

Spielerzahl: 2 (Variante) bis 30+ (Variante)
Alter: ab 8 Jahren
Dauer: ab 45 Minuten
Regelerklärung: 15 Minuten
Glück/Einfühlungsvermögen/Bluff
(insgesamt 9 Punkte) – 2:5:2

Achtung: „Geschenkfalle"!

Haben Sie Freude am Schenken? Und auch am Beschenktwerden? Dann sind Sie bei Gift Trap wahrlich in Ihrem Element. Ob eine Haartransplantation, ein aufgeblasener Hindernisparcour, ein Pfauenpaar oder ein Schokoladenfondue: alles, was das Herz begehrt, darf bei dieser „Geschenkorgie" an die Mitspieler verteilt werden. Um Gift Trap zu genießen, sollten Sie ein Gefühl für die Wünsche und Sehnsüchte Ihrer Tischpartner besitzen. Lassen Sie sich überraschen. Gleichzeitig sollten aber auch Sie selbst für die anderen gut einschätzbar sein. Denn Gift Trap ist ein echtes Geben und Nehmen. Anmerkung am Rande: Schon das Öffnen der Spielpackung, passenderweise ein „Geschenkspaket", und der erste Blick auf den Inhalt lässt die Herzen der Spielerinnen und Spieler höherschlagen.

Kompetenzschulung

✓ **Einfühlungsvermögen:** Die Spieler sollten sich bezüglich ihrer Geschenkwünsche und Geschenkideen halbwegs gut einschätzen können. Wenn nicht, werden sie sich zumindest während des Spiels besser kennenlernen.

✓ **Englisch:** Sowohl die deutschen als auch die englischen Bezeichnungen finden sich auf jeder Karte. Daher wird besonders bei der reiferen und sprachgewandteren Jugend wie von selbst der Wortschatz verbessert.

✓ **Kommunikation:** Die cleveren Geschenkideen fordern während des gesamten Spiels geradezu zum Kommentar heraus.

Kurzidee/Originalspiel

Bei *Gift Trap* geht es einfach ums Schenken und Beschenktwerden. Wer dabei die geheimen Wünsche seiner Mitspielerinnen und Mitspieler besser einschätzen kann, und wer gleichzeitig auch für die anderen ein „offenes Buch" ist, der wird am Ende mit dem Sieg als „Geschenk" von dannen ziehen. Diese Spielidee wurde auch optisch in hervorragender Weise umgesetzt. Alles wird in einem wunderschönen „Geschenkpaket" präsentiert, prall gefüllt mit niedlichen "SpielerInnen-Päckchen".

Kastners Varianten-Koffer

Top-Loser	•/• Ω e *3–12

Spielziel: (1) Alle versuchen gemeinsam, eine möglichst hohe Übereinstimmung zu finden. (2) Zwei Gruppen von je drei oder vier Personen treten beim Versuch, die Geschenkwünsche der anderen Gruppe zu erraten, gegeneinander an.

Spielvorbereitung: Jeder Spieler bekommt ein leeres Karteikärtchen, das mit seinem Namen beschriftet wird. Und für jede Gruppe wird ein Notizblatt bereit gehalten.

Spielablauf: (für zwei Gruppen)

- **Runde 1:** 6 Geschenkkarten einer Wertekategorie werden offen in der Tischmitte aufgeschlagen.
- Jeder Spieler schreibt geheim sein persönliches Top-Geschenk oder seinen „Loser" (Geschenk, das man am wenigsten gern haben möchte) auf seine Karteikarte. Hier müssen alle wirklich ehrlich und ernsthaft mitmachen!
- Die „Top/Loser-Geschenke" aller Spieler einer Gruppe werden (in zufälliger Reihenfolge) vorgelesen und eventuell von einem Spieler der zweiten Gruppe auf einem Blatt Papier festgehalten.
- Nach kurzer Beratung (keinesfalls länger als eine Minute) der Gruppenmitglieder wird getippt, wer von den anderen welchen Favoriten hat.
- Danach werden die Wertungspunkte festgehalten (siehe unten).
- **Runde 2:** Wieder werden 6 Geschenkkarten aufgeschlagen, am besten solche einer anderen Kategorie usw.

Wertung: Für jede richtige Zuordnung gibt es einen Punkt. Das Spiel endet nach einer vorab vereinbarten Zahl von Runden oder aber auch nach Ablauf einer bestimmten Zeit.

Spielerzahl: (1) *2 Spieler:* Jeder der beiden sollte die drei Top-Geschenke sowie einen „Loser" auswählen. Die Spielpartner versuchen dann zu erraten, was jeweils gewählt wurde. (2) *3 Spieler:* Hier sollte einer der Spieler den Rateversuch machen, die beiden anderen hingegen jeweils zwei Top/Loser-Kombinationen wählen. (3) *4 bis 5 Spieler:* In diesem Fall sollte jede Runde ein Spieler seine Tipps für die Top/Loser-Kombinationen aller anderen Teilnehmer abgeben. Gespielt wird in allen Fällen über eine zuvor vereinbarte Zahl von Runden.

Bemerkungen: Die an sich interessante Beratungsphase entfällt bei allen Spielvorschlägen mit geringer Teilnehmerzahl. Statt 6 Karten können pro Runde auch 5, 7 oder gar 8 aufgeschlagen werden, abhängig davon, wie gut sich die Spieler kennen. Wie bei *Psycho* (siehe dort) empfiehlt es sich, Mädchen und Jungen in zwei Gruppen aufzuteilen. Bei manchen Geschenkkarten wird dadurch die Auswahl weniger offensichtlich.

Hui & Pfui ›‹ *2–30+

Spielziel: Alle Mitspieler versuchen, aus einer Auswahl von sechs Geschenkkärtchen das begehrteste Geschenk eines Spielers („hui") sowie das am wenigsten gewünschte („pfui") herauszufinden.

Spielvorbereitung: Auch hier bekommt jeder Spieler ein leeres, nur mit dem Namen beschriftetes Karteikärtchen.

Spielablauf:

- 6 Geschenkkarten werden, eine nach der anderen, vom Spielleiter offen in die Tischmitte gelegt und dabei am besten auch sofort vorgelesen.

- Reihum sucht Runde für Runde ein aktiver „Wähler" (einer der Mitspieler) sein Lieblingspräsent und sein am wenigsten begehrtes Geschenk aus und notiert diese Wahl (mit „plus" und „minus") auf seiner eigenen Karteikarte.

- Gleichzeitig tippen alle übrigen Spieler auf ihren Karteikarten, welche Geschenkkarten wohl gewählt wurden (wieder mit „plus" und „minus").

- Danach nimmt der Wähler nach und nach alle Karten bis auf die Plus/Minus-Geschenke vom Tisch. Sobald bei diesen ausgeschiedenen Geschenken ein Tipp eines der übrigen Spieler dabei ist, legt dieser seine Karteikarte offen und ist damit aus dem Spiel.
- Zuletzt bleiben nur die „Hui"- und die „Pfui"-Karten liegen. Wer diese richtig getippt hat, kommt in die Wertung (siehe unten).
- In der nächsten Runde wird ein anderer Spieler zum aktiven Wähler.

Wertung: Wer letztlich auf die richtigen Hui & Pfui-Geschenke getippt hat, bekommt 1 Punkt gutgeschrieben.

Bemerkungen: Hui & pfui kann beliebig viele Runden gespielt werden, selbst mit sehr großer Teilnehmerzahl. Letztlich liegt hier die Spannung und Spielfreude bereits im langsamen Wegnehmen der einzelnen Geschenkkarten. Das Wertungssystem ist mehr oder weniger Brimborium (wie bei vielen kommunikativen Spielen).

Team-Beartung   •/• Ω *2–30+

Spielziel: In gemeinsamer Beratung versuchen alle Mitglieder einer Gruppe, die drei besten Geschenke (in richtiger Reihenfolge) sowie das am wenigsten gewünschte Geschenk eines Spielers der anderen Gruppe zu erraten.

Spielvorbereitung: Die Spieler werden in zwei Gruppen aufgeteilt. Jede Gruppe bekommt eine Karteikarte für Notizen sowie vier Spielchips für das Top-Geschenk, den 2. Platz, den 3. Platz und das Loser-Geschenk. Diese sind im Originalspiel enthalten.

Spielablauf:

■ Jede Gruppe bestimmt einen „aktiven Wahlspieler".

■ 6 Geschenkkarten werden, eine nach der anderen, vom Spielleiter offen in die Tischmitte gelegt und dabei am besten auch sofort vorgelesen.

■ Die ausgesuchten Spieler jeder Gruppe notieren auf ihren Karteikarten ihre exakte Geschenkwahl für die Plätze 1 bis 3 sowie das unattraktivste Geschenk.

■ Nun beraten beide Gruppen, wie die gegnerische Wahl aussehen könnte. Das Ergebnis der Beratungen wird durch die Spielchips auf den betreffenden Geschenkkarten festgehalten.

Wertung: Für jedes richtig erratene Geschenk gibt es Punkte: 3 / Top-Platz, 2 / 2. Platz, 1 / 3. Platz, 2 / nicht gewünschtes Geschenk. Insgesamt sind daher in einer Runde 8 Punkte zu erreichen. Beim kooperativen Spiel werden die Punkte der beiden Gruppen einfach zusammengezählt.

Bemerkungen: Selbstverständlich muss auch bei dieser Variante die Wahl der Geschenkkarten absolut ehrlich erfolgen. Die Spannung liegt jedoch eindeutig in der – hoffentlich intensiven – Beratungsphase.

Kastners Kniffe

1. **Spielerzahl** (Original)**:** Machen Sie die ersten Geschenkpartys mit maximal sechs Spielern. Dadurch wird der etwas langatmige Zählprozess ein wenig abgekürzt.

2. **Beratung:** Betonen Sie bei *Top-Loser* als Spielleiter die Wichtigkeit der Beratungsphase.

3. **Wertung:** Sehen Sie die Wertung eher als Beiwerk denn als essentielles Lenkungsinstrument. *Gift Trap* lebt in allen seinen

Varianten von der Freude bei der Auswahl der Geschenke sowie vom Erraten, wer was gewählt hat.

4. **Geschenk:** Als Spielleiter sollten Sie für den Sieger des Spiels ein kleines Präsent bereithalten.

Linq

8+ 45 Min. *2–8 •/• Ω ✕

Ratespiel
Autor: Erik Nielsen
Verlag: Heidelberger Spieleverlag
www.heidelberger-spieleverlag.de
Jahr: 2007

Spielerzahl: 2 bzw. 4 bis 8 (Variante)
Alter: ab 8 Jahren
Dauer: ab 45 Minuten
Regelerklärung: 10 Minuten
Glück/Kreativität/Bluff:
(insgesamt 9 Punkte) – 3:3:3

Reine Intuition!

Im Concise Oxford Dictionary wird das englische Wort „link" mit „ein Ring einer Kette", „ein Verbindungsstück", „eine Brücke zum …", „eine Kontaktaufnahme zwischen zwei Punkten mittels Radio oder Telefon" oder auch einfach mit „ein Transportmittel zwischen zwei Punkten" erklärt. Das Endungs-Q steht für Quiz, so darf man frei im Neujargon interpretieren. In der Tat haben wir es mit einem hinterhältigen, ausgefuchsten Ratespiel zu tun, in dem zwei Partner dieses eine „Verbindungsstück", dieses Wort, diesen Link, zu bilden, zu erkennen und gleichzeitig auch vor den anderen zu verbergen versuchen. (aus: WIN 280, April 2008)

Kompetenzschulung

✓ **Einfühlungsvermögen:** Sie müssen schon gut zuhören und sich auf Ihren unbekannten Partner einstellen, um bei Linq auf Dauer eine gute Siegchance zu haben. Nur wenn der Partner

mit Ihrem Hinweis assoziativ etwas anfangen kann, wird er
„zu Ihnen finden".

✓ **Sprachfähigkeit:** Gerade die korrekte Wortwahl erlaubt es, seinem Partner einen für alle anderen am Tisch unverständlichen
Hinweis zu geben. Allerdings müssen die richtigen Worte erst
gefunden werden!

Kurzidee/Originalspiel

Bestimmte Begriffe dem zunächst unbekannten Partner offen,
mithilfe von Schlüsselwörtern, so mitzuteilen, dass die übrigen
Spieler am Tisch dies nicht mitbekommen, ist die große Herausforderung dieses Kommunikationsspiels. Wer zudem die poten-
ziellen gegnerischen Partnerschaften besser durchschaut, wird
mit Extrapunkten belohnt.

Kastners Varianten-Koffer

Assoziation •/• Ω *2–8

Sollten Sie Linq zu zweit oder in zwei Gruppen spielen wollen,
darf ich Ihnen folgende Eigenkreation vorschlagen:

Spielziel: Sie müssen 1 bis 12 Hinweise richtig zuordnen.

Spielvorbereitung: Die beiden Partner bzw. Gruppen bekommen je
ein Blatt Papier und einen Schreibstift. Außerdem wird eine Sanduhr oder ein Timer bereit gehalten.

Spielablauf:

- In jeder Runde bekommen jeweils die beiden Spielpartner
  (bzw. die Gruppe) die gleiche „Linq-Karte".

- **Runde 1:** Auf einem Blatt Papier muss jeder Partner geheim einen
  assoziativen Hinweis zu einem beliebig gewählten Linq-Begriff

der Karte (zur Auswahl stehen 12 Begriffe) notieren. Danach werden die Blätter getauscht, und die Spieler versuchen nun, innerhalb von zwei Minuten die korrekte Zuordnung zu finden.

- **Runde 2:** Diesmal sind 2 assoziative Begriffe zu bilden. Wieder gelten die gleichen Grundregeln.
- **Runden 3 bis 12:** Die Zahl der Assoziationen wird jeweils um eine gesteigert. Optional: Eventuell kann die „Ratezeit" auf drei oder vier Minuten erhöht werden.

  Beispiel: Linq-Karte – Weide, Stadt, Sekretärin, Arbeit, Huf, Regal, Schreiber, Wippe. Tusche, Lager, Blase, Bremen. Assoziation: Hahn. Lösung: Bremen (Bremer Stadtmusikanten, mit dem Hahn ganz oben).

Wertung: Für jede richtige Zuordnung gibt es 1 Punkt. In der ersten Runde ist daher 1 Punkt möglich, danach sind es 2 usw. Theoretisch sind bei den Zuordnungen bis zu 78 Punkte denkbar. Ab Runde zwei gibt es für korrekte Zuordnungen noch eine Prämie von jeweils 2 Punkten. Daher könnte man in einem Linq-Match auf exakt 100 Punkte kommen. Betrachten Sie jedoch bei diesem Spiel das Wertungssystem allenfalls als nettes Beiwerk. Der Rateprozess und das Ausdenken von Assoziationen zu Begriffen macht den eigentlichen Spielspaß aus.

Bemerkungen: Es ist bei dieser Variante ganz wichtig, dass die Hinweise nicht zu offensichtlich gehalten, aber auch nicht zu weit hergeholt werden. Ihr Partner soll ebenso wie sie selbst gefordert werden, doch keinesfalls über- oder unterfordert. Um hier die Balance zu finden, braucht man ein gewisses Einfühlungsvermögen für den Spielpartner. Außerdem verlangt *Assoziation* ebenso wie *Psycho* (siehe dort) Ernsthaftigkeit, Großzügigkeit und Fairness von allen Teilnehmern.

Kastners Kniffe

1. **Notiz:** Lassen Sie (im Originalspiel) alle von den Spielern vorgeschlagenen Hinweise auf einem gut einsehbaren Bogen Papier, vielleicht sogar auf einer Tafel, festhalten. Dadurch ersparen Sie sich lästige Nachfragen.

2. **Schwierigkeitsgrad:** Wählen Sie (im Originalspiel) in Spielrunden mit Kindern unbedingt Grundbegriffe, die unter den Würfelzahlen 1 bis 6 zu finden sind. Dies erleichtert es, passende Assoziationen zu bilden.

3. **Assoziation:** Meine Variante macht dann am meisten Spaß, wenn nach jeder Runde die vom Partner nicht richtig zugeordneten Hinweise von deren „Schöpfer" erklärt werden. Gerade dadurch kann man sich im Laufe der Zeit immer besser auf den Partner einstellen.

Förderung der sprachlichen Kompetenz

„Die Sprachfähigkeit ist eine zentrale Komponente des kognitiven Systems des Menschen." Wie die Förderung im wissenschaftlichen Sinn aussehen kann und welche Elemente zur sprachlichen Kompetenz gehören, ist ein ungemein weites Forschungsgebiet, dessen detaillierte Darstellung den Rahmen dieser kleinen Einführung sprengen würde. Dennoch erlaube ich mir einige Anmerkungen. Sprachliche Kompetenz wird durch ganz unterschiedliche Zielsetzungen gezeigt: (1) Sie ermöglicht es einem Sprecher, mit einer endlichen Anzahl von Lauten oder Wörtern eine unendliche Anzahl von Äußerungen hervorzubringen. (2) Sie lässt einen Hörer Äußerungen, die er nie zuvor vernommen hat, verstehen. (3) Sie erlaubt es, dass Sprecher und Hörer in der Lage sind, Äuße-

Anzeichen für Probleme eines Kindes/Jugendlichen

- Die Bandbreite der sprachlichen Ausdrucksmöglichkeiten des Kindes/Jugendlichen wird nicht voll ausgeschöpft.
- Neue, ungewohnte sprachliche Elemente werden nicht ohne Probleme verstanden.
- Die grammatische Richtigkeit sprachlicher Äußerungen ist nicht immer gewährleistet.
- Einzelne Sprachaspekte, wie etwa humoristische oder satirische Aussagen, werden nicht immer voll erfasst.
- Das Wechselspiel zwischen nonverbaler und verbaler Kommunikation ist bisweilen nicht stimmig.

rungen hinsichtlich ihrer grammatischen Richtigkeit, Mehrdeutigkeit und ihres generellen Bedeutungsinhalts zu beurteilen. (4) Sie berücksichtigt den metakommunikativen Aspekt der Sprache, also ob eine Aussage humoristisch, satirisch oder dergleichen gemeint ist.

Mit **Black Stories, Ein bisschen Mord muss sein, Es war einmal, Nobody is perfect, Scrabble** und **Tabu** werden hier sechs sehr unterschiedliche Spiele vorgestellt, die allesamt bestimmte sprachliche Anforderungen an die Spieler stellen. Logik, Aktives Zuhören, Phantasie, Kreativität, Wortschöpfungskompetenz, Wortkenntnisse und Assoziationsfähigkeit sind nur einige der Kompetenzen, die mit den hier präsentierten Meisterspielen trainiert werden können.

Bei den inzwischen in mehreren Ausgaben (auch englischsprachigen) aufliegenden **Black Stories** können gleichzeitig riesige Gruppen zum Rätseln und Raten animiert werden, da ja die gemeinsame Aufgabe darin besteht, einen kuriosen Kriminalfall zu lösen. Ohne exakte Fragen und ohne gute Interpretation der Ja/Nein-Antworten lässt sich jedoch auf Dauer kein Erfolg erzielen. Logisches Verständnis zumindest einiger Beteiligter wird sich als sehr hilfreich erweisen.

Ganz andere sprachlich-kriminalistische Anforderungen bietet das brandneue **Ein bisschen Mord muss sein**. Hier müssen die Tatverdächtigen in einigen kurzen Verhörrunden bestimmte Schlüsselwörter in ihre Alibiversuche einbauen. Ein Inspektor (jede Runde ein anderer Spieler) versucht herauszufinden, wer der Täter ist. Dieser hat die trickreiche Aufgabe, bei seinem Alibi seine spezifischen Schlüsselwörter so zu verbergen, dass der Inspektor letztlich getäuscht wird. Wer seinen Mitverdächtigen nicht genau zuhört, wird bei diesem Versuch fast immer scheitern. Die sprachlichen Anforderungen bei diesen kurzen Alibis sind überraschend hoch.

Es war einmal ... so beginnen Märchen, und ums sie geht es in diesem Erzählspiel auch. Sie müssen Phantasie mitbringen, einen gewissen Wortschatz, Kreativität und ungetrübte Erzählfreude. Dafür werden Sie einen völlig neuartigen Spieltypus erleben, der einen Übergang vom Spiel zum klassischen Geschichtenerzählen darstellt. Wichtig ist vor allem die Kombination aus Geschichte und geschickt einzusetzenden Sprachelementen, die den Beteiligten in Form von Kärtchen vorgeschrieben werden.

Mit **Nobody is perfect** kam Anfang der neunzige Jahre eine wunderbare Version des ehrwürdigen Lexikonspiels auf den Markt. Alle Spieler müssen völlig absurd klingende Begriffe (die es jedoch tatsächlich gibt) zu definieren versuchen, wenn möglich so perfekt, dass sie von den echten lexikalischen Definitionen nicht zu unterscheiden sind. Dafür braucht man viel Übung, doch der Lohn ist eine herausragende Spielerfahrung mit der Möglichkeit sehr individueller Satzbildungen und Wortdefinitionen.

Seit mehr als einem halbem Jahrhundert gibt es das „Kreuzwortspiel" **Scrabble**. Vermutlich ist die einfach anmutende Aufgabe, möglichst lange und hochwertige Wörter aus 7 Buchstaben zu bilden, der Grund für seine weltweite Beliebtheit. Ein großer Wortschatz ist bei diesem Klassiker ungemein förderlich, ebenso eine hohe Wortbildungskompetenz. Dabei verstärken Doppel- und Dreifachfelder auf dem Spielbrett das taktisch-strategische Element beträchtlich. Von *Scrabble* kann man leicht süchtig werden!

Auch auf eine Runde **Tabu** sollte man sich unbedingt einmal einlassen. Dabei müssen die Spieler bestimmte Begriffe umschreiben, jedoch ohne vorgegebene Tabu-Wörter zu gebrauchen. Grundsätzlich eine leichte Aufgabe, allerdings werden auch partnerschaftlich agierende „Löser" benötigt, die mit den Umschreibungen etwas anzufangen wissen. Eingespielte Teams haben es daher entschieden leichter. Zudem läuft während dieser Phase die Sanduhr unerbittlich, was für zusätzlichen Stress aller Beteiligten sorgt.

Black Stories

10+ 10 Min. *1–30+ Ω ☉ e

Ratespiel
Autor: Holger Bösch
Verlag: Moses
www.moses-verlag.de
Jahr: 2004

Spielerzahl: 1 bis 30+
Alter: ab 10 Jahren
Dauer: ab 10 Minuten
Regelerklärung: 1 Minute
Glück/Deduktion/Bluff (insgesamt 9 Punkte) – 2:7:0

Ausgaben: Black Stories 2, Black Stories 3, Black Stories 4, (auch: Englische Ausgabe)

Rabenschwarze Rätsel

Wer gern knifflige, morbide Rätselkrimis löst, na ja, sagen wir: wer Ratespiele zu rabenschwarzen, bizarren Geschichten liebt, der wird bei den *Black Stories* voll auf seine Rechnung kommen. Die Schachtel öffnen, eine kurze Ein-Satz-Geschichte vorlesen, und dann … Fragen, Fragen, Fragen. Manche der „schwarzen Geschichten" mögen eine lange Vergangenheit haben, in den mittlerweile vier Moses-Editionen wirken sie jedenfalls frisch und lebendig wie eh und je.

Kompetenzschulung

✓ **Fragetechnik:** Es kommt darauf an, die Fragen exakt zu formulieren und entsprechende Rückschlüsse aus den Ja/Nein-Antworten zu ziehen.

✓ **Logik:** Wenn auch die Erklärungen zu den Fällen oft „haarsträubend" erscheinen, so folgen sie doch einer absolut korrekten Logik. Wer dieses logische Prinzip verinnerlicht, wird mit größerer Wahrscheinlichkeit eine Lösung finden.

✓ **Englisch:** Dieses Spiel fördert stark die Anwendung englischer Sprachkenntnisse. Es ist in diesem Sinne sehr zu empfehlen!

✓ **Zuhören:** Die Suche nach einer Lösung ist aussichtslos, wenn nicht auch die Fragen der Mitspieler in die Überlegungen einbezogen werden. Es gilt also aktiv zuzuhören.

Kurzidee/Originalspiel

Rätselhafte Tathergänge zu Kriminalfällen mit morbidem, kniffligem Einschlag sind durch geschickte Fragen zu rekonstruieren. Wenn möglich, sollte auch das Tatmotiv gefunden werden. Allerdings müssen die Ratenden nur mit Ja/Nein-Antworten zu Rande kommen.

Kastners Varianten-Koffer

Protokoll   Ω ☉ e *1–30+

Spielziel: Ein Fall muss durch gezielte Fragen gelöst werden.

Spielablauf:

- Ein Spieler wird zur Protokollführung eingeteilt.
- Eine erste Fragerunde beginnt (circa 5 bis 6 Fragen).
- Es gibt eine kurze Verlesung des Protokolls, eventuell mit einer Skizze versehen.
- Eine zweite Fragerunde folgt, danach ein weiteres Protokollverlesen usw.
- Die Fragen enden mit der Auflösung des Falls.

Bemerkungen: Black Stories lebt von der inneren Dynamik und kann daher ganz ohne das bei Spielen übliche Wertungsprinzip erlebt werden. Die Lösungssuche an sich stellt das eigentliche Vergnügen dar.

Kastners Kniffe

1. **Leicht-Schwer:** Wählen Sie als Spielleiter zunächst einfache Fälle aus, vor allem, wenn die Gruppe noch wenig Erfahrung mit diesem Spieltypus hat.
2. **Protokoll:** Achten Sie (in meiner Variante) auf präzise und sachliche Protokollführung, ohne allerdings ins Formale abzugleiten. Lassen Sie eventuell eine Skizze erstellen.
3. **Hilfestellung:** Geben Sie unter Umständen doch mehr Hilfestellung als das alleinige Ja / Nein, eventuell ein „kann ich nicht beurteilen", „hängt von der Situation ab" und dergleichen. Wichtig ist es, dass ein Fall in angemessener Zeit gelöst wird.

Ein bisschen Mord muss sein 13+ 45 Min. *4–7 ✕

Kommunikationsspiel
Autor: Hervé Marly
Verlag: Pro Ludo
www.proludo.de
Jahr: 2008

Spielerzahl: 4 bis 7
Alter: ab 13 Jahren
Dauer: 45 Minuten
Regelerklärung: 10 Minuten
Glück/Sprachkompetenz/Bluff
(insgesamt 9 Punkte) – 1 : 4 : 4

Improvisation und Täuschung

Das neue Mörderspiel von Hervé Marly zwingt alle Beteiligten zu geschickter Improvisation. Redegewandtheit und ein gutes Rollenverständnis sind ohnehin unabdingbar für ein erfolgreiches

Verhör – aus Sicht der Tatverdächtigen, meine ich. Aber es ist gar nicht so einfach, einem geschulten Inspektor bestimmte Schlüsselwörter stimmig unterzujubeln. Noch dazu unter ziemlichem Zeitdruck und abgestimmt auf die bereits befragten Verdächtigen. Denn diese sind gezwungen, ihre Rollen perfekt zu tarnen.

Kompetenzschulung

✓ **Improvisationskunst:** Da die Schlüsselwörter der Geschichten der Vorgänger unbedingt im eigenen Verhör vorkommen sollten, müssen die Verdächtigen genau zuhören, und für den eigenen Auftritt muss man zudem gehörig improvisieren.

✓ **Wortschatz:** Schwierige Wörter unter Zeitdruck an den richtigen Verhörstellen einzubauen und damit den Inspektor zu täuschen, verlangt ein gutes Sprachgefühl.

✓ **Redegewandtheit:** Schnell und zusammenhängend zu reden und damit ein kurzes Verhör zu überstehen, das ist es, was bei diesem Spiel trainiert wird.

✓ **Rollenspiel:** Inspektor, Gerichtsschreiber, Verdächtiger, Täter – diese vier Rollen wird jeder im Verlauf des Spiels einnehmen. Dabei werden ganz unterschiedliche Fähigkeiten abverlangt.

Kurzidee/Originalspiel

Sie sind Verdächtiger, Täter, Gerichtsschreiber oder Inspektor. Und gemäß diesen Rollen müssen Sie versuchen, beim obligaten Verhör durch Improvisationskunst und Zuhören ein perfektes Alibi zu zimmern bzw. dieses zu entkräften. Doch Achtung: Ein bisschen Mord muss sein ist in erster Linie ein Kommunikationsspiel, verlangt jedoch vom Inspektor keine logischen Fähigkeiten, wie vielleicht der Amtstitel suggerieren mag.

Kastners Varianten-Koffer

Blitzverhör   >< *4–7

Bei erfahrenen Spielern bietet sich bei *Ein bisschen Mord muss sein* auch eine Variante an, bei der der Inspektor sich nur für **eine Verhörrunde** entscheidet.

- Es gibt in diesem Fall keine Abstimmung der Verdächtigen.
- Die Wertungssteine der Verdächtigen werden bei erfolgreicher Täuschung des Inspektors um 1 Kästchen vorgeschoben, der Wertungsstein des Inspektors um 3 Kästchen zurück; andernfalls umgekehrt: 1 Kästchen zurück, 3 Kästchen vor.
- Indizien werden erst unmittelbar vor dem Verhör vorgelesen.

Bemerkungen: Sollten Sie mit Jugendlichen spielen, deren Sprachschatz noch nicht so ausgeprägt ist, könnten Sie ein Wörterbuch bereithalten und vorweg das eine oder andere Schlüsselwort nachschlagen lassen. Damit wird die Verhörphase etwas erleichtert. Welche Wörter meine ich damit? Etwa Cellulitis, Algorithmus, Apostolat oder Intrudierer. In jedem Fall müssen Sie jedoch darauf achten, den Spielfluss während der Verhörphasen nicht durch irgendwelche Erklärungen zu unterbrechen.

Kastners Kniffe

1. **Rollenspiel:** *Ein bisschen Mord muss sein* kann in jeder Gruppenzusammensetzung erfolgreich gespielt werden. Allerdings sollten die einzelnen Spieler eines Durchgangs ungefähr gleiche Kommunikationskompetenz mitbringen.
2. **Geschichten:** Je haarsträubender die Geschichten für die Alibis, desto schwieriger wird es für den Inspektor, den Täter zu entlarven.

3. **Schwierige Wörter:** Bauen Sie in jedem Fall ein bis zwei außergewöhnliche Wörter in Ihr Alibi ein. Dadurch wird der Inspektor von den vorgegebenen Schlüsselwörtern abgelenkt.

4. **Stimmung:** Ähnlich wie bei *Werwölfe von Düsterwald* (siehe Kapitel 4) kann auch hier der Spielspaß durch stimmungsvolle Umgebung („Verhöratmosphäre") noch gesteigert werden.

5. **Neue Spieler:** Sollte ein ungeübter Spieler zu einer erfahrenen Spielrunde stoßen, ist eine Proberunde zu empfehlen. Zu leicht verrät man sich, wenn das Alibi nicht geschickt formuliert wird.

Es war einmal   10+ 30 Min. *2–10 >< e

Erzählspiel
Autor: James Wallis, Andrew Rilstone, Richard Lambert
Verlag: Atlas Games, Amigo, Heidelberger Spieleverlag
www.amigospiele.de
www.heidelberger-spieleverlag.de
Jahr: 1993 (Englisch), 1997 (Deutsch)

Spielerzahl: 2 bis10
Alter: ab 10 Jahren
Dauer: 30 Minuten
Regelerklärung: 10 Minuten
Glück/Erzählkompetenz/Bluff
(insgesamt 9 Punkte) –
1:6:2

Ausgaben: Once Upon a Time (Englisch)/Erweiterung: The Dark Tales (Englisch)

Märchenerzählen einmal anders

Once Upon a Time kann mit reiferen Jugendlichen oder Erwachsenen bei entsprechender Sprachkompetenz auch gut in der Originalsprache gespielt werden. Phantasievolles Erzählen, Redegewandtheit, Eingehen auf die Geschichten der Mitspieler, das gibt diesem Spiel die Würze. *Es war einmal ...* verlangt ein erzählfreudiges Publikum. Denn bei diesem märchenhaften Spiel ist jeder Teilnehmer in einer ungewohnten Doppelrolle: gleichsam als Zuhörer wie auch als Akteur.

Kompetenzschulung

✓ **Kreativität:** Aus seinen Karten das Beste zu machen und kreativ auf die Geschichten der Mitspieler zu reagieren, wird bei *Es war einmal* sehr direkt geschult.

✓ **Englisch:** Bei sprachlich fortgeschrittenen Jugendlichen ist die Erzählung auf Englisch zu empfehlen.

✓ **Phantasie:** Das Ausdenken einer Geschichte (wie auch das Einbauen in die eigenen Gedanken) trainiert die Phantasie aller Mitspieler mehr oder weniger gleichzeitig.

✓ **Erzählkompetenz:** Diese wird wie bei kaum einem anderen Spiel gefördert.

Kurzidee/Originalspiel

„Es war einmal …" – so beginnen alle Märchen, und so beginnt auch dieses wunderbare Erzählspiel. Die Regeln sind einfach: Jedem Erzähler werden einige, mit bestimmten Schlüsselwörtern bedruckte Karten zugeteilt, die offen abgelegt werden dürfen, sobald eines der Schlüsselwörter verwendet wird. Allerdings dürfen die Mitspieler den Erzähler bisweilen unterbrechen und das Märchen ihrerseits mit kreativen Gedanken fortsetzen. Der schöne Schlussakkord wird letztlich mit einer Märchenende-Karte (im Original „Happy Ever After Card") gesetzt.

Kastners Varianten-Koffer

Drehbuch   ✂ e *2–10

Spielziel: Jeder Erzähler versucht, als Erster seine Karte zur Beendigung des Spiels loszuwerden.

Spielvorbereitung: Ein Beobachter („Nacherzähler") wird bestimmt, der etwas abseits sitzt und zur Geschichte kleine Notizen macht. Dieser Beobachter darf nun ein Thema vorgeben, also gleichsam ein Drehbuch, das der ganzen Geschichte eine Struktur verleihen soll.

Spielablauf: Der Beobachter achtet darauf, dass alle Beteiligten ihre gemeinsame Geschichte entsprechend diesem vorweg festgelegten Thema gestalten. Sobald jemandem zu weit abweicht wird, stoppt der Beobachter die Erzählung und lässt den betreffenden Spieler eine Strafkarte nachziehen. Dann darf er jedoch sofort Weitererzählen.

Themenwahl: Es gibt eine Vielfalt von Themen: etwa ein klassisches Märchen in moderner Form erzählen, eine Geschichte als Fabel gestalten usw.

Nacherzählung: Am Ende sollte der Beobachter die wichtigsten Punkte des „Drehbuchs" laut wiederholen. Dadurch bleibt auch ein wenig Zeit, über den Inhalt der Geschichte zu reflektieren.

Bemerkungen: Bei dieser Drehbuch-Variante ist es wichtig, dass die Spieler die Themenauflagen vorweg gut verstehen. Auch vom Beobachter hängt viel ab: Unterbricht er zu oft, leidet der Spielfluss, unterbricht er nie, wird die Geschichte vielleicht nicht den gewünschten Anforderungen entsprechen. Wie bei manchen Spielen, kommt es hier nicht so sehr aufs Gewinnen an als vielmehr auf eine gute Stimmung während der Erzählphase.

Kastners Kniffe

1. **Erweiterung:** Gerade bei diesem Spiel bringen die Erweiterungskärtchen noch mehr Anregung und Abwechslung.

2. **Nacherzähler:** Nicht nur aus pädagogischen Gründen würde ich vorweg ein oder zwei Zuhörer / Beobachter bestimmen, die nach einem Spiel die ganze Geschichte in eigenen Worten nacherzählen. Es ist spannend zu beobachten, wie von einer Geschichte auf die andere immer mehr unvermutete und kreative Elemente eingebaut werden.

3. **Englisch:** Mit der englischen Ausgabe lässt sich dieses Spiel auch wunderbar in englischer Sprache erleben, sofern alle Mitspieler eine hohe Sprachkompetenz haben. Eventuell sollte die Bedeutung der einzelnen Karten zuvor besprochen werden.

4. **Handicap:** Weniger erfahrene oder kommunikativ schwächere Spieler sollten zu Beginn statt einer Karte zur Beendigung einer Geschichte zwei Karten aufnehmen dürfen.

Nobody is perfect
14+ 30 Min. *3–12 ✕

Lexikon- & Sprachspiel
Autor: Bertram Kaes
Verlag: Ravensburger
www.ravensburger.de
Jahr: 1992

Spielerzahl: 3 bis 12 (Variante)
Alter: ab 14 Jahren
Dauer: ab 30 Minuten
Regelerklärung: 10 Minuten
Glück/Sprachkompetenz/Bluff (insgesamt 9 Punkte) – 2 : 3 : 4

Literatur: Kastner, Hugo: Die Fundgrube für Spiele. Cornelsen Scriptor, Berlin 2002

Manche mögen's heiß

Wer gerne völlig unbekannte Wörter definiert, wer gerne kuriose Fragen mit möglichst glaubwürdigen Antworten versieht, wer gerne zu wackeligen Fakten die richtige Ja / Nein-Entscheidung erahnt, der sollte sich an diesem Lexikonspiel unbedingt versuchen. Oder wissen Sie etwa, was man unter „Kupidität" versteht?

Oder unter „Mastopathie"? Falls nicht, auch kein Problem. Denn
bei *Nobody is perfect* punktet, wer die Mitspieler am besten in die
Irre führt. Nicht das tatsächliche lexikalische Wissen um eine
Wortdefinition oder ein historisches Ereignis ist maßgebend für
den Erfolg, sondern vielmehr das überzeugende Darlegen einer
über dem Tisch geschaffenen Eigenkreation. Elegante, wissen-
schaftlich anmutende Sprachschöpfungen sind erwünscht, überzeugende, gleichzeitig aber auch überraschende Fortsetzungen zu
Satzanfängen, die zu historischen oder sonstigen Fakten gehören.
(aus: WIN 382, Juni 2008)

Kompetenzschulung

✓ **Wortbildung:** Die Fähigkeit, völlig unbekannte Begriffe mit
lexikalisch einwandfreien, doch täuschenden Definitionen zu
umschreiben, kann bei Nobody is perfect in geradezu perfekter Weise trainiert werden.

✓ **Blufffähigkeit:** Entscheidend ist auch die jeweilige Wortwahl,
und zwar abhängig von der Spielrunde. Gilt es doch, den Mitspielern glauben zu machen, die eigene Wortdefinition sei die
richtige.

✓ **Einschätzen der Mitspieler:** Das Gefühl für die Wortkreatio-
nen der Teilnehmer wird mit jeder Definition mehr geschult.

✓ **Sprachkompetenz:** Die Schulung der Sprachkompetenz ist
ungemein groß, wenn auch ein gleichmäßig hohes Sprachni-
veau als Spielvoraussetzung anzusehen ist.

Kurzidee/Originalspiel

Die Grundidee von *Nobody is perfect* baut auf dem ehrwürdigen Lexikonspiel auf: Von den Spielern werden Sinnlos-Umschreibungen zu

schwierigen, nahezu unbekannten Fremdwörtern verlangt, die noch dazu für die Mitspieler perfekter klingen sollten als die ebenfalls verlesenen Originaldefinitionen. Zusätzlich schaffen Satzanfänge zu bizarren Ereignissen sowie kuriose „richtig/falsch"-Fragen sehr abwechslungsreiche Spielrunden.

Kastners Varianten-Koffer

Lexikonspiel >< *3–12

Spielziel: Alle Spieler versuchen, aus einer Reihe von Definitionen zu einem seltenen Wort die korrekte Umschreibung herauszufinden.

Spielvorbereitung: Jeder Spieler bekommt eine Karteikarte, die er mit seinem Namen versieht. Außerdem wird jedem Spieler ein Stapel Spielkarten aus einer Farbserie von Ass, 2, 3, 4, 5, 6, 7, 8, 9, 10, Bube, Dame bis König zur Verfügung gestellt, mit deren Hilfe er sich später für eine der Definitionen entscheiden muss. (Anmerkung: Bube = 11, Dame = 12, König = 13)

Spielablauf:

- Bis zu 13 Spieler müssen ein vom Spielleiter („Vorleser") – diese Funktion wechselt bei jeder Definition – gewähltes Fremdwort in einer eigenständigen, möglichst lexikalisch klingenden Definition, umschreiben. Der Spielleiter notiert die korrekte Antwort auf seiner eigenen Karte.

- Der Zeitrahmen sollte so kurz wie möglich bemessen werden, abgestimmt auf das Alter und die Sprachfähigkeit der Spieler.

- Danach werden alle Karteikarten vom Spielleiter eingesammelt, durchgemischt und die Definitionen zusammen mit der vom Spielleiter notierten, korrekten Version vorgelesen.

Beispiel 1: (5 Spieler) Grundwort SYNECHIE: 1. Amtlich bestätige Unfähigkeit, zusammenzuleben. 2. Harmonisches Zusammenspiel von Blasinstrumenten. 3. Restharn im Tierkadaver. 4. Verwachsung von Regenbogenhaut und Augenlinse. 5. Widerhall im gebirgigen Gelände. 6. Wissenschaft von der Fortbewegung des Schalls. - Richtige Definition: 4.

Beispiel 2: Grundwort MARIOLATRIE: 1. Lehre vom Bau- und Vermessungswesen. 2. Medizinisch: Beseitigung von Altersflecken. 3. Messtechnik im Gelände. 4. Sprachwitz in vulgärer Form. 5. Verehrung der heiligen Maria. 6. Westliche Glaubensform aus dem 13. Jahrhundert. – Richtige Definition 5.

Beispiel 3: Grundwort DESULTORISCH: 1. Abenteuerlich. 2. Ängstlich, verzweifelt. 3. Ergebnisorientiert, zielgerichtet. 4. Sprunghaft, unbeständig. 5. Verwerflich, abwertend. 6. Vulgär, ordinär. – Richtige Definition: 4.

- Ein Spieler sollte während des Vorlesens die Definitionen in Kurzform auf einem Blatt Papier festhalten. (Also: 1. Unfähigkeit, 2. Blasinstrumente …) Vor der jeweiligen Entscheidung der Spieler werden diese Stichwörter nochmals wiederholt und damit die Definitionen in Erinnerung gerufen.

- Jeder Spieler hat nun einen Tippversuch, die korrekte Definition herauszufinden. Dieser Tipp erfolgt durch verdecktes Ablegen einer Spielkarte als unterste des eigenen Stapels. *Beispiel:* Wenn auf die 5. Definition getippt wird, kommt die 5er-Spielkarte ganz nach unten.

Wertung: Gleichzeitig werden alle Tipp-Karten aufgeschlagen. Die Punkte werden wie folgt verteilt: (1) Für jedes richtige Erraten der vom Spielleiter notierten, korrekten Definition gibt es 2 Punkte. (2) Für jede Täuschung eines Spielers beträgt der Bonus 3 Punkte.

Täuschung heißt, ein Spieler wird dazu veranlasst, auf eine falsche Definition zu tippen. Der Urheber dieser Definition wird belohnt. In größeren Spielrunden können hier in einer Runde durchaus 6, 9, ja sogar noch mehr Punkte eingefahren werden.

Spielende: Gespielt wird zumindest so lange, bis jeder Spieler einmal die „Vorleserrolle" innehatte. *Optional:* Wenn Sie einen fixen Spielleiter / Vorleser haben, kann auch vorweg eine fixe Zahl von Grundwörtern vereinbart werden, die es in der Folge zu definieren gilt.

Bemerkungen: Wichtig ist es, die Definitionen in bestimmtem Rhythmus vorzulesen, wobei auch die korrekte Umschreibung ohne Zögern erfolgen muss. Daher ist es günstig, die gesammelten Karteikarten vorweg auf Lesbarkeit durchzusehen.

Definitionen (aus dem Duden Fremdwörterbuch): Zur Einstimmung darf ich Ihnen einige tückische Fremdwörter anbieten. Weitere herausfordernde Grundwörter finden Sie im sehr empfehlenswerten Originalspiel. Dort gibt es daneben noch zwei weitere Kategorien von Aufgaben, die *Nobody is perfect* vielleicht sogar noch abwechslungsreicher machen.

- HYPERGAMIE: Heirat einer Frau aus niederer Schicht mit einem Mann aus höherer
- EXTINKTEUR: Gerät zum Feuerlöschen
- DAGOBA: Buddhistischer Reliquienschrein
- SCHIRWAN: Dichter, kurzhaariger Teppich mit geometrischem Muster
- TARSAL: Zur Fußwurzel gehörend
- CARACALLA: Langer Kapuzenmantel
- BOISIEREN: Mit Holz täfeln
- BHAKTI: Liebende Hingabe an Gott

- AVERNALISCH: Höllisch, qualvoll
- ARRAK: Ostindischer Branntwein aus Reis
- MASTITIS: Brustdrüsenentzündung
- KUPIDITÄT: Begierde, Lüsternheit
- JUNKTUR: Verbindung, Fuge
- HYPERGEUSIE: Abnorm verfeinerter Geschmackssinn
- EXSEKRIEREN: Verwünschen, verfluchen (katholische Kirche)
- ANDESIN: Gesteinsbildendes Mineral
- GRAPHOMANIE: Schreibbesessenheit
- MASTOPATHIE: Knötchenbildung an den Brüsten
- KLAUSTROPHILIE: Hang zur Einsamkeit
- GAMBIT: Schacheröffnung mit einem Bauernopfer
- EPHORIE: Kirchlicher Aufsichtsbezirk
- PRECANCEL: Im Voraus entwertete Briefmarke
- SCHUBIACK: Niederträchtiger Mensch, Lump
- TSANTSA: Eingeschrumpfte Kopftrophäe
- URATISCH: Mit der Harnsäure zusammen hängend
- PRAXEOLOGIE: Wissenschaft vom rationalen Handeln
- NIGROMANT: Zauberer, Wahrsager
- CHARTISMUS: Erste organisierte Arbeiterbewegung in England

Kastners Kniffe

1. **Stichwörter:** Lassen Sie bei Spielrunden ab 5 bis 6 Mitspielern unbedingt Stichwörter zu den vorgelesenen Definitionen aufschreiben und diese dann vor der Entscheidung noch einmal vorlesen. Es fällt sonst schwer, sich die Antworten zu merken und sie den einzelnen Spielern zuzuordnen.

2. **Schriftbild:** Vor dem Spiel sollten Sie auf jeden Fall darauf hinweisen, dass leserlich geschrieben werden muss. Denn sonst verrät jedes Stocken beim Vorlesen eine falsche Antwort. *Empfehlung:* Der Vorleser nimmt sich ein paar Sekunden Zeit, alle Definitionen auf Lesbarkeit zu kontrollieren.

3. **Definitionen:** Scheuen Sie sich nicht, blanken Unsinn zu Papier zu bringen. Je gewagter die Umschreibung, desto wahrscheinlicher wird es, dass jemand sich täuschen lässt und Ihre Definition als die korrekte einschätzt. *Achtung:* Zu lange Definitionen wirken unglaubwürdig.

4. **Zeit:** Achten Sie als aktiver „Vorleser" während der Phase des Definierens ein wenig auf die Zeit. *Nobody is perfect* lebt auch vom Tempo.

Scrabble®   14+ 60 Min. *1–30+ Ω ☉ T ✂ ± e

Wortspiel	**Spielerzahl:** 1 bis 30+ (Variante)
Autor: Alfred Butts	**Alter:** ab 14 Jahren
Verlag: Spears Games, Mattel	**Dauer:** ab 60 Minuten
www.mattel.de	**Regelerklärung:** 10 Minuten
Jahr: 1948	**Glück/Wortschatz/Bluff** (insgesamt 9 Punkte) – 1 : 7 : 1

Ausgaben: Junior Scrabble, Reise-Scrabble, Scrabble Blitz, Scrabble Dice
Empfehlungen für Wortspiele: Boggle, Topwords
Literatur: Kastner, Hugo: Die Fundgrube für Spiele. Cornelsen Scriptor, Berlin 2002
Internet: www.scrabble.de

Unerreichter Klassiker der Wordpower

Scrabble® ist ein wahrer Fixstern am Spiele-Firmament. Inmitten einer drückenden Wirtschaftskrise war der gelernte Architekt Alfred Mosher Butts (1899–1993) Ende der Vierzigerjahre gezwungen, mit einer „Idee" (wie er später im Interview sagte) einen Ausweg aus seinem arbeitslosen Dasein zu finden. In den ersten Jahren waren es einige Tausend Stück, die Käufer fanden, dann wurde durch die Kaufhauskette Macy's eine Lawine losgetreten. Heute überschwemmen Hasbro und Mattel den Markt mit immer neuen Ausgaben dieses brillanten Klassikers, in mittlerweile 29 Sprachen, mit Buchstabenwerten, die jeweils exakt die Häufigkeitsverteilung der jeweiligen Sprache widerspiegeln. Nationale Meisterschaften, online-Wettbewerbe, Weltmeisterschaften, Scrabble-Wörterbücher – die Welt dieses über 150 Millionen mal verkauften Spiels ist gigantisch! Time Magazine hat *Scrabble*® unter den 100 wichtigsten Erfindungen der Menschheit auf Platz 57 gereiht. Exklusivität pur! (aus: WIN 284, August 2008)

Kompetenzschulung

✓ **Wortschatz:** Kreativität bei der Wortbildung sowie beim „Erdenken" korrekter Flexionsformen werden wie bei kaum einem anderen „Wortspiel" optimal gefördert.

✓ **Englisch:** Gute Sprachkenntnisse vorausgesetzt, eignet sich dieses Spiel ganz besonders für einen Versuch in der englischen Sprache. Die Kombinationsvielfalt ist wegen der größeren Zahl an Wörtern sowie der durchschnittlich kürzeren Vokabeln im englischen Original noch beeindruckender.

✓ **Buchstaben:** Die Gewichtung der Buchstaben spiegelt die Häufigkeitsverteilung in der jeweiligen Sprache wider und vermittelt damit ein Gefühl für die Wortbildung.

✓ **Rechtschreibung:** Korrekte Rechtschreibung wird durch oftmaliges Spielen geübt.

Kurzidee/Originalspiel

Auf einem Kreuzwortraster müssen die Spieler versuchen, aus 7 Buchstaben, deren Wertigkeit nach der Häufigkeitsverteilung in der jeweiligen Sprache ausgelegt ist, möglichst hochkarätige Wörter zu finden. In ernsthaften Partien müssen diese Wörter auf Anzweiflung im Wörterbuch nachgewiesen werden können. *Scrabble* sollte zudem mit Zeitmessung gespielt werden, um unnötige Längen zu unterbinden.

Allgemeine Regelhinweise

Gültigkeit/Wörterbuch: Generell muss bei Wortspielen vorab geklärt sein, welche Wörter verwendet werden dürfen. Beim *Scrabble®* gibt es offizielle Turnierregeln, die jedoch nach Belieben durch sogenannte Hausregeln ersetzt werden können. Da das Thema „Gültigkeit der Wörter" in den dem Spiel beiliegenden Originalregeln eher minimalistisch behandelt wird, möchte ich an dieser Stelle meine *Empfehlungen* in ausführlicher Auflistung anbieten.

Es gelten …

… alle Wörter des Wörterbuchs (auf das man sich zuvor geeinigt hat), egal ob mit Einschränkungen wie „umgangssprachlich", „selten verwendet", „veraltet" versehen

… Fremdwörter, soweit sie bereits allgemeine Verwendung finden und im Wörterbuch stehen (als Stichwort oder in Klammer zu einem Stichwort)

… alle Deklinations- und Konjugationsformen (auch bei zusammengesetzten Wörtern)

… Interjektionen (auch wenn sie im Wörterbuch mit Rufzeichen stehen)

… Wörter in alter Rechtschreibung, sofern sie im Wörterbuch fett gedruckt sind

… Buchstaben des griechischen und des deutschen Alphabets

… Abkürzungen, die wie normale Wörter gesprochen und geschrieben werden (z. B. Radar, Aids)

… Kurzformen, die in den normalen Sprachgebrauch übergegangen sind (z. B. Bus, Nife)

… Namen von Mitgliedern von Völkern, Volksstämmen

… fremdsprachige Titel und Anreden [*Ausnahme:* sie werden nur in Verbindung mit Namen verwendet, z. B. Fra]

… Zusammensetzungen (substantivisch, adjektivisch), wenn diese im Wörterbuch stehen

Unzulässig sind …

… Wörter, die nicht im Wörterbuch stehen

… Wörter mit Sonderzeichen (Bindestrich, Apostroph, Punkte)

… Einzelwörter aus Wortgruppen (en détail)

… Eigennamen (Vor- und Nachnamen, geografische Namen, Namen von Himmelskörpern, Produkt- und Firmennamen, Namen von einzigartigen Organisationen, Gruppen, Ereignissen, Institutionen und Parteien), außer sie weisen eine zusätzliche, regelkonforme Bedeutung auf

… Abkürzungen:
  – als Einzelbuchstaben gesprochen [Ausnahme: Ai, Aa]
  – diakritische Zeichen (Punkte) enthaltend
  – aus Großbuchstaben bestehend [Ausnahme: Das Wort wird auch in Kleinbuchstaben geschrieben, z. B. EPO oder Epo]
  – mit Zahlen- und Buchstabenkombinationen
  – chemische Zeichen

– Währungscodes

… Vor- und Nachsilben

… geschlechtsspezifische Begriffe (Frauenfeindin)

Sonderzeichen

- AE, OE, UE dürfen nicht statt Ä, Ö und Ü verwendet werden (in der deutschen Version)
- SS ersetzt ß in jedem Fall
- Diakritische Zeichen (Français, Noël, Niño) fallen weg

Anzweifeln: Wenn jemand ein Wort anzweifelt, muss dies unmittelbar geschehen. Es gibt nun zwei Möglichkeiten: (1) Das Wort ist gültig – dem Anzweifler werden 5 Punkte abgezogen. (2) Das Wort ist ungültig – der betreffende Spieler nimmt die Buchstaben zurück und schreibt damit diese Runde null Punkte.

Falls Sie kein Wörterbuch zur Hand haben, kann auch mit folgender Vereinbarung gespielt werden: Sobald einer der Mitspieler (außer demjenigen, der gerade sein Wort abgelegt hat) dieses Wort anerkennt, darf es stehen bleiben. Zweifeln alle Spieler das Wort an, muss es zurückgenommen werden, und der nächste Spieler ist an der Reihe.

Kastners Varianten-Koffer

Punktejagd   Ω ⊙ T ✕ ± e *1–30+

Die Gültigkeit von Wörtern entspricht den offiziellen *Scrabble*-Regeln. Die Zahl der Mitspieler ist nicht begrenzt.

Spielvorbereitung: Jeder Spieler hat sein eigenes Scrabble-Set, wobei zu Spielbeginn alle Buchstaben offen und schnell greifbar vor den einzelnen Spielern liegen. Außerdem werden eine 5-Minuten-Sanduhr oder ein Timer benötigt.

Spielablauf:

- Es wird ein **Basiswort** aus exakt 8 Buchstaben gewählt (frei oder aus dem Wörterbuch).

- Dieses Basiswort legt jeder Spieler auf einem vorab vereinbarten Viertel seines Spielplans mit seinen entsprechenden Scrabble-Buchstaben aus.

- Nun wird die Sanduhr umgedreht bzw. der Timer gestartet. Die Spieler haben exakt 5 Minuten Zeit, waagrecht aus allen vorhandenen Scrabble-Buchstaben acht möglichst hochkarätige Wörter zu bilden. Allerdings dürfen ausschließlich die Buchstaben des Basisworts zur Wortbildung verwendet werden.

- Die Doppel- und Dreifachfelder (Buchstaben und Wörter) zählen wie beim Grundspiel für die Wertung.

- *Sonderregeln:* Kein Wort darf doppelt verwendet werden, auch nicht in flektierter Form (z. B. Hund/Hunde). Kein Wort darf direkt aus dem Basiswort übernommen werden (Basiswort: Beamter, Lösungswort Amt wäre verboten).

- Leerzeichen können für jeden beliebigen Buchstaben eingesetzt werden, bringen allerdings keine Punkte ein.

Wertung: Sobald die fünf Minuten abgelaufen sind, wertet jeder Spieler für sich seine Auslage.

Handicap: Der Verlierer einer Partie (die schwächere Hälfte aller Spieler, abgerundet) beginnt das nächste Match mit einem Bonus von +5 Punkten. Sollte jemand auch dann wieder unter den Verlierern sein, wird dieser individuelle Bonus auf +10 Punkte erhöht usw. Selbstverständlich sind auch kleinere oder größere Bonus-Sprünge denkbar, je nach Zusammensetzung der Spielrunde.

Turniere: Sollten Turniere gespielt werden, schreibt jeder Spieler sein persönliches Ergebnis auf. Auch in diesem Fall kann mit Handicaps gespielt werden.

Rekordversuch: Beim kooperativen Spiel können auch alle gemeinsam versuchen, innerhalb der vorgegebenen 5 Minuten möglichst hochkarätige Wörter zu finden. Dabei sollte jeder sich nur auf ein oder zwei Anfangsbuchstaben konzentrieren.

Solitärspiel: Diese Spielform ist ausgezeichnet als Solitärbeschäftigung geeignet, besonders auch in englischer Sprache.

Bemerkungen: Die vorliegende Variante ist ein Beitrag des Autors zur weit ausufernden Familie des „Scrabbles". Die Herausforderung ist bei jedem Basiswort riesig, da ja ständig mit allen Buchstaben gespielt wird, dies noch dazu unter großem Zeitdruck.

Golf ☉ T ✗ ± *2–4

Es wird nach den offiziellen *Scrabble*-Regeln gespielt, mit 3 Minuten Bedenkzeit pro Wort.

Wertung: Diese erfolgt nach dem „Golf-Prinzip". Vorab einigen sich die Spieler darauf, wie viele Punkte durchschnittlich bei jedem Wort erreicht werden sollten. *Beispiel:* Par-20 bedeutet, dass man null Wertungspunkte schreibt, wenn exakt 20 Scrabble-Punkte erreicht werden. Ist das Wort jedoch 25 Punkte wert, sind das „5 über par". Auf dem Notizblock wird „+5" notiert. Genauso wird bei einem 15-Punkte-Wort („5 unter par") ein Abzug vermerkt („-5"). *Achtung:* Sobald alle Buchstaben gezogen sind, werden nur mehr die tatsächlichen Punkte notiert (Originalregel).

EAGLE, BIRDIE, PAR, BOGIE, DOUBLE-BOGIE: Prämien und Abzüge werden für besondere Wort-Ergebnisse geschrieben.

- **Birdie:** Schreibt ein Spieler bei seinem Wort zumindest seinen doppelten „Par-Wert", macht er ein „Birdie". Prämie: 10 Punkte extra.
- **Eagle:** Der dreifache Wortwert (gegenüber dem „Par") bringt als Prämie 20 Punkte extra.
- **Bogie:** Schreibt ein Spieler nicht einmal seinen halben „Par-Wert" (aufgerundet), werden zusätzlich 5 Punkte abgezogen.
- **Double-Bogie:** Schreibt ein Spieler nicht einmal ein Drittel des „Par-Werts" (aufgerundet), muss er einen Abzug von 10 Punkten in Kauf nehmen.

Handicap: Unterschiedliche Spielstärken können durch entsprechende Par-Festlegungen elegant ausgeglichen werden. *Empfehlung:* Sobald ein Spieler zwei Matches hintereinander gewinnt, wird sein Par-Wert um 5 Punkte erhöht.

Turniere: Auch Turniere können mit diesen Handicap-Regeln abgewickelt werden, ganz dem „echten" Golfsport entsprechend.

Bemerkungen: Diese Variante bringt durch die diversen Prämien bzw. Abzüge einen zusätzlichen Reiz. Während der drei Minuten Bedenkzeit sollten die Spieler versuchen, zumindest ein Wort zu finden, das dem „Par" genügt. Außerdem werden durch die simple Handicap-Berechnung unterschiedliche Spielstärken leicht ausgeglichen.

Französisch ⊁ *2–30+

Spielziel: Jeder Spieler versucht, ein möglichst hohes Score zu erreichen.

Spielvorbereitung: Jeder Spieler hat sein eigenes *Scrabble*-Set, wobei die Felder von A bis O (waagrecht) bzw. 1 bis 14 (senkrecht) durchnummeriert werden. Alle Buchstaben liegen offen und schnell greifbar vor den einzelnen Spielern, wenn möglich sogar noch nach persönlicher Vorliebe sortiert. Außerdem werden eine 3-Minuten-Sanduhr oder ein Timer benötigt. Karteikarten oder Notizzettel sollten ebenfalls bereit liegen.

Spielablauf:

- Für alle sichtbar werden vom Spielleiter 7 Buchstaben gezogen.
- Gleichzeitig wird die Sanduhr umgedreht (bzw. der Timer gestartet).
- Die Spieler versuchen nun, innerhalb von drei Minuten möglichst hochkarätige Wörter zu bilden.
- Am Ende der Zeit werden **Wort, Punkte** und **Position** (z. B. waagrecht erster Buchstabe „C6" oder senkrecht erster Buchstabe „6C") auf Karteikarten (Notizzetteln) notiert und vom Spielleiter eingesammelt.
- Jeder Spieler notiert nur seine persönlichen Punkte.
- Danach wird „das höchste Wort", das bei dieser Auslage gefunden wurde, von allen Spielern auf ihr jeweiliges Board gelegt. Für das nächste Wort ist damit die Ausgangslage für alle Spieler wieder absolut gleich.
- Die Buchstaben für die nächste Runde werden vom Spielleiter ebenfalls entsprechend diesem höchsten Wort ergänzt. *Sonderregel:* In den ersten 15 Runden müssen mindestens 2 Konsonanten und 2 Vokale unter den 7 Buchstaben sein, danach mindestens 1 Konsonant und 1 Vokal. Andernfalls werden die Buchstaben neu gezogen.

Bemerkungen: Diese Variante bringt bisweilen sehr hohe Resultate, da ja meist lange Wörter auf alle Spielbretter kommen und damit die Kombinationsmöglichkeiten wesentlich erhöht werden. Diese

Spielform ist besonders in Frankreich extrem populär, mit oft riesigen Teilnehmerfeldern.

Kastners Kniffe

1. **Regelauslegung:** Wichtig ist es, wie bei allen „Wortspielen", eine gewisse Großzügigkeit bei der Regelauslegung zu zeigen.
2. **Handicap:** Probieren Sie die unter den Varianten vorgeschlagenen Handicap-Ideen. Damit bleiben auch Partien zwischen unterschiedlich starken Spielern bis zuletzt spannend.
3. **Sanduhr / Timer:** Für ernsthaftes Spiel ist die Verwendung einer Sanduhr oder eines Timers unbedingt zu empfehlen.

Tabu 12+ 10 Min. *2–30+ ••/•• Ω T P ✕ ±

Kommunikationsspiel
Autor: Brian Hersch
Verlag: MB, Hasbro
www.hasbro.de
Jahr: 1990

Spielerzahl: 2 bis 30+
Alter: ab 12 Jahren
Dauer: ab 10 Minuten
Regelerklärung: 2 Minuten
Glück/Wortgewandtheit/Bluff (insgesamt 9 Punkte) –
2:7:0

Weitere Ausgaben: Tabu XXL, Tabu Junior

Wie erklären Sie den Begriff „Prediger"?

Dieser „Kommunikationshammer" hat weltweit bereits eine Auflagen von über dreizehn Millionen erreicht. Das spricht für sich und darf als Bestätigung für die Qualität dieses Spiels herhalten. Und dennoch steckt in Verkaufszahlen nur die halbe Wahrheit. Was ist das echte Geheimnis dieses Brian Hersch-Klassikers? Nun, die Antwort ist vielschichtig: Tabu ist extrem einfach zu erklären, Tabu spielt sich rasend schnell, Tabu ist für beliebige Gruppengrößen geeignet, und *Tabu* verlangt einen gewissen Wortwitz. Sie benötigen eigentlich nur ein paar Begriffe, die Sie unter immensem Zeitdruck Ihren Partnern zu umschreiben versuchen …

Kompetenzschulung

✓ **Sprachfähigkeit:** Bei diesem Spiel müssen Sie rasend schnell Umschreibungen von Wörtern finden, ohne allerdings bestimmte Tabu-Wörter zu verwenden.

✓ **Konzentration:** Während der kurzen Zeit der Begriffsumschreibungen wird vom aktiven Spieler höchste Konzentration verlangt, vor allem weil die Tabuwörter um jeden Preis vermieden werden sollten.

✓ **Kreativität:** Die kreative Leistung liegt vor allem darin, Umschreibungen zu finden, mit denen die Partner etwas verbinden können.

✓ **Partnerabstimmung:** Wer mit einem Spielpartner gemeinsame Erlebnisse teilt, kann diese unter Umständen als Schlüsselwörter in Erinnerung rufen.

✓ **Assoziationsfähigkeit:** Das schnelle Erfassen der Umschreibungen und Definitionen schult die Assoziationsfähigkeit der Ratenden.

Kurzidee/Originalspiel

Ein-Wort-Begriffe müssen den Spielpartnern unter großem Zeitdruck umschrieben werden. Der Clou dabei: Bestimmte Wörter sind bei diesen Definitionen tabu! Die Größe der Gruppe kann bei diesem Kommunikationsspiel variabel gehalten werden. Sprache, Kreativität, Konzentration, Assoziationsfähigkeit – *Tabu* verlangt den Spielern wahrlich einiges ab.

Kastners Varianten-Koffer

Paartanz ••/•• Ω T P ✂ ± *2–30+

Spielvorbereitung: Alle Mitspieler werden in Paare („Zweierteams")
aufgeteilt: A1/A2, B1/B2, C1/C2 usw. Karten und Sanduhr oder
Timer werden bereit gehalten. Vorweg wird ein Turniermodus
festgelegt (siehe Anhang). *Empfehlung:* Rundenturnier oder K.o.-
System.

Spielablauf: Die einzelnen Teams treten in Zweierwettkämpfen, aus
jeweils drei Runden bestehend, gegeneinander an. *Achtung:* Beim
„Paartanz" wird zwischen Plus-/Minuspunkten, Matchpunkten
und Turnierpunkten unterschieden (siehe unten).

- **Runde 1:** A1 muss innerhalb ca. 45 Sekunden (eine „Tabu-Sand-
uhr") Begriffe umschreiben, A2 versuchen, diese zu erraten.
Jeder richtig gefundene Begriff bringt einen Pluspunkt, jede
Karte, die vom umschreibenden Spieler übersprungen wird,
einen Minuspunkt. Danach ist das gegnerische Team B1/B2 an
der Reihe, mit den gleichen Auflagen. Wer mehr Karten erraten konnte, bekommt einen Matchpunkt.
- **Runde 2:** Jetzt werden die Rollen Umschreibung/Begriffsfin-
dung getauscht, wieder beginnend mit A1/A2. Sollte dasselbe
Team einen weiteren Matchpunkt machen, endet der Wettkampf.
- **Runde 3:** Andernfalls darf in einer dritten Entscheidungsrunde
jedes Team entscheiden, wer die Rolle des umschreibenden
Spielers einnehmen möchte. Endet diese Runde unentschieden,
muss in einer Extrarunde ein Stichkampf ausgetragen werden.

Match: Wer zwei Matchpunkte hat, gewinnt einen Zweikampf.
Optional: Ein Match kann in Runde 1 oder Runde 2 unmittelbar

entschieden werden, wenn ein Team in einer dieser Runden jeweils drei oder mehr Karten Vorsprung auf die Gegner hat.

Wertung: (1) Wer einen Zweierwettkampf gewinnt, bekommt im Rundenturnier 1 Turnierpunkt eingetragen, die Verlierer dagegen eine 0. (2) Beim K.o.-System steigt der Sieger in die nächste Runde auf.

Kooperation: Alle Spieler versuchen gemeinsam, über 10 Runden ein möglichst starkes Ergebnis zu erzielen. Dabei sollte jedoch der „umschreibende" Spieler nach jeder Runde gewechselt werden.

Bemerkungen: Diese Spielform erlaubt ein spannendes Turnierspiel, bei dem meist die gut aufeinander eingespielten Paare belohnt werden. Ein Durchhänger in einer Runde kann durchaus mit Top-Ergebnissen in den zwei weiteren Runden ausgeglichen werden. *Paartanz* ist auch mit nur vier Spielern sehr spannend. In diesem Fall wird ein Wettkampf eben über 7, 9 oder noch mehr Runden gespielt.

Kastners Kniffe

1. **Handicap:** Sollte ein Team deutlich stärker sein als der Gegner, könnte das Handicap (nach Vereinbarung) wie folgt aussehen: In jeder Runde muss mindestens 1 Begriff mehr erraten werden als von den Gegnern. Oder: Bei Gleichstand in Runde 3 steigt das schwächere Team auf bzw. bekommt den Turnierpunkt gutgeschrieben.

2. **Überspringen:** Spielen Sie eventuell ohne Minuspunkt für übersprungene Karten. Einen Zeitverlust bedeutet eine Ablage ja in jedem Fall.

Förderung des kooperativen Verhaltens

Interessanterweise bietet der Markt bis heute relativ wenige Spiele an, die ein stark kooperatives Verhalten fordern. Der Definition nach spielen die Mitspieler bei diesem Typus nicht gegeneinander, mit dem erklärten Ziel, einen Sieger zu ermitteln, sondern kooperieren vielmehr, um einen bedrohlichen, gemeinsamen Gegner zu bezwingen oder gegen den Faktor Zeit (so dies die Spielregel vorgibt) anzukämpfen. Bislang konnten kooperative Konzepte fast ausschließlich nur in der Welt der Kinderspiele eine nachhaltige Wirkung erzielen. Der Grund mag darin liegen, dass gerade bei diesem Spieltypus die Gefahr besteht, dass ein Spieler die gesamte Aktion im Alleingang steuert und die Mitspieler zu „stummen Zeugen" des Geschehens verurteilt werden.

Anzeichen für Probleme eines Kindes/Jugendlichen

- Der Reiz, gemeinsam gegen einen „fiktiven" Gegner anzutreten, wurde vom Kind/Jugendlichen bislang nicht entdeckt.
- Das Kind/der Jugendliche dominiert kooperative Spiele zu sehr oder lässt die Dominanz anderer zu.
- Die Möglichkeiten und Fähigkeiten von Mitspielern, also des Teams, werden nicht voll genutzt.
- Nonverbale und verbale Aspekte des kooperativen Miteinanders sind eher schwer zu erkennen.
- Nie Übernahme einer Rolle zur Erreichung eines gemeinsamen Ziels fällt dem Kind/Jugendlichen schwer.

Trotz dieser zunächst nüchternen Marktanalyse scheint auch dieser Spieltypus gerade in den letzten Jahren einen neuen Aufschwung zu erleben. Drei Vertreter, die ganz unterschiedliche kooperative Anforderungen verlangen und gleichzeitig sehr leicht und eingängig zu erlernen sind, möchte ich Ihnen hier vorstellen: **Pandemie, Professor Pünschge** und **Werwölfe von Düsterwald**.

Pandemie kann, so schreibt die Regel vor, von zwei bis vier Personen gespielt werden, theoretisch sogar mit – im buchstäblichen Sinn – offenen Karten. Ich habe in Analysepartien auch schon versucht, allein das Ausbrechen der Seuchenherde zu verhindern, und dabei durchaus meine positiven Spielerfahrungen gemacht. Die Spieler müssen zwar unbedingt zusammenwirken, doch kann hier durchaus ein einziger Masterplan, vom Leiter der Gruppe entwickelt, zum Sieg führen. *Pandemie* läuft daher Gefahr, der klassischen Schwachstelle aller kooperativen Spiele zum Opfer zu fallen, nämlich der Dominanz eines Einzelnen.

Ganz andere Denkmuster verlangt **Professor Pünschge**. Hinter diesem Titel verbirgt sich eine Weiterentwicklung des Kartenspiels *Eleusis*, allerdings auf einem „kindgerechten" Spielplan. Doch lassen Sie sich nicht täuschen. Dieses Deduktionsspiel stellt eine enorme Herausforderung dar, auch für logisch orientierte Menschen. Der Weg zum Ziel kann, so eine der vom Autor vorgeschlagenenen Regelvarianten, auf kooperativer oder kompetitiver Weise eingeschlagen werden. Ich darf Erstere empfehlen, schon wegen der guten Stimmung, die dabei aufkommt. Bei diesem Spiel weiß ja niemand so recht, ob er mit seiner Idee richtig liegt, gilt es doch, gemeinsam eine „geheime Regel" zu entdecken. Die Diskussion darüber, wie sich die Hinweissplitter zusammenfügen lassen, macht den eigentlichen Spielspaß aus.

Aus der bereits breit im Internet diskutierten „Mafia-Familie" haben zwei französische Autoren das wunderbare Großgruppenspiel **Werwölfe von Düsterwald** entwickelt. Zwei unterschiedliche Teams kooperieren hierbei untereinander, nämlich die nachtaktiven Werwölfe und die ab Tagesanbruch diskussionsfreudigen Dorfbewohner. Beide versuchen, die jeweils andere Gruppe zu eliminieren. (Sie verzeihen diesen Ausdruck.) Dabei gibt es eine entscheidende Einschränkung: die Werwölfe tun allzeit so, als ob sie biedere Dorfbewohner wären. Scheinbar also kooperieren während der Tagphase alle Bewohner von Düsterwald einmütig.

Pandemie   12+ 45 Min. *1–4 Ω ☉

Kooperatives Spiel   **Spielerzahl:** 1 bis 4
Autor: Matt Leacock   **Alter:** ab 12 Jahren
Verlag: Pegasus   **Dauer:** 45 Minuten
www.pegasus.de   **Regelerklärung:** 15 Minuten
Jahr: 2008   Glück/Taktik&Kooperation/Bluff (insgesamt 9 Punkte) – 3:6:0

Gemeinsam die Menschheit retten ...

Diesmal ist die Welt von Viren bedroht – ein Horrorszenario, das in den letzten Jahren von den Medien sehr real aufbereitet wurde. Selten habe ich ein kooperatives Spiel erlebt, das in nur einer Viertelstunde erklärt werden kann und dennoch eine so nachhaltige Herausforderung darstellt. Nur in gemeinsamer Absprache besteht überhaupt eine Chance, das Ende der Menschheit zu verhindern ...

Kompetenzschulung

✓ **Kooperation:** Allein ist man bei *Pandemie* völlig machtlos. Daher muss jeder Spielzug mit allen Mitspielern abgestimmt werden.

✓ **Blick aufs Ganze:** Die Gefahrenherde sind auf der Weltkarte sehr ungleich verteilt. Es ist daher wichtig, stets alle Verlustbedingungen im Kopf zu haben und die entsprechenden Krisengebiete zu kontrollieren. Dies geht nur bei guter Übersicht und in Absprache mit den Mitspielern.

Kurzidee/Originalspiel

Bei diesem kooperativen Spiel gilt es, die Erde vor einer immer stärker ausufernden Pandemie zu bewahren. Dies kann nur gelingen, wenn gemeinsam, bei intensiver Beratung, rechtzeitig vier Gegenmittel gegen bestimmte Seuchen gefunden werden. Der Schwierigkeitsgrad lässt sich praktischerweise ziemlich gut steuern.

Kastners Varianten-Koffer

Pan-Extrem   Ω ☉ *1–4

Sollten Sie zwei Partien eines Schwierigkeitsgrads hintereinander gewinnen, kann es reizvoll sein, gestaffelt bzw. in beliebiger Kombination, folgende Erschwernisse einzubauen:

- **Epidemie-Karten** (Originalregel): Sie erhöhen die Zahl der Epidemie-Karten auf 5 oder 6.
- **Startaufstellung:** Die 1-Seuchenwürfel-Städte bekommen in der Startaufstellung jeweils einen 2. Seuchenwürfel.
- **Startaufstellung:** Die 2-Seuchenwürfel-Städte bekommen in der Startaufstellung jeweils einen 3. Seuchenwürfel.
- **Spielerkarten (Städte):** Von einer Farbe werden nur 11 Karten in den Stapel gelegt.
- **Spielerkarten (Städte):** Von zwei (drei, vier) Farben werden nur 11 Karten in den Stapel gelegt.

- **Handkartenzahl:** Ein Spieler ist auf 6 Handkarten beschränkt.
- **Handkartenzahl:** Zwei (drei, vier) Spieler sind auf 6 Handkarten beschränkt.
- **Infektionsmarker:** Dieser wird bei Spielbeginn auf das 2. Feld gelegt.
- **Ausbruchsmarker:** Dieser kommt auf Feld 1 statt auf Feld 0.

Bemerkungen: Sie können auch vereinbaren, dass alle Spieler die Handkarten verdeckt halten. Dadurch werden noch mehr die Diskussion, der Gedächtniseinsatz und das Rückfragen gefördert. Grundsätzlich ändert sich allerdings nichts am Schwierigkeitsgrad.

Achtung: Um zu verhindern, dass ein Spieler das Geschehen am Brett dominiert, darf ich eine einfache Abhilfe vorschlagen: Der aktive Spieler darf jeweils nur von seinem linken (oder rechten) Nachbarn beraten werden. Ebenso dürfen Hinweise zu den verdeckt gehaltenen Handkarten nur vom beratenden Spieler kommen.

Kastners Kniffe

1. **Gewinnplan:** Bei vier Spielern sollte jeder Spieler versuchen, ein Gegenmittel zu produzieren.
2. **Schwierigkeitsgrad:** Bei der ersten Partie sollten Sie mit nur vier Epidemie-Karten spielen. Erst nach erfolgreicher Bekämpfung der Seuche ist ein Steigern auf fünf oder gar sechs Epidemie-Karten anzuraten.
3. **Reisen:** Verwenden Sie Karten für Reisen zwischen den Städten nur sehr sparsam. Gegen Ende des Spiels gelingt es sonst kaum noch, das entsprechende Gegenmittel zu erzeugen.
4. **Rollen:** Nutzen Sie die einzelnen Rollen unbedingt voll aus. Dies ist der eigentliche Schlüssel zum Erfolg. Gemeint ist damit, dass über den Einsatz der Rollen gemeinsam beraten wird.

Professor Pünschge 12+ 30 Min. *2–30+ ••/•• Ω ✕

Deduktionsspiel	**Spielerzahl:** 2 bis 30+ (Variante)
Autor: Klaus Zoch	**Alter:** ab 12 Jahren
Verlag: Zoch	**Dauer:** ab 30 Minuten
www.zoch-verlag.com	**Regelerklärung:** 10 Minuten
Jahr: 2008	**Glück/Deduktionskompetenz/Bluff** (insgesamt 9 Punkte) – 3:6:0

Literatur: Kaster, Hugo / Folkvord, Gerald: Die große humboldt Enzyklopädie der Karten-spiele. Humboldt, Baden-Baden 2005
Empfehlungen für Deduktionsspiele: Eleusis, Geheimcode

Der Weg ist das Ziel

Das bereits vor einigen Jahrzehnten von Robert Abbott geschaf-fene *Eleusis* könnte diesem Deduktionsknüller aus der Zoch'schen Hand Pate gestanden haben. In beiden Fällen müssen aus diver-sen, zu einem „Weg" ausgelegten Hinweisen, allgemeine Regeln gefunden werden. Dabei schafft der Augenblick der Erkenntnis einen gewaltigen Aha-Effekt, ist dies doch gleichsam der induk-tive Moment, in dem plötzlich und unvermittelt vom Einzelfall auf die Regel geschlossen wird. Eine Warnung vorweg: Querden-ker haben es bei *Professor Pünschge* eindeutig leichter!

Kompetenzschulung

✓ **Deduktion:** Ohne deduktives, also logisches Denken ist es völlig aussichtslos, den geheimen Weg des Professors zu erkennen.

✓ **Querdenken:** Gerade bei diesem Spiel ist der berühmte Aha-Effekt fast vorgezeichnet. Ganz plötzlich schließt dann einer der Spieler vom Einzelfall auf die geheime Regel: also wird hier auch induktives Erkennen möglich. Querdenken ist also gefragt!

✓ **Kooperation:** Besonders die kooperative Variante bringt Stim-mung um den bizarren, doch gleichzeitig logischen Weg Pro-fessor Pünschges.

Kurzidee/Originalspiel

Ein geheimer Weg, den nur einer der Spieler kennt, folgt einem Code, der von den übrigen Mitspielern gemeinsam geknackt werden muss. Das Besondere dabei: Aus Fehlern wird gelernt, und das Muster, nach dem der Weg ausgelegt ist, wird mit jedem Spielzug klarer. Dennoch verspürt immer einer der Spieler ganz unvermittelt den Aha-Moment der Erkenntnis.

Kastners Varianten-Koffer

Kristallweg ••/•• Ω ✕ *2–30+

Spielziel: Der geheime Weg muss gefunden werden.

Spielvorbereitung: Die Spieler können (bei größerer Anzahl) in Gruppen geteilt werden, es kann aber auch jeder gegen jeden spielen. 14 weiße und 10 schwarze Markierungschips werden bereit gehalten. Außerdem beginnt jeder Spieler mit einem Konto von 8 Kristallen.

Spielablauf:

- Das Spiel geht über 5 Runden, entsprechend den Farbkarten:
  - Hellblau/Junior (sehr einfach) – nur eine Bedingung vorhanden
  - Grün/einfach – zwei Bedingungen gleicher Art
  - Gelb/mittelschwer – vermischte Bedingungen unterschiedlicher Art
  - Rot/schwer – anspruchsvolle Bedingungen
  - Dunkelblau/Überraschung – originelle Bedingungen
- Der Spielleiter übernimmt die „Pünschge-Rolle". Er wählt zunächst eine hellblaue Aufgabenkarte und legt zwei weiße Spielchips auf die ersten beiden korrekten Felder. Die Aufgabenkarten enthalten die vollständige Lösungsreihe sowie einen Hinweis.

- Reihum können die Gruppen / Spieler nun innerhalb von ca. 10 Sekunden (der Spielleiter entscheidet dies nach Gefühl) einen Tipp abgeben, wie der geheime Weg aussieht, oder sie entscheiden sich zu passen. Will jemand tippen, legt er einen schwarzen Markierungschip auf das vermutete Lösungsfeld. Stimmt dieses, darf er einen weiteren schwarzen Markierungschip setzen, im Idealfall bis zum Ende des geheimen Weges.

- Ist ein Tipp jedoch falsch, muss die betreffende Gruppe sofort einen Kristall abgeben. *Ausnahme:* Hat die Gruppe keinen Kristall mehr, handelt es sich um einen Frei-Tipp. Die bis dahin von der tippenden Gruppe korrekt platzierten schwarzen Markierungschips werden vom Spielleiter durch weiße ersetzt.

- Sofort ist die nächste Gruppe an der Reihe.

Wertung: Kann eine Gruppe (ein Spieler) von einem bestimmten Punkt weg den korrekten restlichen Weg markieren, bekommt sie Kristalle entsprechend den schwarzen Spielchips, die sie setzen konnte (also den nicht vom Spielleiter platzierten weißen Markierungschips). *Beispiel:* Lösungsreihe 3-5-9-15-21-26. Der Weg wird ab der „15" eigenständig gegangen. Die betreffende Gruppe bekommt drei Kristalle. Sobald alle 5 Karten durchgespielt sind, zählt jede Gruppe ihre Kristalle. Wer am meisten davon hat, ist Sieger des Spiels.

Bemerkungen: *Kristallweg* ist hervorragend als kooperatives Spiel geeignet. In diesem Fall beginnen alle zusammen mit 8 Kristallen. Ziel ist es, am Ende der fünften Runde möglichst viele Kristalle zu besitzen. Der Spielleiter sollte nach jeder Runde wechseln. Sollten jüngere Spieler mitmachen, kann auch nur mit hellblauen oder allenfalls grünen Karten gespielt werden. Jedenfalls ist es ganz wichtig, nicht durch zu hohe Anforderungen den Spielfluss zu stören.

Kastners Kniffe

1. **Schwierigkeitsgrad:** Stimmen Sie bei diesem Deduktionsspiel den Schwierigkeitsgrad unbedingt auf das Alter der Spieler ab.
2. **Markierungschips:** Verwenden Sie zur besseren Erkennung etwas größere als die dem Original beigefügten Spielchips.

Werwölfe von Düsterwald   10+ 30 Min. *8–24 Ω

Kommunikationsspiel
Autor: Philippe de Pallières, Hervé Marly
Verlag: Asmodée Editions
www.asmodee.com
Jahr: 2002

Spielerzahl: 8 bis 24
Alter: ab 10 Jahren
Dauer: ab 30 Minuten
Regelerklärung: 15 Minuten
Glück/Kommunikation/Bluff
(insgesamt 9 Punkte) – 2:3:4

Literatur: Kastner, Hugo/Folkvord, Gerald: Die große humboldt Enzyklopädie der Kartenspiele. Humboldt, Baden-Baden 2005
Erweiterung: Neumond

„Die Nacht bricht ein über Düsterwald …"

Werwölfe von Düsterwald ist eine stimmungsvolle Adaption des seit Jahrzehnten bekannten Rollenspiels *Mafia*, das seinen Ursprung in Russland, England oder den Vereinigten Staaten hat, je nachdem, welcher Quelle man Glauben schenken möchte. 2002 hatten Philippe des Pallières und Hervé Marly beachtlichen Erfolg mit ihrer eigenwilligen Adaption, die unter Werwölfen im imaginären Düsterwald angesiedelt ist. Als Spielmaterial benötigen Sie eigentlich nichts als ein paar Karten, die allein Ihre Rolle festlegen. Genau genommen nämlich spielt sich *Werwölfe* fast ausschließlich im Kopf ab. (aus: Kastner, Hugo/Folkvord, Gerald: Die große humboldt Enzyklopädie der Kartenspiele. Humboldt, Baden-Baden 2005)

Kompetenzschulung

✓ **Bluff:** Sie müssen ständig Ihre wahre Identität vor den Mitspielern geheim halten, ja bisweilen in der Rolle des „Wolfes" sogar permanent den braven Dorfbewohner mimen.

✓ **Führungsverhalten:** Wie bei kaum einem anderen Spiel kommt dem Spielleiter bei *Werwölfe* eine ungemein starke Führungsaufgabe zu. Nicht nur, dass er die Düsterwalder durch die Nacht begleitet, er muss auch während der Tagphase versuchen, die Stimmung in der Balance zu halten.

Kurzidee/Originalspiel

Bei diesem für größere Spielgruppen ausgelegten Rollenspiel versuchen „Wölfe" und „Dorfbewohner" einander während Tag- und Nachtphasen zu eliminieren. Wenn auch nur wenige Wölfe mitspielen, so haben diese doch den Vorteil, dass sie während des Tages wie ganz normale Dorfbewohner wirken. Verräterische Äußerungen, unsichere Mimik und Gestik sowie diverse Beobachtungen werden allerdings den Dorfbewohnern beim rechtzeitigen Aufspüren der zwei bis vier Wölfe helfen.

Kastners Varianten-Koffer

Atmosphäre	Ω *8–24

Die folgenden Ideen können wahlweise eingesetzt werden, um womöglich die Atmosphäre dieses ohnehin wunderbaren Spiels noch einmal zu steigern. Bitte ausprobieren!

■ **Düstere Musik (Nacht):** Lassen Sie während der Nachtphase im Hintergrund passende Musik laufen. Dadurch werden auch die kleinen Geräusche ein wenig überdeckt.

- **Berührung (Nacht):** Von dem Moment an, in dem der Spielleiter dies verlangt, muss einer der Werwölfe während der Nacht das Opfer berühren. Wird dies abgelehnt, vergeht die Nacht, ohne dass jemand stirbt.

- **Telepathie (Tagesanbruch):** Der Spielleiter notiert eine der noch im Spiel befindlichen Rollen auf ein Blatt Papier. Sollte das Opfer bei Tagesanbruch die Gedanken des Spielleiters erraten, darf es ausnahmsweise überleben.

- **Zeugen (Tagesanbruch):** Der letzte vor den Wölfen eliminierte Spieler sucht sich beim Tagesanbruch ein weiteres Opfer. Dieses kann gerettet werden, wenn sich zwei Zeugen finden, die das Opfer auf die Wange küssen.

- **Sekundentod (Tagesanbruch):** Ohne Diskussion muss jeder noch lebende Dorfbewohner einen Verdächtigen anklagen, indem er mit dem Zeigefinger auf dessen Augen zeigt.

- **Ballstafette (Tag):** Beenden Sie die eine oder andere Diskussionsrunde damit, dass Sie einem zufällig gewählten Spieler einen Ball zuwerfen. Dieser steht auf und darf dann den Ball an einen aus seiner Sicht „Unverdächtigen" weitergeben. Dieser führt dann die Ballstafette mit einem anderen Spieler fort, was so lange geht, bis nur mehr ein einziger „Dorfbewohner" sitzen bleibt. Dieser muss dann leider unweigerlich ausscheiden.

- **Séance (Tag):** Alle Dorfbewohner reichen einander die Hände, und der „Geist" des ersten Opfers wird vom Spielleiter angerufen. Dieser muss Fragen wie „Trägt einer der Werwölfe ein Schmuckstück?", „Ist einer der Werwölfe ein Mann?" oder „Hat die Seherin mindestens einen Werwolf entdeckt?" wahrheitsgemäß mit „Ja" oder „Nein" beantworten. [Weitere Beispiele in der Erweiterung *Neumond*.]

- **Ältestenrat (Tag):** Exakt die ältere Hälfte der Spieler verlässt den Sesselkreis. Sie darf nicht mitdiskutieren oder abstimmen. Allerdings darf an diesem Tag auch kein älterer Spieler eliminiert werden.
- **Sprachmystik (Tag):** Die Wörter „ich" und „Wolf" dürfen nicht verwendet werden. Wer diese Regel missachtet, scheidet für diesen Tag aus der Diskussion sowie der Abstimmung aus.
- **Düster-Disco (Tag):** Die jüngere Hälfte der Spieler muss den Sesselkreis verlassen. Sie darf nicht mitdiskutieren oder abstimmen. Doch darf an diesem Tag kein jüngerer Spieler eliminiert werden.
- **Hohes Gericht (Abstimmung):** An einer Sitzungstag des „Hohen Gerichts" (gemeint ist eine Diskussionsrunde) muss ein zweiter Verdächtiger eliminiert werden, sollte es sich beim ersten um einen Werwolf handeln.
- **Justizirrtum (Abstimmung):** Wird durch die Abstimmung versehentlich ein Dorfbewohner statt eines Werwolfs zum Tode verurteilt, muss ausnahmsweise eine zweite Diskussion stattfinden.

Kastners Kniffe

1. **Rollen:** Versuchen Sie zunächst in der Basisversion die verschiedenen Rollen einzuüben.
2. **Neumond:** Verwenden Sie, wenn möglich, bei erfahrenden „Düsterwaldern" die Zusatzrollen aus der Erweiterung *Neumond*.
3. **Spielleiter:** In den ersten Partien sollte jemand mit Erfahrung die Spielleiterrolle übernehmen.
4. **Stimmung:** Achten Sie berade bei diesem Spiel auf eine stimmungsvolle Umgebung mit entsprechend gespenstischer Musikuntermalung.

Förderung des kreativen Potenzials

Unter Kreativität versteht man die Fähigkeit des schöpferischen Denkens und Handelns (lat. *creare* „etwas erfinden", „etwas erzeugen"). Bis zu Beginn der Neuzeit wurde diese schöpferische Kraft als allein Gottes Werk verstanden. Heute versucht die Forschung hinter das Geheimnis der Kreativität zu kommen, tut sich dabei allerdings wesentlich schwerer als beim Messen der reinen Intelligenz. Zudem besteht auch keine wirklich deutlich erkennbare Wechselbeziehung zwischen Intelligenz und Kreativität. Erst Ende der fünziger Jahre des 20. Jahrhunderts etwickelten Wissenschaftler wie Eduard de Bono Begriffe wie „lateral thinking" (Querdenken), womit dieses kreative Potenzial erstmals greifbarer beschrieben werden konnte. Andere Experten verstehen

Anzeichen für Probleme eines Kindes/Jugendlichen

- Das Querdenken des Kindes/Jugendlichen wurde bislang vernachlässigt.
- Die Möglichkeit, das kreative Potenzial auszuschöpfen, wurde dem Kind/Jugendlichen nicht oft genug eingeräumt.
- Die Schaffung eines „kreativen Umfelds" fällt allen am Erziehungsprozess Beteiligten schwer.
- Die Teamorientierung stellt für das Kind/den Jugendlichen ein Problem dar.
- Die mentale wie auch kommunikative Einstellung auf die Mitspieler gelingt nicht immer optimal.

unter Kreativität eine Idee, die neu ist, jedoch selten von mehreren Menschen gleichzeitig gedacht wird. Alle Ansätze bleiben jedenfalls bis heute eher vage, doch umfasst das kreative Potenzial zweifellos Persönlichkeitseigenschaften, die schöpferischen Leistungen zugrunde liegen. Die vier kreativen Bausteine, wie sie seit einem halben Jahrhundert von Mel Rhodes, einem amerikanischen Wissenschaftler, definiert sind, umfassen die „kreative Person", den „kreativen Prozess", das „kreative Produkt" und das „kreative Umfeld".

Hier sind wir auch bereits bei unserem Thema „Mit Spielen lernen". Die hier vorgestellten Spiele **Activity, Ein solches Ding** und **Time's Up** ermöglichen jedenfalls bei richtigem Einsatz mit den richtigen Personen eine starke und sehr direkte Förderung des kreativen Potenzials, das in uns allen steckt. Voraussetzung ist jedoch zweifellos das Zusammenspiel der oben genannten vier Faktoren, und dafür ist nicht zuletzt wieder der Spielleiter mitverantwortlich. Genaueres zur Verbesserung der Stimmung um den Spieltisch können Sie dem thematischen Kapitel „Spiele mit Kommunikationscharakter" am Ende des Buches entnehmen.

Das enorm kommunikative **Activity** fordert alle Beteiligten zu kreativer Leistung in den Bereichen „Zeichnen", „Umschreiben" und „pantomimisch" darstellen auf. Noch dazu lebt dieser Bestseller von einer starken Teamorientierung der Spielerinnen und Spieler, eine Fähigkeit, die heutzutage von praktisch allen Firmen und Institutionen im realen Berufsleben vorausgesetzt wird.

Ein solches Ding verlangt neben geistiger Flexibilität und Assoziationskraft auch die Fähigkeit, sich durch kleine Schwächephasen hindurchzubluffen. Nahezu alles an kreativem Denkpotenzial wird allein im Gedanken ausgeschöpft. Die Stunde der Wahrheit, um es ein wenig pathetisch auszudrücken, kann vielleicht sogar die eine oder andere Runde auf sich warten lassen. Am Ende gewinnt jedoch meist doch derjenige, der sich schneller auf die Vielzahl von kreativen Denk-Möglichkeiten einstellen kann.

Enorm turbulent ist das auf „Persönlichkeiten beschreiben" abgestimmte **Time's Up**. In nur 30 Sekunden müssen den eigenen Mitspielern auf möglichst unkonventionelle und doch verständliche Art und Weise bekannte Personen aus Politik, Literatur, Sport, Wissenschaft usw. beschrieben werden. Reale wie erfundene Persönlichkeiten können hier auftauchen. Dabei wird beiden Seiten kreatives Denken abverlangt. In der zweiten Runde dürfen dieselben Persönlichkeiten gar nur mit einem Wort beschrieben werden. In der letzten Phase schließlich reduziert sich alles auf pure Pantomime und Lautmalerei. Sie sollten es unbedingt probieren!

Activity   12+ 30 Min. *3–16 ••/•• e

Kommunikationsspiel
Autor: Ulrike Catty, Maria Führer
Verlag: Piatnik
www.piatnik.com
Jahr: 1996

Spielerzahl: 3 bis 16
Alter: ab 12 Jahren
Dauer: ab 30 Minuten
Regelerklärung: 5 Minuten
Glück/Kreativität/Bluff (insgesamt 9 Punkte) –
3:6:0

Ausgaben (Auswahl): Activity for English, Club Edition, Connection, Junior Edition, Junior Turbo, Kinder, Kompakt, Turbo, Extreme Activity
Empfehlungen für Kreativspiele: Cranium

Zeichnen – Umschreiben – Mimen

Zeichnen, Umschreiben, Mimen – diese drei Grundfähigkeiten werden von den einzelnen Teams bei allen *Activity*-Varianten verlangt. Ohne Kreativität und Schlagfertigkeit geht bei diesen Aktivitäten allerdings gar nichts. Verstehen Sie das als kleine Warnung vorweg. *Activity* wurde zu einer eigenen Spielfamilie, mit mittlerweile mehr als ein Dutzend unterschiedlicher Ausgaben, für alle Altersstufen und alle Geschmäcker. Und das *Activity*-Prinzip wurde auch unverändert in zahlreiche Sprachen übersetzt.

Kompetenzschulung

✓ **Teamfähigkeit:** Bei größerer Spielerzahl können die einzelnen Aufgaben auch auf die entsprechenden Mitspieler verteilt werden, je nach persönlicher Stärke.

✓ **Sprachliche Kompetenz:** Begriffe müssen unter Zeitdruck gut und verständlich umschrieben werden.

✓ **Gemeinsame Erfahrung:** Erlebnisse, die man mit Mitspielern teilt, können bei manchen Aufgaben eine hilfreiche „Erinnerungs-Brücke" schlagen.

✓ **Zeichnerisches Talent:** Es kommt in erster Linie darauf an, verschiedenste Begriffe mit wenigen Strichen erkennbar zu Papier zu bringen.

✓ **Pantomimische Fähigkeit:** Wer schauspielerisches Talent fördern möchte, muss zu diesem Spiel greifen.

Kurzidee/Originalspiel

Zeichnen − Umschreiben − Mimen … damit sind auch gleich alle drei Fertigkeiten benannt, die Sie bei diesem kreativen Ratespiel mitbringen sollten. Alles geschieht unter Zeitdruck, alles macht selbst in Großgruppen immensen Spaß. *Activity* gereicht seinem Namen wahrlich zur Ehre. Greifen Sie vielleicht sofort zum Bleistift und zeichnen Sie als Trainingsaufgabe ganz schnell mal eine „Glücksfee".

Kastners Varianten-Koffer

Progression   ••/•• e *3–16

Spielziel: Am Ende mehr Punkte als die gegnerische Mannschaft zu haben.

Spielvorbereitung: Vor jedes Team werden verdeckt drei Activity-Karten gelegt. Ein Würfel und eine Sanduhr (wenn möglich eine 1-Minuten-Uhr) werden bereit gehalten, dazu noch ein Notizblock oder Spielchips zum Festhalten der Punkte.

Spielablauf: Diese *Activity*-Variante wird reihum gespielt. Bei den auf den *Activity*-Karten durch eine „6" markierten Fragen – diese müssen sofort bekannt gegeben werden – darf das gegnerische Team mitraten. Dadurch wird die Interaktion wesentlich gefördert.

- Zunächst spielt ein Team in einem Durchgang alle drei Karten durch, dann wird der Punktestand notiert. Dabei wird durch Würfellos entschieden, welcher Spieler die Umschreibung, das Zeichnen oder die Pantomime ausführen muss. (Es können drei unterschiedliche Spieler sein oder aber derselbe. Der Würfel entscheidet.)

- Der aktive Spieler versucht bei laufender Sanduhr, seine Aufgabe (Umschreibung, Zeichnung, Pantomime) zu erfüllen. Schafft er es, darf er, falls noch Zeit bleibt, die zweite thematisch gleiche Aufgabe seiner Karte in Angriff nehmen (also eine weitere Umschreibung usw.).

- Nun ist ein weiterer Spieler desselben Teams mit der zweiten Aufgabe (das heißt, der zweiten Karte) an der Reihe. Danach folgt die dritte und letzte Aufgabe des Durchgangs. Die Sanduhr wird während dieser Phasen dreimal verwendet.

- Sofort danach kommt es zur Wertung (siehe unten).
- Erst jetzt ist das zweite Team mit seinem Durchgang an der Reihe, mit exakt der gleichen Spielabfolge.

Wertung: Die Punktevergabe hängt von der Zahl der erfüllten Aufgaben ab. Die Wertung ist allerdings progressiv: 1 Aufgabe = 1 Punkt, 2 Aufgaben = 3 Punkte, 3 Aufgaben = 6 Punkte, 4 Aufgaben = 10 Punkte, 5 Aufgaben = 15 Punkte und 6 Aufgaben = 21 Punkte. Sollte das gegnerische Team eine 6er-Aufgabe erfüllen, wird damit der aktiven Mannschaft eine seiner Wertungsmöglichkeiten genommen.

Spielende: Gespielt wird auf einen vorweg vereinbarten Punktestand (zum Beispiel 66 Punkte) oder eine bestimmte Zahl von Durchgängen (zum Beispiel Zahl der Teams mal 3).

Bemerkungen: Diese progressive *Activity*-Wertung belohnt eine gute Vorstellung in einem einzelnen Durchgang. Außerdem wird mit Ausnahme der *Activity*-Karten kein weiteres Material benötigt. Sie können auch vereinbaren, dass der aktive Spieler nicht ausgewürfelt, sondern stattdessen vom Team bestimmt wird.

Kastners Kniffe

1. **Gruppenbildung:** Achten Sie unbedingt darauf, dass die Gruppen annähernd gleiche Spielstärke haben.
2. **Lehrversion:** Es ist durchaus zu empfehlen, in der einen oder anderen Spielrunde nur eine der drei Kompetenzen zu fördern, also bei der Progressions-Wertung auf allen Karten nur die Kategorie „Umschreiben", „Zeichnen" oder „Pantomime" zu erlauben.
3. **Belohnung:** Halten Sie eventuell für die siegreiche Mannschaft eine kleine Belohnung in Form von Schokolade oder dergleichen bereit.

Ein solches Ding   10+ 30 Min. *2–30+ ••/•• Ω T ✕

Kommunikationsspiel
Autor: Urs Hostettler
Verlag: Fata Morgana, Abacus
www.fatamorgana.ch/www.abacus.de
Jahr: 1989

Ausgabe: Noch ein solches Ding

Spielerzahl: 2 bis 30+ (Variante)
Alter: ab 10 Jahren
Dauer: 30 Minuten
Regelerklärung: 5 Minuten
Glück/Kreativität/Bluff
(insgesamt 9 Punkte) – 2:5:2

Sie kennen solch ein Ding?

Wenn Sie das Talent haben, schnell zu kombinieren und gut zu
bluffen, dann sollten Sie sich an Urs Hostettlers Ein *solches* Ding mal
ernsthaft versuchen. Eine kleine Kostprobe: Fällt Ihnen in zwanzig Sekunden ein Ding ein, das folgende Voraussetzungen erfüllt:
„Haben wir alle schon in Händen gehabt", „Hat Haare (Borsten,
Zotten) und doch keine Zähne", „Ist meist fix am Ort befestigt"
und „Ist dem Schneemann eine Zier". Gut, falls Ihnen nichts ein-
fällt, dürfen Sie ja immer noch so tun als ob. Vielleicht lässt sich ja
Ihr Sitznachbar täuschen. So geht es dahin, und in lockerer, nicht
allzu regelbesessener Runde kommt gewaltige Stimmung auf.
Schließlich gibt es ja für nahezu alles ein passendes „Ding" – man
muss nur daran denken.

Kompetenzschulung

✓ **Schnelldenken:** Dinge, die unterschiedliche Voraussetzungen
   erfüllen, zu kennen, ist eine Sache, an diese im Zeitdruck zu
   denken, eine andere.

✓ **„Sprach-Bluff":** Wem es gelingt, den Mitspieler zu täuschen,
   der kann sich manchmal ganz gut über eine schwierige Spielsituation hinwegschummeln.

✓ **Toleranz:** Da so manches „Ding", das genannt wird, einen Grenzfall darstellt, wird gerade bei diesem Spiel sehr viel Toleranz verlangt, von allen Beteiligten.

Kurzidee/Originalspiel

Kleine Zeichnungen verschiedener „dinghafter" Gegenstände und eine kurze Textbegleitung bilden die Grundlage dieser Spielidee. Während Karte für Karte zu einer Kette ausgelegt wird, müssen sich die Spieler ein reales Ding ausdenken, das sämtlichen „Textansprüchen" genügt. Alternativ darf bei der Pokervariante gepasst werden. Wird der gerade aktuelle Kartenableger nach seinem „Ding" gefragt, muss er es innerhalb einer Minute nennen – oder Strafkarten nachziehen.

Kastners Varianten-Koffer

Schlangen-Ding ●●/●● Ω T ✂ *2–30+

Spielziel: Innerhalb einer Minute muss von den Spielern bzw. der Gruppe jeweils ein neues „Ding" genannt werden, das alle Anforderungen einer immer länger werdenden Kette erfüllt.

Spielvorbereitung: Die Spieler werden, falls mehr als vier teilnehmen, in Gruppen aufgeteilt. Jede Gruppe bekommt einen Spielchip als Joker. Eine Sanduhr wird bereitgehalten.

Spielablauf: Es werden mehrere Runden gespielt, wobei jede Gruppe gleich oft mit dem ersten „Ding" beginnen sollte.

- Die Startkarte *Ein solches Ding* wird aufgeschlagen, dazu eine erste „Objekt-Karte". Dann wird die Sanduhr gedreht.
- Die erste Gruppe (bzw. der erste Spieler) muss nun innerhalb einer Minute ein passendes „Ding" nennen.

- Gelingt dies, wird eine zweite „Objekt-Karte" aufgeschlagen, die von der nächsten Gruppe nun zusammen mit den Informationen auf der ersten Karte zu einem „Ding" verarbeitet werden muss, wieder unter Zeitdruck. Es darf sich jedoch innerhalb eines Spiels kein genanntes „Ding" wiederholen.

- Wird ein genanntes „Ding" angezweifelt, sollten Sie den unter „Kastners Kniffe" vorgeschlagenen Schiedsspruch versuchen.

- Reihum werden alle Gruppen (Spieler) durch eine länger und länger werdende Schlange von unterschiedlichsten „Dingen" herausgefordert.

- Schafft eine Gruppe ihre Aufgabe nicht innerhalb der Zeit, muss der Joker-Chip auf das betreffende „Ding" gelegt werden. Die Karte ist damit gesperrt. Die nächste Gruppe schlägt eine neue Karte auf und versucht wieder, ein passendes Ding zu allen ausliegenden Objekt-Karten (ohne Joker) zu finden.

- Kann eine Gruppe, die an der Reihe ist, kein Ding nennen und hat diese Gruppe auch keinen Joker mehr zur Verfügung, scheidet sie aus.

- Das Spiel endet mit dem Ausscheiden der letzten Gruppe.

Wertung: Die Länge der Schlange (ohne Joker) bis zum Ausscheiden einer Gruppe entscheidet über den Punktgewinn. Bei Turnieren bietet sich die Staffel-Wertung an (siehe Turniersysteme).

Bemerkungen: Ein *solches* Ding kann auch sehr gut als kooperative Aufgabe gespielt werden. Alle obigen Regeln bleiben unverändert, nur entscheidet allein die Länge der Schlange (abzüglich aller Joker-Chips) über den Erfolg der Gruppe. Bei mehreren Spielen kann auch sehr bequem eine Durchschnittsleistung errechnet werden. *Achtung:* Bei der Einschätzung, ob alle Kriterien für ein Ding zutreffen, darf man nicht zu „kooperativ-großzügig" verfahren.

Kastners Kniffe

1. **Regelauslegung:** *Ein solches Ding* verlangt von allen Beteiligten eine großzügige Regelauslegung. Im Zweifelsfall entscheidet der Spielleiter. Gibt es keinen, sollte ein vorgeschlagenes Ding bereits dann gültig sein, wenn es zumindest von zwei (bzw. drei) Mitspielern akzeptiert werden kann. Hier müssen Sie selbst entscheiden, wie streng Sie sein wollen.

2. **Was ist ein Ding?** Stellen Sie klar, dass alle genannten Dinge real existieren müssen, nicht nur einen momentanen Zustand widerspiegeln und auch nicht unklar und schwammig „rüberkommen". *Beispiel:* Ein „Schwein" ist eben bei diesem Spiel ein Haustier und bedeutet nicht „Glück haben". Ein momentaner Zustand wie etwa „ein zerfallenes Buch" oder „ein Auto, das durch den Wald fährt" gelten nicht als „Dinge" im Sinne dieses Spiels. Und ein Radfahrer hat keine „Pedale", diese sind nämlich nur Teil seines Fahrrads.

3. **Tempo:** Stellen Sie sicher, dass *Ein solches Ding* (in der Pokerversion der Originalspiels) ohne allzu große Verzögerungen gespielt wird. Ich empfehle, eine 1-Minuten-Sanduhr für die einzelnen Entscheidungsmomente einzusetzen.

Time's Up

12+ 30 Min. *4–12 ••/•• e

Kommunikationsspiel
Autor: Peter Sarrett
Verlag: R&R Games, Pro Ludo, Repos Production
www.mrgames.com/www.proludo.de/www.rprod.com
Jahr: 2000

Spielerzahl: 4 bis 12
Alter: ab 12 Jahren
Dauer: 30 Minuten
Regelerklärung: 5 Minuten
Glück/Wortgewandtheit/Bluff
(insgesamt 9 Punkte) – 2:7:0

Ausgaben: Erweiterung, Game's Up (http://www.hall9000.de/rubriken/spiele/rezensionen/kritiken/gamesup.pdf)

Turbulenz pur!

Time's Up ist eine perfekte Spielkomposition, mit einem wunderbaren Dreiklang aus Umschreibung, Ein-Wort-Definition und Pantomime. Das ganze Spiel rast von Runde zu Runde von einem fulminanten Höhepunkt zum anderen. Wie elektrisiert versuchen die aktiven Spieler, aus Wort und Gestik ihres Redners auf die dahinterliegende Persönlichkeit zu schließen. Das alles innerhalb von schrecklich kurzen 30 Sekunden. Dürfen in der ersten Runde noch längere Umschreibungen als Hinweis dienen (mit kleinen Einschränkungen, versteht sich), so muss später für dieselben Persönlichkeiten ein einziges Wörtchen genügen. Und zur Eskalation der Herausforderung bleibt dem aktiven „Redner" zuletzt nur die pantomimisch-lautmalerische Option, um seine Persönlichkeitskarte kundzutun. (aus: WIN 395, Mai 2009)

Kompetenzschulung

- ✓ **Wortgewandtheit:** Eine Person in Höllentempo mit ein paar Worten zu umschreiben – genau das wird bei Time's Up trainiert.
- ✓ **Pantomime:** Wer gut aus sich herausgehen kann, der liegt hier ganz richtig. Pantomimische Fähigkeiten werden in wunderbarer Weise geübt.
- ✓ **Englisch:** Gute Grundkenntnisse in der Fremdsprache vorausgesetzt, kann dieses Spiele durchaus auch auf Englisch versucht werden.
- ✓ **Einfühlungsvermögen:** Sowohl der aktive Spieler als auch sein Team müssen schnell den Draht zueinander finden. Die Umschreibungen von Persönlichkeiten müssen der eigenen Mannschaft plausibel gemacht werden.

Kurzidee/Originalspiel

Umschreibungen, Ein-Wort-Impulse sowie pantomimisch-laut-malerische Hilfen zu realen wie literarischen Personen müssen bei Time's Up von den Spielpartnern unter immensem Zeitdruck richtig gedeutet werden. Die Gruppe, die nach drei Runden der gesteigerten Hektik mehr Persönlichkeiten erraten hat, darf sich über den Gewinn freuen. Time's Up ist ein wahrer Kommunikationsknüller!

Kastners Varianten-Koffer

Genre's Up   ••/•• *4–12

Wenn Sie dieses Spiel in der Schule verwenden wollen, bietet sich eine Zusammenstellung von so genannten „Lehrsets" an. Darunter verstehe ich Karten, die etwa ausschließlich Entdecker und Erfinder umfassen, oder Sets mit Märchen- und Comicfiguren, mit Schauspielern und Regisseuren, usw. Der Phantasie sind keine Grenzen gesetzt.

Spielziel: Ziel ist es, am Ende mehr Persönlichkeitskarten (in der Originalregel) bzw. „Genrekarten" (in dieser Variante) erraten zu haben als die gegnerischen Teams.

Spielvorbereitung: Vorweg wird entschieden, mit der gelben oder der blauen Seite der Originalkarten zu spielen. Dann werden zwei bis vier Teams aus jeweils 2 bis 4 Spielern gebildet. Die Mitglieder dieser Teams sitzen einander am Tisch gegenüber, einzeln verteilt und so weit wie möglich voneinander entfernt. Zur Kenntlich-machung bekommt jedes Team für jeden Spieler einen gleichfarbigen Spielchip. Nun werden 40 Karten gleichmäßig an alle Spieler aufgeteilt. Zusätzlich bekommt jeder Spieler zwei Karten. Aus der vollen Kartenhand wählt jetzt jeder verdeckt zwei Persönlichkeitskarten, die er nicht im Spiel haben möchte. Diese kommen zurück in die Schachtel. Die restlichen Karten werden wieder eingesammelt, gemischt und in einem verdeckten Stapel abgelegt. Außerdem wird eine Sanduhr bereitgehalten.

Spielablauf:

- **Runde 1:** Die Sanduhr wird umgedreht ... die Zeit läuft. Reihum muss nun das erste Team versuchen, mithilfe der Hinweise des eigenen aktiven „Redners" (so die Regel) zu erraten, welche Persönlichkeit auf der aufgedeckten Karte genannt ist. Vor- und Nachname sind erforderlich. Die Karte darf nicht beiseitegelegt und durch eine andere ersetzt werden.

- Danach zieht der Redner die nächste Karte usw – bis der Ruf „Time's Up!" erschallt.

- Nun ist das nächste Team an der Reihe.

- **Verbote:** Nicht verwendet werden darf bei den Hinweisen: ein Teil des Vor- und Nachnamens oder ein Diminutiv, eine wörtliche Übersetzung oder eine Aufzählung mithilfe von Buchstaben des Alphabets.

- Die Runde endet, wenn der Stapel aufgebraucht ist. Es kommt zur ersten Zwischenwertung.

- **Runde 2:** Es wird mit denselben 40 Karten gespielt. Der Redner darf nur ein einziges Wort äußern, das Team nur einen einzigen Vorschlag machen. Es gilt bei mehreren Teammitgliedern immer die erste Antwort. Ist die Antwort richtig, wird die Karte offen abgelegt, andernfalls verdeckt. Der Redner darf beliebig viele Karten überspringen, allerdings nach Aufbrauchen des Stapels nicht auf bereits übersprungene Karten zurückgreifen.

- Verdeckt abgelegte Karten werden wieder, ohne gezeigt zu werden, in den Stapel eingemischt und an den nächsten Redner weitergegeben. Es folgt die zweite Zwischenwertung.
- **Runde 3:** Der „Redner" darf nur noch durch Mimik und Gestik, also Pantomime, sowie Lautmalerei Hinweise geben. Es ist nicht erlaubt, Lieder zu summen oder zu pfeifen.

Wertung: Nach jeder Runde werden die richtig erratenen Karten pro Team zusammengezählt. Wer am Ende am meisten Karten hat, ist Gewinner des Spiels.

Bemerkungen: Die Turbulenz und Stimmung dieses Spiels ist aus dem reinen Regelstudium nicht abzulesen. Machen Sie unbedingt einen Live-Versuch. Jedenfalls empfiehlt es sich (aus Lehrgründen), nach dem Spiel ein paar zusätzliche Infos zu den ausgewählten Persönlichkeiten – egal mit welchem Set gespielt wird – zu geben. Die Betonung liegt ganz klar auf dem Wörtchen „nach". Würde der umgekehrte Weg gewählt, ginge viel vom Spielreiz verloren. *Anmerkung:* Dem Originalspiel sind Kurzinfos zu den einzelnen Persönlichkeiten beigelegt. Bei den Lehrsets müssen Sie als Spielleiter entsprechende Recherchen anstellen.

Kastners Kniffe

1. **Kartenwahl:** Bei jüngeren Spielgruppen sollte der Spielleiter zuvor die Auswahl der Persönlichkeiten vornehmen.
2. **Handkarten:** Drei oder vier Extrakarten zu Spielbeginn erhöhen die Wahrscheinlichkeit, dass viele bekannte „Persönlichkeiten" im Spiel bleiben, beträchtlich.
3. **Persönlichkeiten:** Am Ende des Spiels sollten Sie mithilfe des beiliegenden Biographie-Blatts erklären, was die den Spielern „weniger bekannten" Persönlichkeiten geleistet haben.

Förderung der motorischen Fähigkeiten

In diesem Kapitel geht es weniger um die konditionellen motorischen Grundeigenschaften „Kraft", „Schnelligkeit", „Ausdauer" und „Beweglichkeit", sondern vielmehr um koordinative Fähigkeiten wie „Reaktion", „Feinmotorik", „Gleichgewicht" oder „Orientierung". Motorische Fertigkeiten werden bereits im frühesten Kindesalter gelernt und beeinflussen stark die Gesamtentwicklung eines Menschen. Der Definition gemäß (Mechling) stellen Fertigkeiten bewusste Handlungen dar, die durch entsprechende Übung automatisiert werden. Und da motorische Fertigkeiten als grundlegende Voraussetzung für die motorische Alltagsbewältigung verstanden werden können, werden gerade Spiele, die diese Fertigkeiten fördern, selbst bei Therapien häu-

Anzeichen für Probleme eines Kindes/Jugendlichen

- Koordinative Fähigkeiten wie Reaktion oder Feinmotorik wurden nicht ausreichend geschult.
- Das Kind/der Jugendliche zeigt beim Gleichgewicht sowie der Orientierung Unsicherheiten.
- Die Übungsmöglichkeiten für motorische Grundfähigkeiten wurden bislang nicht ausreichend zur Verfügung gestellt.
- Rhythmusgefühl, Auge-Hand-Koordination sowie Tempoempfindung des Kindes/Jugendlichen scheinen nicht optimal gefördert.
- Der Korrelation zwischen motorischen Fähigkeiten und dem Umgang mit Emotionen ist mangelhaft.

fig eingesetzt. Durch die Verknüpfung bestimmer Elemente wie Rhythmusgefühl, Tempo, Auge-Hand-Koordination lassen sich dabei im Laufe der Zeit quantitativ wie qualitativ immer bessere Leistungen erzielen.

Mit dem aus England stammenden Wurfpfeilspiel **Darts**, dem modernen Rennspiel **PitchCar** sowie dem in den zwanziger Jahren des vorigen Jahrhunderts entwickelten **Tipp-Kick** möchte ich drei sehr unterschiedliche Vertreter dieser die Feinmotorik fördernden Spiele vorstellen. Die Regeln sind jeweils schnell erlernt, doch um es zur Meisterschaft zu bringen, bedarf es – besonders bei *Darts* – intensiver Übung.

Gerade **Darts** stellt ja einen Übergang vom Spiel zum Sport dar, denn hier werden neben den gerade erwähnten koordinativen Fähigkeiten auch einige der konditionellen motorischen Grundeigenschaften verlangt, darunter die von der Konzentrationsfähigkeit der Spieler abhängige „Ausdauer". Dennoch sind Rhythmusgefühl oder Auge-Hand-Koordination für ein erfolgreiches Werfen unabdingbar.

Das ursprünglich unter dem Namen *Carabande* erschienene **PitchCar** verbindet die Elemente eines Autorennens mit den Geschicklichkeitsanforderungen eines *Carrom*. Kinder haben dabei gegen Erwachsene durchaus gleiche Chancen, egal wie die Rennstrecke gebaut wird. Damit handelt es sich um ein ideales Familienspiel.

Abrunden darf ich dieses Kapitel mit dem Tischfussball-Klassiker **Tipp-Kick**. Ganze Generationen fußballbegeisterter Familien haben sich mit dieser exzellente Simulation vergnügt. Gefühl für die Spielsituation, Auge-Hand-Koordination, Reaktionsschnelligkeit und nicht zuletzt der Umgang mit den Emotionen machen *Tipp-Kick* zu einem außergewöhnlichen Spielerlebnis. Um wirklich gut zu werden, muss man auch diesem Spiel viele Stunden der intensiven Übung widmen.

Darts   8+ 10 Min. *2–6 ••/•• T P ✕ ±

Geschicklichkeitsspiel
Erfinder des Boards: Brian Gamlin
Jahr (der heute üblichen Zahlen-
anordnung): 1896

Spielerzahl: 2 bis 6 (Varianten)
Alter: ab 8 Jahren
Dauer: ab 10 Minuten
Regelerklärung: 2 Minuten
Glück/Geschicklichkeit/Bluff
(insgesamt 9 Punkte) – 1:8:0

Internet: www.dartn.de

„One-hundred-and-eiiiiighty"

In den letzten Jahren hat sich Darts nicht nur in Großbritannien, dem Mutterland des „Pfeilwerfens", sondern nahezu überall in Westeuropa, vom fast vulgären Pub-Sport klassischer Prägung zu einem abendfüllenden, Alt wie Jung faszinierenden TV-Erlebnis entwickelt. Darts vermittelt eben pure Leidenschaft! Darts lässt jede Sekunde aufs Neue die Hoffnung aufkeimen, dass gerade der nächste Pfeil „sitzt", dass für einmal die menschliche Hand perfekt den Regeln der Physik folgen möge. Darts bringt zudem manch unverhofften Moment des Glücks, wenn der eigene Pfeil auf der richtigen Seite des Gitters in das Board schlägt – und der des Gegners das Ziel um Millimeter verfehlt. Darts ist auch pure Präzision! Rein zufällig geschieht hier – zumindest auf Dauer – gar nichts. Es gilt, den Wurfpfeil mit Entschlossenheit und Feingefühl zu lenken, die Schleuderbewegung mit rhythmischem Gleichklang auszuführen und auch von der ersten bis zur letzten Sekunde exakt zu bleiben (aus: WIN 398, August 2009).

Kompetenzschulung

- ✓ **Augen-Hand-Koordination / Feinmotorik:** Wer es einmal probiert, wird sofort die Bedeutung guter feinmotorischer Fähigkeiten beim *Darts* erkennen.
- ✓ **Grundrechenarten:** Da nur mit bestimmten Pfeilen „aus" gemacht werden darf, müssen die Grundrechenarten ständig angewendet werden.
- ✓ **Taktik:** Ein schneller Blick für gute Platzierungs-Möglichkeiten der Wurfpfeile wird geschult.
- ✓ **Rhythmus:** Auf Dauer wird ein ganz persönliches Rhythmusgefühl entwickelt, eine unbedingte Voraussetzung für ein erfolgreiches Spiel.
- ✓ **Konzentration:** Die Konzentrationsfähigkeit wird durch dieses Pfeilwurfspiel sehr gefördert.

Kurzidee/Originalspiel

Die Spieler versuchen bei diesem klassischen Wurfpfeilspiel möglichst früher als der Gegner von einem vorab vereinbarten Punktewert wegzählend auf null Punkte zu kommen. *Darts* sollte über mehrere Durchgänge gespielt werden. Auch die unten angeführten Varianten sind als „reguläre" Spielformen zu verstehen, erfreuen sie sich doch gerade im Amateursport ganz zu Recht großer Beliebtheit.

Kastners Varianten-Koffer

501/301	T P ✕ ± *2–4

Jeder Spieler beginnt mit 501 bzw. 301 Punkten. Abwechselnd werfen nun die Spieler drei Pfeile auf die Darts-Scheibe, wobei die jeweils erreichten Punkte unmittelbar vom Startwert der Runde abgezogen werden. Gewinner ist, wer als Erster exakt null Punkte erreicht. Allerdings muss (im Turnierspiel) zum Beenden (engl. *Finish*) immer ein Double geworfen werden. „Überwirft" ein Spieler in seiner Runde, das heißt, erreicht er mehr Punkte, als noch verbleiben, sind seine Würfe in dieser Runde ungültig („Bust-Regel"). *Optional:*

- **Double Out:** Zum Beenden muss ein Double-Feld getroffen werden.
- **Straight Out:** Zum Beenden darf ein beliebiges Feld getroffen werden. (Bei schwächeren Spielern zu empfehlen.)
- **Master Out:** Wie „Double Out", jedoch darf zusätzlich auch mit einem Wurf in ein „Triple-Feld" beendet werden.
- **Double In:** Wie „Double Out", nur muss zusätzlich bei Spielbeginn ein beliebiges Double-Feld getroffen werden, erst ab dann zählen die geworfenen Punkte (inklusive des geworfenen Doubles). Dies ist nur bei sehr starken Spielern zu empfehlen.

Bemerkungen: Die Zählweise von 301 abwärts mit dem „Straight Out"-Finish eignet sich gut für Amateurspieler. Schließlich soll nicht alles nur von einem glücklichen letzten Wurf abhängen. Als Handicap-Variante können Sie eine Kombination von „Double Out" (stärkerer Spieler) und „Straight Out" (schwächerer Spieler) versuchen.

Tactics   P >< ± *2–4

Spielablauf: Bei *Tactics* versuchen die Spieler, alle Zahlen von 20 bis 12, ein Triple, ein Double sowie das Bull jeweils dreimal zu treffen. Die Zahlen können in beliebiger Folge gewertet (das heißt:

getroffen) werden, für Triple und Double zählen nur die entsprechenden Segmente der Zahlenwerte 20 bis 12, für Double auch das Bullseye. Hat man ein Feld bereits dreimal getroffen und trifft es erneut, so bekommt man die entsprechenden Punkte gutgeschrieben, ganz den normalen *Darts*-Regeln folgend. Allerdings darf der Gegner sein analoges Feld noch nicht dreimal getroffen und dieses damit gesperrt haben.

Spielende: Für das Spielende gelten zwei Bedingungen. (1) Ein Spieler hat alle Felder dreimal getroffen, und (2) er liegt gleichzeitig nach Punkten vorn. Sollte die zweite Bedingung nicht erfüllt sein, wird weiter auf die offenen Felder des Gegners gespielt. Dabei kann es jedoch durchaus passieren, dass der Gegner seine letzten Felder schließt und damit das Spiel noch gewinnt.

Bemerkungen: *Tactics* ist hervorragend für lockere *Darts*-Runden geeignet, vor allem auch als Partnerspiel. Handicap-Partien, bei denen ein schwächerer Spieler zuvor vereinbarte Zahlen nur zweimal treffen muss, beeinträchtigen keineswegs die Spielqualität.

Killer   ✕ ± *2–6

Spielablauf: Jeder Spieler hat zu Beginn fünf „Leben". Wer mit dem Eröffnungswurf dem Bullseye am nächsten kommt, darf nun mit seinem ersten Pfeil (falls das Board getroffen wird) ein beliebiges Feld (Single, Triple, Double, Bull, Bullseye) vorlegen. Nun versuchen die Spieler reihum, dieses Feld zu treffen. Wer das Ziel verfehlt, verliert ein Leben, und der nächste Spieler ist an der Reihe. Sobald ein Feld getroffen wird, legt der glückliche Werfer mit seinen verbleibenden Dartpfeilen wieder ein neues Feld vor. Wurde das ursprüngliche Feld mit dem dritten Dartpfeil getroffen, darf mit drei neuen Darts vorgelegt werden, wobei jedoch der erste Pfeil am Board gilt. Kann ein Spieler nicht vorlegen, etwa weil ein Dartpfeil abprallt, verliert er ebenfalls ein Leben, und der nächste Spieler ist an der Reihe.

Spielende / Wertung: Killer endet, sobald nur noch ein Spieler ein Leben hat. *Optional:* Er muss noch ein weiteres Mal seine letzte Vorlage bestätigen. Für jedes übrig gebliebene Leben stehen ihm dabei drei Darts zur Verfügung. Gelingt dies nicht, endet das Spiel unentschieden.

Bemerkungen: Killer ist eine lockere, für alle Altersstufen geeignete Variante des *Darts*. Falls schwächere Spieler vor dem Board stehen, kann vereinbart werden, dass diese Spieler Triple- und Double-Vorlagen auch durch Treffen des entsprechenden Single-Feldes erfüllen.

Fuchsjagd •/• >< ± *2

Spielablauf: Ein Team beginnt bei der „18" (Fuchs), das zweite bei der „20" (Jäger). Zunächst versucht der Fuchs, mit seinen drei Pfeilen die „18" doppelt zu treffen (zweimal Single oder einmal Double / Triple). Gelingt dies mit dem ersten oder zweiten Dartpfeil, darf er sofort mit dem nächsten Feld im Uhrzeigersinn weitermachen.). Danach ist der Jäger an der Reihe, mit den gleichen Vorgaben.

Spielende: Sobald der Jäger die Zahl wirft, auf der der Fuchs gerade steht, gewinnt er das Spiel.

Bemerkungen: Wieder ist ein Handicap denkbar, nämlich ein weiterer Abstand zu Beginn des Spiels. So kann etwa der Fuchs bei der „4", der „13" oder gar der „6" beginnen. Fuchsjagd ist auch hervorragend als Teamspiel geeignet, da hier keine individuellen Punkte gezählt werden.

Shanghai ●●/●● ⟩⟨ ± *2–6

Spielablauf: Es wird nacheinander auf die Zahlen 1 bis 9 geworfen. Jeder Spieler wirft einmal drei Darts auf jede Zahl, die erzielten Punkte (auf diese Zahl) werden notiert. Das Maximalergebnis pro Durchgang ist daher das Neunfache der aktuellen Zahl (dreimal das Triple).

Punkte: Zumindest ein Pfeil muss in jedem Durchgang das aktuelle Feld treffen. Andernfalls wird der bis dahin erreichte Punktewert halbiert (aufgerundet).

Spielende: Das Spiel kann auf zwei Arten enden. Schafft ein Spieler mit seinen drei Wurfpfeilen ein Single, ein Double und ein Triple einer Zahl, also ein „Shanghai", gewinnt er sofort. Allerdings hat der unmittelbar nachfolgende Spieler die Möglichkeit, dieses „Shanghai" mit einem weiteren „Shanghai" auf dieselbe Zahl aufzuheben. Danach ginge das Spiel normal weiter. Gelingt niemandem ein „Shanghai", endet das Spiel nach dem letzten Durchgang. Es gewinnt, wer die höchste Punktezahl erreicht hat.

Varianten: (1) Es werden genau 7 Durchgänge gespielt, wobei nacheinander alle Zahlen von 1 bis 20, zuletzt Bull, getroffen werden sollen. Hier zählt das „Shanghai" als drei Zahlen in Serie in einem Durchgang. (2) Es werden insgesamt 7 Runden gespielt, wobei so lange auf eine Zahl geworfen wird, bis diese zumindest einmal getroffen wurde. Auf beide Varianten wird die Halbierungsregel nicht angewendet.

Bemerkungen: „Wie gewonnen, so zerronnen". Ein perfekter Wurf im letzten Moment kann das Spiel völlig kippen. Und durch die „Halbierung" werden auch gute Ergebnisse in der Frühphase schnell wieder zunichte gemacht. Als Handicap können Sie vereinbaren, dass der Punktestand des schwächeren Spielers nicht halbiert wird.

Round-the-clock	●●/●● P ✕ ± *2–4

Spielablauf: Der Name ist hier gleich Programm, denn es wird ganz einfach „um die Uhr" (also auf alle Zahlen von 1 bis 20) gespielt. Zuerst muss die „1", dann die „2" usw. getroffen werden. Wer ein Double schafft, darf eine Zahl überspringen. Ein Triple bringt sogar einen Doppelsprung. Bull und Bullseye gelten als Joker, decken somit jede beliebige Zahl ab.

Spielende: Es gewinnt, wer als Erster die „20" erreicht und auch trifft.

Bemerkungen: Diese Spielform eignet sich ausgezeichnet für größere Gruppen, da der Spielstand jederzeit ersichtlich ist. Als Handicap kann vereinbart werden, dass schwächere Spieler bei einem Double oder Triple einen Doppelsprung oder Dreifachsprung machen dürfen.

Kastners Kniffe

1. **Steel-Darts:** Bei Verwendung von Steel-Darts muss aus Sicherheitsgründen auf strengste und disziplinierte Einhaltung der Regeln, besonders was den Sicherheitsabstand vom Board anbelangt, geachtet werden.

2. **Soft-Darts:** Ohne wesentliche Abstriche im Spielgefühl können bei diesem Sport auch Soft-Darts verwendet werden.

3. **Turniere:** Darts eignet sich hervorragend für Turniere, besonders das K.o.-System (siehe Turniersysteme für Brettspiele).

4. **Handicap:** Lassen Sie unbedingt Handicaps zu, da sonst der bessere Spieler praktisch immer gewinnt.

PitchCar

8+ 30 Min. *2–8 ••/•• T ⟩⟨ ±

Geschicklichkeitsspiel	Vorläufer: Carabande (Goldsieber, 1996)
Autor: Jean du Poël	**Spielerzahl:** 2 bis 4
Verlag: Ferti	**Alter:** ab 8 Jahren
www.ferti-games.com	**Dauer:** 30 Minuten
Jahr: 2003	**Regelerklärung:** 5 Minuten
	Glück/Geschicklichkeit/Bluff (insgesamt 9 Punkte) – 2:7:0

Ausgaben: Carabande, Erweiterung (Extension), Extension 2, Stunt Race
Empfehlungen für Geschicklichkeitsspiele: Carrom

Race Track Rowdys

Dieses wunderbare Rennspiel erinnert mich stark an meine Jugendjahre, wo jeder Tisch zu einem „Pfitschigogerl"-Spielfeld umfunktioniert wurde. Mit dem Kamm galt es, Münzen ins gegnerische Tor zu bugsieren. Nun, Jean du Poël hat aus einer ähnlichen Idee heraus einen wirklichen „Renner" gemacht, der Jung und Alt gleichermaßen faszinieren kann. Schon das Aufbauen einer Rennstrecke aus variabel kombinierbaren Holzplatten, das Einsetzen der Kurvenbanden und der Kampf um die „Pole position" lässt ungebremste Vorfreude auf die kommenden „Fingerspiele" aufkommen. Ganz ohne Elektronik, rein durch Muskelkraft, werden die Boliden um den Kurs geschnellt. Geschicklichkeit ist jedenfalls fast alles, doch entscheiden bisweilen Bruchteile von Millimetern bei den waghalsigen Überholmanövern.

Kompetenzschulung

✓ **Taktik:** Je nach Lage der Scheiben muss das Risiko richtig abgeschätzt werden.

✓ **Rhythmus:** Wie bei den meisten „motorischen" Spielen wird auch hier ein gutes Rhythmusgefühl entwickelt.

✓ **Konzentration:** Konzentrationsfähigkeit über den gesamten Rennverlauf ist sehr von Vorteil.

Kurzidee/Originalspiel

Die Grundregel ist denkbar einfach. Kleine Scheiben („Rennautos") müssen mit den Fingern über eine selbst zusammengestellte Rennstrecke geschnippt werden, möglichst in weniger Zügen, als der Gegner benötigt. Klar ist, dass man sich dabei behindert, dass man hinausfliegen kann, dass aber letztlich meist der geschicktere Spieler die Nase, pardon: seine Boliden, vorn hat.

Kastners Varianten-Koffer

Formel-X	••/•• T ✕ ± *2–8

Spielziel: Ganz einfach – es gilt, das Rennen um den Kurs als Erster zu beenden.

Spielvorbereitung: Teams werden zusammengestellt und eine Auslosung für die Aufwärmrunde vorgenommen. Wenn nur vier Spieler teilnehmen, sollte jeder mit zwei Scheiben spielen. Bei zwei Spielern bedient jeder zwei Scheiben in zwei Farben.

Spielablauf:

- In einer Aufwärmrunde wird über die Poleposition und die Startaufstellung entschieden.
- Im Rennen werden die Scheiben abwechselnd über den Kurs geschnippt.
- Rutscht eine Scheibe vom Kurs, muss sie in die Ausgangsstellung zurückgesetzt werden, landet sie auf dem „Dach", wird sie erst in der nächsten Runde umgedreht – und setzt damit eine Runde aus.

- Wird eine gegnerische Scheibe vom Kurs katapultiert, wird diese sowie die den Unfall verursachende Scheibe wieder in die Position vor dem Crash zurückgesetzt.

Spezialregeln:

- **Fehlstart:** Wird mit dem ersten Schnipper ein „Auto" von der Bahn katapultiert, muss das Rennen neu gestartet werden.
- **Hindernisse:** Wer möchte, kann durchaus kleine Hindernisse (die Ölflecken, Wrackteile usw. simulieren) in den Kurs einbauen. *Empfehlung:* Nach jedem Vollcrash (Verlassen der Bahn, Rauskatapultieren einer gegnerischen Scheibe) könnte eine Münze (oder dergleichen) als Wrackteil auf die Bahn gesetzt werden.

Wertung: Ein modifiziertes Formel-1-Punkteschema bietet sich an: 10-7-5-3-2-1.

Bemerkungen: Formel-X lässt sich auch gut mit Handicap spielen. Die Scheiben („Autos") der schwächeren Spieler starten von der Poleposition bzw. den vorderen Plätzen. Die stärkeren Spieler starten mit einem Handicap-Abstand von zwei, drei oder mehr Streckenteilen. *Alternativ:* Die schwächeren Spieler dürfen zwei-, drei-, viermal (nach Vereinbarung) einen Doppelzug ausführen (also „Gas geben").

Kastners Kniffe

1. **Risiko:** Wenn Sie weit vorn liegen, sollten Sie beim „Schnippen" der Scheiben das Risiko auf jeden Fall herausnehmen, ganz wie bei den echen Formel-1-Rennen.
2. **Handicap:** Lassen Sie Handicap-Rennen zu, denn kein Spieler „fährt" mit Freude ewig hinterher.
3. **Erweiterungen:** Gerade bei diesem Spiel sind alle Erweiterungen wegen diverser Extras (überlange Streckenteile, Schikanen, Sprünge) sehr zu empfehlen.

4. **Kurven:** Achten Sie besonders auf die Möglichkeit, mithilfe der Banden den Scheiben eine hohe Bahngeschwindigkeit mitzugeben.

Tipp-Kick

8+ 10 Min. *2–4 T P

Geschicklichkeitsspiel
Autor: Karl Mayer
Verlag: Edwin Mieg
Jahr: 1924

Spielerzahl: 2 (oder 4)
Alter: ab 8 Jahren
Dauer: ab 10 Minuten
Regelerklärung: 5 Minuten
Glück/Geschicklichkeit/Bluff (insgesamt 9 Punkte) – 3 : 6 : 0

Literatur: Hesse, Peter/Höfer, Katrin: Das große Tipp-Kick Buch. Humboldt/Schlütersche, Hannover 2008

Torjagd am Wohnzimmertisch

1924 ist das Geburtsjahr des wohl bis heute besten Fußball-Simulationsspiels am Spieltisch. Edwin Mieg verwendete zunächst eher leichte Blechfiguren, stellte jedoch bereits ein Jahr später auf Bleiguss um. Der ganz große Durchbruch kam allerdings erst sechs Jahre nach dem Tod des Erfinders mit dem Gewinn der Weltmeisterschaft 1954 durch die Deutsche Fußball-Nationalmannschaft. 180 000 Tipp-Kick Spiele gingen im Rausch der Gefühle über den Ladentisch (so im „Großen Tipp-Kick Buch" nachzulesen, siehe oben) und der Fußball-Spiele-Klassiker hatte sich damit endgültig als Marke etabliert. Heute kann man die ganze Stadionatmosphäre auf den Wohnzimmertisch zoomen, mit Spielfiguren im Dress der jeweiligen Lieblingsmannschaft. Zwar wurde das Spielmaterial in den letzten Jahrzehnten technisch immer ausgefeilter, doch hat die Grundidee praktisch unverändert bald ein volles Jahrhundert überdauert.

Kompetenzschulung

✓ **Motorik:** Der „Kicker" und der Torwart müssen mit Gefühl bedient werden. Augen-Hand-Koordination und Reaktionsschnelligkeit werden beim Spiel geschult.

✓ **Übersicht:** *Tipp-Kick* trainiert auch das Spielverständnis und die räumliche Wahrnehmung. Nicht immer ist der Torschuss die beste Wahl.

✓ **Regelakzeptanz:** Beim *Tipp-Kick* ist die Regelauslegung nicht immer einfach – wie beim richtigen Fußball übrigens.

✓ **Umgang mit Emotionen:** Selbst schmerzliche Niederlagen müssen mit Sportsgeist ertragen werden.

Kurzidee/Originalspiel

Durch Knopfdruck wird das Schussbein des ballbesitzenden Spielers aktiviert, durch Knopfdruck der Tormann in die richtige Ecke bewegt. Beide Kontrahenten steuern jeweils diese zwei Spielfiguren, am besten in den Vereinsfarben. Was man sonst noch braucht? Einfach einen zweifarbigen Ball und eine kleine Portion Spielglück. *Tipp-Kick* ist eine inzwischen klassische, doch ewig junge Tisch-Simulation der beliebtesten Sportart der Welt.

Kastners Varianten-Koffer

Speed-Kick	T P *2–4

Sonderregel: Es gelten alle Regeln des Originalspiels, allerdings muss nicht gewartet werden, bis der Gegner seine Verteidigung organisiert hat. Der Ball darf sofort und ohne Umschweife gespielt werden, sobald er auf der „richtigen" Farbseite ruht, also keine Drehbewegung mehr macht.

Partner: Wenn zwei Spieler im Team antreten, sollte einer den Feldspieler, der andere den Torwart bedienen.

Tuniere: Jeder klassische Fußball-Turniermodus kann ohne Probleme simuliert werden, egal ob mit den Originalregeln oder der Speed-Variante. Wenn Ihnen mehrere Tipp-Kick-Spiele zur Verfügung stehen, können die Partien auch gleichzeitig ausgetragen werden. Bei Punktegleichstand sollte der Sieger jedenfalls in einem Entscheidungsspiel ermittelt werden.

Bemerkungen: Mit dieser kleinen Abänderung der Originalregel kommt enormes Tempo ins Spiel. Da ja jederzeit aufs Tor geschossen werden darf, eignet sich gerade diese Variante vorzüglich fürs Partnerspiel.

Kastners Kniffe

1. **Turnier:** Spielen Sie, wenn möglich, kleine Turniere aus. Tipp-Kick kommt dabei dem „echten" Fußball näher als jede andere Simulation am Spieltisch.

2. **Technische Ausrüstung:** Durch das Abfeilen des Schwungbeins einzelner Spielfiguren können oft wesentlich verbesserte Schussfähigkeiten erreicht werden. Doch Vorsicht: Diese Handarbeit muss unbedingt fachmännisch verrichtet werden.

3. **Regelauslegung:** Bei der Regelinterpretation sollten Sie wie im wirklichen Sport eher großzügig sein.

4. **Material:** Verwenden Sie das beste am Markt erhältliche Material – denn der Spielspaß wird bei diesem Fußball-Klassiker stark von der Atmosphäre beeinflusst.

Förderung der Gedächtnisleistung

Was versteht man überhaupt unter Gedächtnistraining? Sicherlich alle Übungen zur Förderung von Kurz- und Langzeitgedächnis, Aufmerksamkeit und Wahrnehmung sowie Konzentration und Informationsverarbeitung. Und weshalb ist Gedächtnistraining auf allen Altersstufen unumgänglich? Die Antwort der Gehirnforschung darauf ist einfach: Kreativität und Gedächtnisleistung sind nur zu einem geringen Teil erblich bedingt. Zum überwiegende Teil werden Merkfähigkeiten und Vernetzungen erworben. Und dazu bedarf es eines möglichst kontinuierlichen Trainings, beispielsweise indem man Denksportaufgaben löst oder sich permanent mit Lernspielen beschäftigt.

Anzeichen für Probleme eines Kindes/Jugendlichen

- Das Kind/der Jugendliche hat Schwierigkeiten bei der Konzentration sowie der Informationsverarbeitung.
- Merkfähigkeit und vernetztes Denken werden im Alltag nicht ausreichend geschult.
- Das Denken in Mustern – und davon hängt unsere Gedächtnisleistung ab – wurde bislang vernachlässigt.
- Das Kind/der Jugendliche zeigen zu wenig Selbstwertgefühl – durch Erfolgserlebnisse bei Gedächtnisspielen wird dieses sofort gesteigert.
- Aufmerksamkeit und Wahrnehmung des Kindes/Jugendlichen bleiben manchmal hinter den Erwartungen für die betreffende Altersstufe.

Es ist klar, dass Spiele im weitesten Sinn eine hohe Anforderung an unser Gedächtnis stellen. Dies gilt selbst für eine strategische Herausforderung wie *Schach*. Einschlägige, über ein Vierteljahrhundert durchgeführte Vergleichsexperimente zeigen, dass ein Schachgenie stark von seiner Fähigkeit zur Erinnerung, sprich: seinem Gedächtnis, lebt. Wie funktionieren diese von de Groot, Simon und Chase oder Merö beschriebenen Experimente? Meisterspielern wie Anfängern werden zehn Sekunden lang Schachdiagramme gezeigt. Diese müssen dann nach kurzer Ablenkung aus dem Gedächtnis wiederhergestellt werden. Sind es schachlich relevante Diagrammpositionen, erreichen die guten Spieler wesentlich bessere Resultate als Anfänger. Bei reiner Zufallsanordnung der Figuren dagegen gibt es nur unwesentliche Unterschiede. Daraus lässt sich schließen: Unser Denken erfolgt in Mustern (eng. Chunks), von denen man sich etwa sieben bis neun ohne größere Probleme merken kann. Bei einem komplexen Spiel wie *Schach* werden diese Chunks offensichtlich hierarchisch abgespeichert. Und ohne entsprechendes Merktraining wären die komplexen Gedankengänge der Meister einfach nicht denkbar.

Ich möchte Ihnen in diesem Kapitel drei sehr einfache Spiele zum Thema „Gedächtnistraining" vorstellen, die jedoch eine gehörige Portion Gedächnisleistung erfordern: **Memory, Quartett** (meine Variante) und **Ricochet Robots**. Interessant dabei ist, dass gerade in diesem Bereich Kinder Erwachsenen oft sogar überlegen sind. Gedächtnistraining ist also keine Sache eines bestimmten Alters, sondern sollte am besten von klein auf forciert werden.

Das genial einfache **Memory** ist bereits seit über einem halben Jahrhundert ein Star am Spielemarkt. Kein Wunder, denn die Anforderungen an unser Gedächtnis wurden in keinem Spiel besser auf den Punkt gebracht als bei diesem reinen Merkspiel. Heute werden übrigens auch künstlerisch wertvolle *Memory*-Sets angeboten, die bereits rein optisch zu einer Partie herausfordern. Im Kern jedoch bleibt *Memory* ein simples Gedächtnisspiel.

Meine Version des Klassikers unter den Lehrkartenspielen, des **Quartetts**, erfordert neben einer hohen Merkfähigkeit auch noch eine Portion Bluff und Menschenkenntnis. Mit dem *Quartett* gelang bereits vor mehr als 150 Jahren in hervorragender Weise der Übergang von der Spielkarte zum Kinderkartenspiel, noch dazu mit einer für Kartenspiele ungewohnten Fülle von Motiven und Themen. Neben dem reinen Merkeffekt bietet das *Quartettspiel* daher oft auch eine visuell hervorragende Umsetzung eines ausgewählten Lehrbereichs. Quartette gibt es selbst zu bizarr anmutenden Themen wie „Biere" oder „Kraftwerke". Mit der selbst kreierten Variante *Galerie* haben Sie gleichzeitig ein Assoziationsspiel in Händen. (Mehr dazu auf meiner Homepage: www.hugo-kastner.at).

Alex Randolph hat mit seinem „Rasender Roboter" (so der Originaltitel) ein Spiel erschaffen, das nur im Kopf durchgespielt wird, und zwar von allen Beteiligten gleichzeitig. Bei **Ricochet Robots** (dies der Name der momentan am Markt verfügbaren Ausgabe) müssen Roboter auf einem quadratischen Raster orthogonal bis zum nächsten Hindernis bewegt werden und dabei auf möglichst kurzem Weg ein Zielfeld ansteuern. Da viele Abzweigungen ins Leere führen und zudem die Sanduhr unerbittlich den Moment ankündigt, wann der kürzeste Weg zum Ziel vorgezeigt werden muss, sind bei bisweilen zwanzig und mehr Roboter-Schritten gewaltigte Anforderungen an unser Merkvermögen vonnöten. Gedächtnistraing pur!

Memory (Künstlermemo/Zeitreise)

8+ 20 Min. *2–8 P ✕

Merkspiel
Autor: Heinrich Hurter, William Hurter
Verlag: Ravensburger, Selecta
www.ravensburger.de/www.selecta.de
Jahr: 1946, 1959 (Ravensburger),
2005 (Selecta)

Spielerzahl: 2 bis 8
Alter: ab 6 Jahren/12 Jahren
(Künstlermemo)
Dauer: 30 Minuten
Regelerklärung: 5 Minuten
Glück/Merkvermögen/Bluff
(insgesamt 9 Punkte) – 3:6:0

Ausgaben: Zahlreiche Ausgaben zu vielen Themenbereichen
Empfehlungen für Merkspiele: Dicke Luft in der Gruft, Gemischtes Doppel
Literatur: Kastner, Hugo/Folkvord, Gerald: Die große humboldt Enzyklopädie der Kartenspiele. Humboldt, Baden-Baden 2005

Gehirnjogging für alle Altersklassen

Memory ist – so scheint es zunächst – eine vergleichsweise sehr junge Art des Kartenspiels, erst im Jahre 1959 in Deutschland (Ravensburg) aufgetaucht. Dennoch hat diese Spielform in kurzer Zeit enorme Popularität erlangt. Dafür gibt es natürlich gute Gründe. Zum einen sind reine Merkspiele leicht zu erlernen, zum anderen für praktisch jede Generation geeignet. Man muss nicht der geborene Kartenhai sein, um mit seinen Kindern und Enkelkindern die oft sehr bunten Plättchen aufzudecken und nach zwei gleichen zu suchen. Konzentrationsfähigkeit und Gedächtnis spielen die entscheidende Rolle. Und bei diesen Eigenschaften sind Kinder Erwachsenen oft sogar überlegen. Der erste geniale Einfall kam dem Schweizer Heinrich Hurter schon im Jahre 1946, als er seinen Enkelkindern ein selbst gebasteltes Kinderlegespiel nach London mitbrachte. Erst nach der Rückkehr in die Schweiz wurde schließlich ernsthaft an eine Veröffentlichung gedacht …
(aus: Kastner, Hugo/Folkvord, Gerald: Die große humboldt Enzyklopädie der Kartenspiele. Humboldt, Baden-Baden 2005)

Kompetenzschulung

✓ **Merkfähigkeit:** Speziell beim *Quattro-Memory* wird das Merkvermögen strapaziert.

✓ **Konzentration:** Wie bei allen reinen Merkspielen wird ein hohes Maß an Konzentration verlangt.

✓ **Gedächtnishilfen:** *Memory* fordert zum Bauen von „Eselsbrücken" geradezu heraus.

Kurzidee / Originalspiel

Eine Auslage verdeckter Karten, die jeweils doppelt vorhanden sind, bildet den „Spielplan" für dieses inzwischen klassische Merkspiel. Durch Aufdecken von zwei Karten müssen die Spieler versuchen, die identischen Bilder zu finden. Das ist auch schon die geniale Kurzidee in Vollversion.

Kastners Varianten-Koffer

Quattro-Memory   P ✂ *2–8

Spielvorbereitung: Vor Beginn einigen sich alle Beteiligten darauf, dass jeweils zwei *Memory*-Paare einen „Viererblock" bilden. Danach werden alle Karten verdeckt in eine beliebig geformte Matrix ausgelegt.

Spielziel: Es wird eine möglichst große Zahl zusammenpassender *Memory*-Blöcke gesammelt.

Spielablauf:

- Der Startspieler darf vier beliebige Kärtchen umdrehen. Gehören diese zu einem Block, wird dieser vom Spieler gewonnen.

- Andernfalls werden die Kärtchen wieder verdeckt in die Ausgangslage gebracht, und der nächste Spieler ist an der Reihe.

- Dieser muss zumindest zwei neue Kärtchen aufdecken, das heißt solche, die nicht unmittelbar vom vorigen Spieler gewählt wurden. *Ausnahme:* Er kann mit dem Aufdecken des dritten und vierten Kärtchens einen Block vervollständigen.

Spielende: Es wird bis zum vorletzten Block gespielt. Das heißt, der letzte kommt nicht in die Wertung.

Partnerspiel (besonders bei sechs und acht Spielern zu empfehlen): Hierbei sitzen sich die Partner jeweils gegenüber. Die gewonnenen „Blöcke" werden einfach zusammen gezählt.

Bemerkungen: Falls mit Quartettkarten gespielt wird, kann auch „Trio-Memory" versucht werden. Hierbei wird vorweg von jedem Quartett eine Karte ausgesondert. Ein „Block" besteht damit aus drei zusammenpassenden Karten.

Kastners Kniffe

1. **Eselsbrücken:** Versuchen Sie, sich die Lage der zusammenpassenden Karten mit Eselsbrücken einzuprägen.
2. **Aufdecken:** Decken Sie jeweils zwei Karten auf, von denen Sie annehmen, dass sie der Gegner ohnehin bereits kennt.

Quartett

8+ 30 Min. *2–8 Ω P ✕

Fragespiel (Variante)
Autor: unbekannt
Jahr: um 1850

Spielerzahl: 2 bis 8
Alter: ab 8 Jahren
Dauer (Variante): ab 30 Minuten
Regelerklärung: 5 Minuten
Glück/Merkvermögen/Bluff (insgesamt 9 Punkte) – 2:3:4

Ausgaben: zu allen Themen von verschiedensten Verlagen; außerdem: Top Trumps, Stichquartette
Literatur: Kastner, Hugo/Folkvord, Gerald: Die große humboldt Enzyklopädie der Kartenspiele. Humboldt, Baden-Baden 2005

Lehrbilder aus 150 Jahren

Mehr als bei allen anderen modernen Kartenspielen lässt sich in den *Quartetten* die geheimnisvolle Geschichte der Spielkarte nachvollziehen. Ob durch Darstellungen von Militärwesen, Reisen, Botanik oder Zoologie, ob Wappenkunde, Bibelwissen, Dichter oder Komponisten, jede Epoche hat ihre Phantasiebilder geschaffen, um das Informations- und Bildungsbedürfnis der Menschen zu stillen. Schließlich waren Spielkarten, und bei Kindern eben *Quartette*, in praktisch jedem Haushalt zu finden. Unerschöpfliche Themenvielfalt und ein leicht verständlicher Spielablauf zeichnen dieses Kinderkartenspiel aus. (aus: Kastner, Hugo / Folkvord, Gerald: Die große humboldt Enzyklopädie der Kartenspiele. Humboldt, Baden-Baden 2005)

Kompetenzschulung

✓ **Merkfähigkeit:** Besonders in der hier vorgeschlagenen Form des *Bluffquartetts* ist ein gutes Merkvermögen sehr hilfreich.

✓ **Bluffvermögen:** Diesem kommt bei der hier vorgeschlagenen Variante große Bedeutung zu.

✓ **Konzentration:** *Bluffquartett* verlangt ein hohes Maß an Konzentration und das Bilden von „Eselsbrücken", von der ersten bis zur letzten Frage.

Kurzidee/Originalspiel

Das Original kann auf zweierlei Art gespielt werden: (1) Quartett: Reihum fragt man einen der Mitspieler nach einer bestimmten Karte. Blitzt man ab, geht das Fragerecht an den anderen Spieler über. Volle Quartette werden abgelegt. (2) Stichquartett: Zwei Karten werden in bestimmten Kategorien (z. B. PS bei „Autos", Alter bei „Dichtern" usw.) miteinander verglichen, wobei die höhere sticht. Der erfolgreiche Spieler legt nach Ansicht der neuen Karte die nächste Kategorie fest. Gespielt wird, bis einer der Spieler alle Karten besitzt.

Kastners Varianten-Koffer

Bluffquartett   P >< *2–4

Kartenverteilung: Die Partner (beim Spiel zu viert) sitzen sich jeweils gegenüber. Vorweg kommen vier Karten verdeckt in einen Talon, der bis zu dem Zeitpunkt unberührt bleibt, wo ein Spieler seine letzte Karte eines Kartensatzes hergeben muss. Nach dem Mischen des Stapels bekommt jeder Spieler in seine Starthand 4 (bzw. zu zweit 8) Karten.

Spielziel: Jedes Team sammelt gemeinsam möglichst viele Quartette. (Zu zweit gilt dies für jeden Spieler.)

Spielablauf (Teamversion): Wer links vom Geber sitzt, hat das erste Fragerecht. Eine Fragesequenz läuft immer auf gleiche Weise ab:

- Zunächst wird von einem der Gegenspieler eine bestimmte Karte verlangt.
- **Sperren:** Bevor allerdings nach dieser gefragt wird, darf der Befragte eine Karte verdeckt vor sich ablegen und diese damit sperren. *Ausnahme:* Hat ein Spieler nur mehr eine Karte auf der Hand, darf diese nicht gesperrt werden.
- Wird nach der gesperrten Karte gefragt, muss der Gefragte sie zwar vorzeigen, aber nicht hergeben.
- Stattdessen übernimmt er das Fragerecht (der Frager „*blitzt ab*").
- Der abgeblitzte Spieler darf nun die oberste Karte des Stapels auf die Hand nehmen.

- Wird dagegen erfolgreich nach einer Karte gefragt, muss die gesperrte Karte durch eine andere aus der Hand ersetzt werden. Ein Spieler, der zweimal hintereinander gefragt wird, muss also zwei verschiedene Karten sperren.

Fragerecht (in der Teamversion): Dazu gibt es mehrere Einschränkungen.

- Wer das Fragerecht übernimmt, darf (auch bei „jeder gegen jeden") nicht sofort jenen Spieler befragen, den er abblitzen ließ. Erst wenn er von einem dritten Spieler zumindest eine Karte erobert hat, kann er fragen, wen immer er will.
- Es darf stets nach jeder Karte gefragt werden, auch wenn man von dem betreffenden Quartett selbst keine Karte in der Hand hält.
- Der Partner (in der Teamversion) darf erst befragt werden, wenn zumindest eine Karte vom Gegner erobert wurde. Außerdem können ohne Zwischenfragen an die Gegner maximal drei Karten in Serie vom Partner übernommen werden. „Sperren" gibt es beim Partner niemals.
- Es muss sowohl der Titel des Quartetts als auch der Name der einzelnen Karte erfragt werden (z. B. „Deutsche Dichter / Goethe", „Frankreich / Paris", „Italien / Fiat"). Nicht gültig sind Fragen wie „1a" oder „4c", es sei denn, das Quartett bietet nur Basisinformationen.

Knacken (nur in der Teamversion): Ein vollständiges Quartett wird zunächst **quer** vor dem jeweiligen Spieler abgelegt. Die andere Mannschaft darf einen Versuch unternehmen, dieses Quartett zurückzuerobern (zu „*knacken*"). Dazu wird von einem beliebigen Spieler mit Fragerecht ein „Knackversuch" angesagt. Dabei legt der befragte Spieler aus dem vollständigen Quartett drei Karten ab (er sperrt diese also) und behält nur eine in der Hand. Wird diese erraten, muss sie ausgehändigt werden. Alle verdeckt abgelegten Karten des eben geknackten Quartetts werden nun zu den übrigen Karten des jeweiligen Kartensatzes dazugenommen. Das Spiel geht danach normal weiter. Wird die eine Handkarte jedoch nicht erraten, ist das Quartett endgültig gesichert und wird **hochgestellt** abgelegt (d. h. mit der Schmalseite zum Spieler). Das Fragerecht geht gleichzeitig an den befragten Spieler über.

Talon: Sobald ein Spieler seine letzte Handkarte abgeben muss, zieht er die oberste Karte vom Talon nach und spielt dann normal weiter.

Spielende: Das Spiel endet mit der Eroberung des vorletzten Quartetts. Dieses darf noch einem „Knackversuch" unterzogen werden. Das letzte, meist automatisch einer Seite zufallende Quartett, kommt nicht in die Wertung.

Bemerkungen: Diese Regeln unterscheiden sich in zwei Bereichen klar vom einfachen Kinderquartett. Erstens kann und muss gebluff werden. Ständig versucht man beim Sperren, sich in die Gedankenwelt des Gegners hineinzudenken. Zweitens fordern gerade die bei den möglichen Knackversuchen abgelegten Quartette das Merkvermögen besonders stark; denn auf Grund des Spielgeschehens bleibt oft nicht direkt nach dem Ablegen Zeit, einen Rückgewinn einzuleiten, da ja das Fragerecht verloren gehen und weitere Quartette auf dem Spiel stehen könnten. Zuletzt darf auch der Talon nicht unterschätzt werden, denn mehrere Quartette kommen dadurch erst in der Schlussphase komplett in Umlauf. Wer diese richtig erahnt, vermeidet es, viele seiner Fragen zu vergeuden. Jedenfalls müssen Sie bei dieser Version viele Kartenbewegungen im Gedächtnis behalten, um letztlich ein Quartett einzufahren.

Kastners Kniffe

1. **Bluffen:** Bluffen ist bei dieser Spielform eine Frage der Wahr-scheinlichkeit. *Beispiel*: Bei zwei Karten, von denen der Gegner weiß, gibt es eine 50:50-Chance, die richtige zu sperren. Da man nach erfolgreicher Frage jedoch die gesperrte Karte durch eine andere ersetzen muss, verliert man bei dieser Chancenver-teilung womöglich beide Karten. Daher können Sie auch auf einen „Dreiweg" setzen und zunächst eine beliebige, „unbe-kannte" Karte sperren. Der Gegner erfragt zwar damit mit Sicherheit eine der beiden bekannten Karten, wird dann aber fast zwangsläufig bei der zweiten Karte scheitern.

2. **Talon:** Versuchen Sie, die letzte Karte eines Spielers zu erobern, da er dann eine der Talonkarten ziehen muss. Das eröffnet Ihnen als „Frager" eine große Chance, unmittelbar zu einem Quartett zu kommen, da ja eine Einzelkarte nicht gesperrt werden darf.

3. **Knacken:** Behalten Sie eine Karte in der Hand, die der „Kna-cker" sich voraussichtlich nicht merken konnte, vielleicht weil er sie nie sah und damit ein „schlechtes Bild" von dieser Karte hat.

Galerie   Ω *2–8

Diese wunderbar ästhetische Variante erlaubt ein gemeinsames Bewerten der einzelnen Quartett-Karten. Und der Lerneffekt ist bei intensiv ausgeschöpfter „Betrachtungsphase" außergewöhn-lich hoch. *Galerie* lädt eben zur Besinnung ein.

Spielvorbereitung: Jeder Spieler bekommt in drei Farben jeweils sechs Bewertungs-Chips, das heißt insgesamt 18 Stück. Es wer-den drei Kategorien festgelegt, in denen die einzelnen Karten eines Quartetts in der Folge bewertet werden, zum Beispiel: (1) **Visueller Eindruck**/Rote Chips. (2) **Sympathie** (für die Person, das Tier, den Autotyp)/Grüne Chips, (3) **Name der Karte** (guter Klang)/Weiße Chips usw. *Alternativ:* Falls mit Top Trumps (Stichquartetten) gespielt wird, kann eventuell die eine oder andere der fix vorgegebenen Kategorien als Bewertungsgrundlage dazu genommen werden, allerdings maximal eine pro Runde. Denn sonst geht die Individualität bei der Beurteilung verloren. Gerade die Auswahl der Bewertungskriterien erlaubt einen sehr individuellen Zugang und ein spannendes Experimentieren.

Spielablauf:

- Zunächst werden alle Karten gut gemischt und zwei der drei Kategorien als Bewertungsziele festgelegt; der „visuelle Eindruck" sollte in jedem Fall dabei sein.
- **Viertelfinale:** In diesem werden 8 Karten (bei einem 32-Karten-Deck) offen auf den Tisch gelegt. Bei 36 Karten kommen 9 zufällig gezogene auf den Tisch, bei 40 Karten deren 10.
- Jeder Spieler belegt nun reihum mit seinen farblich passenden Bewertungschips (jeweils 2 „Doppelchips" sowie 2 „Einfachchips") in der vorweg bestimmten Kategorie vier Karten, die ihm besonders gut gefallen.
- Danach folgt unmittelbar die Bewertung in der zweiten Kategorie, wieder mit 2 „Doppel-" und 2 „Einfachchips".
- Die 4 Karten mit den meisten Chips steigen in die nächste Runde auf. Bei Gleichstand entscheidet die Rangfolge „visueller Eindruck" vor „Sympathie" und „Name". *Optional:* Sie können sich vorab auf jede andere Rangfolge einigen.
- Auf diese Weise werden alle Achterblöcke des Quartetts (bzw. Neuner- und Zehnerblöcke) bewertet.

- **Semifinale:** Das Vorgehen ist genau gleich, außer dass statt der „Sympathie" diesmal die „Namen der Karten" zusammen mit dem „visuellen Eindruck" bewertet werden.
- **Finale:** Die letzten 8 Karten werden in allen drei Kategorien bewertet. Die vier besten Karten bilden das „Sieger-Quartett". Bei Gleichstand entscheidet wieder die vorab festgesetzte Rangfolge, also etwa „visueller Eindruck" vor „Sympathie" und „Name".

Bemerkungen: Galerie erzieht zum genauen Anschauen der einzelnen Karten. Eventuell kann man auch begründen, weshalb diese oder jene Karte etwa bei der „Sympathie" einen „Doppelchip" bekommt. *Gedächtnistraining:* Wenn Sie auch noch das Gedächtnis trainieren wollen, können Sie versuchen, zu den Karten des „Sieger-Quartetts" die passenden Originalquartette zu nennen – ohne Ansicht der bereits abgelegten Karten.

Ricochet Robots   10+ 15 Min. *1–30+ ••/•• Ω ☉ ✕

Denkspiel
Autor: Alex Randolph
Verlag: Hans im Glück, Rio Grande Games
www.hans-im-glueck.de/www.riograndegames.com
Jahr: 1999 (Rasende Roboter),
2004 (Ricochet Robots)

Ausgaben: Rasende Roboter

Spielerzahl: 1-30+
Alter: ab 10 Jahren
Dauer: ab 15 Minuten
Regelerklärung: 5 Minuten
Glück/Merkvermögen/Bluff
(insgesamt 9 Punkte) – 3:6:0

Geistiger Irrgarten

Alle Spieler versuchen gleichzeitig, die insgesamt fünf Roboter durch die Gänge einer Fabrikhalle rasen zu lassen, allerdings nur in der Vorstellung. Einfach ist dies meist nicht, denn die Winkelzüge der Plexiglas-Figuren können schon mal zweistellige Reflexionswerte annehmen. Und diese Irrwege im Kopf zu behalten und nach Ablauf der Zeit den Mitbewerbern korrekt vorzuführen, das ist eine wahrlich fordernde Aufgabe. Die Spielerzahl ist übrigens nur deshalb theoretisch begrenzt, da der Blick auf die Tischfläche bei zu vielen drängelnden „Robotniks" (das sind die Lösungssuchenden) eingeschränkt und damit das Denken deutlich erschwert wird. *Ricochet Robots* macht aber auch als Solitäraufgabe im Kampf gegen die Uhr immensen Spaß. Es ist und bleibt eben ein geistiger Irrgarten, in dem sich die kleinen, dicken Roboter ganz wahnwitzig verfangen.

Kompetenzschulung

- ✓ **Logik:** Manche Routen sind deutlich wahrscheinlicher als andere. Doch der Zeitdruck ist enorm!
- ✓ **Blick aufs Ganze:** Dieser Management-Grundsatz kommt beim *Rasenden Roboter* sehr zum Tragen. Wer nur einen Teil des Spielbretts sieht, wird unweigerlich scheitern.
- ✓ **Konzentration:** Alle 17 Routen durchzuspielen verlangt hohe Konzentration von allen Beteiligten.
- ✓ **Merkvermögen:** Die Wege, die im Gedanken abgegangen werden müssen, können bis zu mehr als zwanzig Schritte lang sein, abhängig von der Ausgangslage der Roboter.

Kurzidee/Originalspiel

Roboter müssen orthogonal (waagerecht der senkrecht) über einen quadratischen Spielplan bewegt werden, mit einer 90-Grad-Drehung, wann immer sie an einem Hindernis anstoßen. Das Besondere dabei: Alles spielt sich nur im Kopf ab, im gnadenlosen Wettlauf gegen die Uhr. Gleichzeitig versuchen sämtliche Spieler, die jeweils kürzeste Route zum Ziel zu finden.

Kastners Varianten-Koffer

Matchserie •• /•• Ω ⊙ ⟩⟨ *1–30+

Spielvorbereitung: Der Spielplan wird aufgelegt, und alle Roboter werden auf die zufällig verteilten Farbplättchen platziert. Eine Sanduhr wird bereitgehalten.

Spielablauf:

- Ein farbiges Zielplättchen wird aufgedeckt.
- Sofort muss der entsprechende Roboter auf das diesem Zielplättchen identische Feld des Spielplans ziehen – allerdings nur im Gedanken. Mauern, Spielfeldrand und diverse Hindernisse zwingen die Roboter zu 90°-Abzweigungen. Nicht vergessen: Alles geschieht im Kopf.
- Eine beliebige Anzahl geradliniger Schritte der Roboterbewegungen, die notwendig sind, um den richtigen Roboter das „Zielfeld" erreichen zu lassen, wird während des Durchlaufs der Sanduhr von einem der aktiven Spieler genannt.
- Kann ein anderer Spieler einen kürzeren Weg ausfindig machen, nenn er die betreffende Zahl von Schritten.
- Wer die wenigsten Schritte benötigt, muss nach Ablaufen der Sanduhr seinen Weg vorzeigen. Der Lohn: Das Zielplättchen wird gewonnen.
- *Sonderregel:* Sollten weniger als 4 Schritte möglich sein, wird das Zielplättchen durch ein anderes ersetzt. Die Runde ist damit ungültig.

Spielende: Gewinner ist, wer nach Durchspielen aller 17 Zielplättchen am meisten davon vor sich liegen hat.

Kooperation / Solitär: Bei der kooperativen Variante versuchen alle Spieler gemeinsam, bei der Solitär-Spielform einer allein, in der jeweils verfügbaren Zeit den farblich passenden Roboter auf sein Zielfeld zu bringen. *Optional:* Gelingt dies nicht, wird die Sanduhr gedreht und ein zweiter Versuch ermöglicht. *Top-Ergebnis:* Alle 17 Roboter finden ihren Zielpunkt.

Matchserien: Bei dieser Spielform benötigen Sie ca. 50 Spielchips (z. B. Pokerchips). Sollte eine größere Zahl von Spielern mitmachen, werden diese in vier Gruppen, die in „Nord/Süd/West/Ost"-Anordnung um den Tisch sitzen (bzw. stehen), aufgeteilt. Jeweils zwei Repräsentanten pro Runde dürfen aktiv am „Denkprozess" teilhaben. Das Paar, das den kürzesten Weg findet, bekommt 1 Spielchip und bleibt am Tisch. Die Gegner werden durch andere Gruppenmitglieder ersetzt (so dies möglich ist). Sollte in der neuen Runde wieder dasselbe Paar wie in der Runde zuvor gewinnen, bekommt es 3 Spielchips als Lohn (1+2 als Prämie). In der nächsten Runde sind es dann schon 6 (1+2+3 als erhöhte Prämie) usw. Gelingt es einem Team, fünfmal hintereinander den kürzesten Weg zu finden, wird das Spiel automatisch gewonnen. Es bleibt damit bis zuletzt spannend. *Anmerkung:* Prämien werden nur für Serien ausgeschüttet. Ein neues Paar fängt also immer bei einem Punkt an.

Kastners Kniffe

1. **Einfach/komplex:** Spielen Sie zuerst die Basisvariante ohne die schrägen, farbigen Abzweigungen.
2. **Handicap:** Bieten Sie eventuell schwächeren Spielern ein Handicap an, etwa einen oder zwei Chips Vorsprung, oder bei der Spielform *Matchserie* drei bis sechs Punkte.
3. **Gruppen:** Achten Sie darauf, dass alle Mitspieler einen guten Blick auf das Spielbrett haben.

Förderung der abstrakten Raumvorstellung

Alle Spiele dieses Kapitels haben im weitesten Sinn mit abstrakter Raumvorstellung zu tun, egal ob es sich stärker um den ästhetischen oder den taktisch-strategischen Bereich handelt. Spielplättchen auszulegen und „Figuren" zu verschieben erfordert eine ausgeprägte Raumvorstellung, die darüber hinaus kaum altersabhängig ist. Damit sind alle hier vorgestellten Spiele bereits für Kinder ab 8 Jahren bestens geeignet. Dennoch ist die Schwierigkeit nach oben hin praktisch unbegrenzt, wie die vielen Legespiele à la *Tangram* oder die kniffligen Denk-Puzzles beweisen. Wichtig ist allein der Blick für die räumlichen Möglichkeiten: Es gilt, mit passenden Legeaktionen die den Spielen innewohnenden Regeln optimal zu realisieren.

Anzeichen für Probleme eines Kindes/Jugendlichen

- Die Raumvorstellung des Kindes/Jugendlichen reicht nicht immer aus, um sich einfache Probleme in Gedanken vorzustellen.
- Es besteht eine Lücke zwischen ästhetischen und taktisch-strategischen Bildern des „Zielraums".
- Der Zusammenhang zwischen aktiver und passiver Ausnutzung des Raums wird nicht immer erkannt.
- Die Verquickung verschiedener psychologischer Elemente mit dem „abstrakten Raum" kann vom Kind/Jugendlichen nur unzureichend erfasst werden.
- Das Element des „geistigen Manövrierens" im Raum wird im Alltag des Kindes/Jugendlichen zu wenig geschult.

Blokus, Labyrinth der Meister, **Rush Hour** und **Ubongo** stellen dennoch recht unterschiedliche Anforderungen. Gemeinsam ist allen diesen Spielempfehlungen eine relativ kurze Spieldauer und ein eingängiges, nur wenige Worte umfassendes Regelwerk.

Das preisgekrönte **Blokus** konnte sofort nach Erscheinen in Frankreich den „As d'Or", die höchste Spielauszeichnung, gewinnen. Ganz zu Recht, denn *Blokus* ist optisch ungemein ansprechend. Die Spannung resultiert aus den vielfältigen Verzahnungen der insgesamt 21 Spielsteine in vier Farben auf dem 400-Felder-Brett, wobei die Form und die Größe dieser Steine auch taktische Spielzüge ermöglicht. Und gerade dieses Behindern des Gegners, mit einfachsten Mitteln, bei gleichzeitigem Vordringen in den „leeren" Raum, hebt *Blokus* aus der Familie ähnlicher Legespiele weit heraus.

Völlig andere Anforderungen an die abstrakte Raumvorstellung stellt das bewährte, fast schon als klassisch zu bezeichnende Werk **Labyrinth der Meister**. Hier ändert sich die „Gestalt" des Spielbretts nicht durch Hinzufügen von Spielsteinen oder durch Erweiterung der belegten Felder, sondern vielmehr durch Verschieben ganzer Reihen über den Spielbrettrand hinaus. Da gleichzeitig Objekte auf einzelnen Feldern gesucht werden müssen, wird das reine Raumelement von einem zweiten Spielziel überlagert. Und die drei möglichen Doppelzüge pro Spieler steigern vielleicht auch noch die taktischen Finessen.

Aus Japan stammt das faszinierende Solitärspiel **Rush Hour** von Nob Yoshigahara. Dabei müssen Autos auf einem 6x6-Raster verschoben werden, um einem „roten" Boliden den Weg aus dem „Verkehrsgewühl" freizugeben. Mit diesem Meisterwerk wurde der enge Übergang zwischen Spiel und Logikpuzzle beschritten, wodurch es letztlich auch als Solitärbeschäftigung geeignet ist. Wirklich schwierig wird es jedenfalls, wenn man versucht, die Autoverschiebungen im Kopf durchzudenken, vor allem deshalb, da ein vielfaches Hin- und Hermanövrieren erforderlich ist. In der Experten- und Grand-Master-Klasse (gestaffelter Schwierigkeitsgrad!) wird diese „geistige" Variante nahezu vollends zu einem Ding der Unmöglichkeit.

Als letztes Beispiel für ein Spiel zur Förderung der abstrakten Raumvorstellung möchte ich **Ubongo** von Grzegorz Rejchtman vorstellen. Im Wesentlichen müssen bei diesem ebenfalls oftmals prämierten Denkpuzzle nur drei bis vier Spielplättchen in ein kleines Rasterfeld gepackt werden. Die Schwierigkeit liegt allein in unserem unzureichenden Blick für die Raumlage. Dies gilt für das Grundspiel ebenso wie für die diversen *Ubongo*-Derivate, allen voran *Ubongo Extrem*. Unterschätzen Sie keinesfalls diese raumorientierte Spielfamilie!

Blokus

8+ 15 Min. *1–4 ⊙ T P ✕ ±

Legespiel
Autor: Bernard Tavitian
Verlag: Sekkoia, Winning Moves, Mattel
www.winning-moves.de/www.mattel.de
Jahr: 2000

Ausgaben: Blokus Duo, Blokus Trion, Blokus 3D

Spielerzahl: 1 bis 4
Alter: ab 8 Jahren
Dauer: ab 15 Minuten
Regelerklärung: 2 Minuten
Glück/Raumvorstellung/Bluff
(insgesamt 9 Punkte) – 4 : 5 : 0

Preisgekröntes Legespiel

Nicht nur in Frankreich, dem Ursprungsland dieses meisterhaften Legespiels, konnte *Blokus* den „As d'Or", den Spielepreis des Jahres gewinnen, auch sonst überall unter den Spiele-Kennern wurde dieses genial einfache Legespiel mit Auszeichnungen geradezu überhäuft. Alles scheint auf den ersten Blick so einfach, zumindest auf dem anfangs offenen 20x20-Feld, und doch wird die Sache mit jedem Zug immer kniffliger, reizvoller und interaktiver. Eine aktive, offene Räume nutzende Spielanlage ist ebenso notwendig wie auch die kleinen Störeffekte, die so manchem Mitspieler den taktischen Masterplan ziemlich vermasseln können. Eine Partie *Blokus* strebt trotz rein abstrakt-geometrischer Formen mit seinen gefinkelten Anlegeregeln sozusagen einem dramaturgischen Höhepunkt entgegen, erstaunlich und faszinierend zugleich! „Denken ohne Anstrengung", so würde ich meinen persönlichen Untertitel formulieren.

Kompetenzschulung

✓ **Raumvorstellung:** Der Blick aufs Ganze wird durch *Blokus* sehr geschult.

✓ **Formen:** Ein gutes Auge für die Legemöglichkeiten der einzelnen Formen bringt einen enormen Vorteil.

✓ **Taktik:** Angriff und Verteidigung müssen kunstvolle ineinander übergreifen.

Kurzidee/Originalspiel

„Einfach genial, genial einfach", heißt es auf dem Schachteldeckel. Und genauso spielt sich *Blokus* auch. Eines der 21 verschieden geformten Plättchen legen, und schon ist der nächste Spieler an der Reihe – so lange, bis nichts mehr geht. Das Problem dabei: Die eigenen Plättchen dürfen sich nur an den Ecken berühren, niemals an den Längs- oder Querseiten. Daher entsteht nach wenigen Zügen ein bizarr verzahntes Muster, das auch optisch sehr ansprechend ist.

Kastners Varianten-Koffer

84   ⊙ *1

In dieser Solitärvariante müssen Sie versuchen, alle 84 Teile auf dem Brett zu platzieren. Wenn Sie den Schwierigkeitsgrad weiter erhöhen wollen, können Sie folgende Vorschläge versuchen:

- Beginnen Sie von allen vier Ecken mit einem frei gewählten, identischen Spielstein.
- Spielen Sie als ersten Stein jeweils einen 4-Flächer.
- Schließen Sie jede Farbe mit einem „Solitärstein" (1-Flächer) ab.
- Spielen Sie mit Zeitlimit.

Bemerkungen: Die „84"-Variante lässt sich zur wahren Gehirnakrobatik ausbauen, ganz nach Ihren Fähigkeiten. Dazu kommt, dass in der Endstellung ein ungemein ästhetisches Bild entsteht.

Teamblitzen   T P ✕ ± *4

In dieser Variante wird die Gesamtzeit der beiden Teams mit einer Schachuhr gemessen. Sobald bei einer Seite die „Klappe" fällt, dürfen keine weiteren Steine mehr gesetzt werden. Außerdem sollten Sie keine Beratung zwischen den Spielern zulassen. Sonst läuft die Blitz-Partie Gefahr, vom stärkeren Spieler dominiert zu werden. *Achtung:* Alle Steine müssen vorweg fein säuberlich vor den Spielern geordnet werden. Ein langes Suchen kostet einfach zu viel Zeit. Als Herausforderung können auch beim *Teamblitzen* einige Erschwernisse zur Grundregel versucht werden.

Spielablauf:

- Der Startspieler gibt einen Stein vor, mit dem dann allen Spielern beginnen müssen.

- Der erste Stein ist jeweils ein 4-Flächer.
- Sobald der „Solitärstein" (1-Flächer) einer Farbe gespielt wird, ist diese „tot", das heißt, diese Farbe darf nicht mehr gespielt werden.

Spielende: Teamblitzen endet, wenn kein Spieler mehr einen Stein legen kann.

Wertung: Alle nicht angelegten „Flächen" werden addiert und als Minuspunkte gewertet.

Bemerkungen: Das *Teamblitzen* verlangt ungewöhnlich schnelle Entscheidungen, je nachdem, wie viel Zeit Sie vorweg veranschlagen. Empfehlen möchte ich zwischen 5 und 10 Minuten pro Team. Als Handicap sollte der schwächeren Seite ein kleines Punktepolster zugesprochen werden, das heißt, dass vom Ergebnis 5 bis 10 Schlechtpunkte abgezogen werden. *Teamblitzen* eignet sich hervorragend für Turniere, vor allem, wenn für größere Spielrunden mehrere Bretter zur Verfügung stehen.

Kastners Kniffe

1. **Team:** Stellen Sie die Teams so zusammen, dass gleiche Spielstärke gegeben ist.
2. **Blitz:** Überlegen Sie, welchen Stein Sie als nächsten wählen, während die Bedenkzeit des Gegners läuft. *Achtung:* Ein Angriffszug des Gegners muss dennoch taktisch beantwortet werden.
3. **Spielsteine:** Beginnen Sie immer mit den 5er-Steinen und heben Sie sich die kleinen Teile für das Endspiel auf.
4. **Expansion:** Versuchen Sie, möglichst weit in alle Bereiche des Spielfelds zu expandieren. Blokus spielt sich offensiv wesentlich leichter als defensiv.
5. **Turnier:** Rundenturniere oder Punkte-Turniere können den Spielreiz noch deutlich erhöhen.

Labyrinth der Meister   8+ 30 Min. *1–4 ⊙ P ⨯

Denkspiel
Autor: Max Kobbert
Verlag: Ravensburger
www.ravensburger.de
Jahr: 1991

Spielerzahl: 1 bis 4
Alter: ab 10 Jahren
Dauer: ab 30 Minuten
Regelerklärung: 5 Minuten
Glück/Raumvorstellung/Bluff (insgesamt 9 Punkte) –
3 : 4 : 2

Ausgaben: Das verrückte Labyrinth, Der Herr der Ringe - Labyrinth

Suche nach dem Korridor

Seit seinem Erscheinen im Jahr 1986 hat sich *Das verrückte Labyrinth*
mit allen seinen Ablegern zu einem wahren Kultspiel entwickelt.
Ein eingängiger und doch neuartiger Verschiebemechanismus, eine
kleine, selbst für Kinder reizvolle Schatzsuche sowie in der Meis-
terversion eine Ergänzung um taktische Komponenten – aus diesen
Bestandteilen werden Evergreens gemacht. Max Kobbert hat mit
diesem Meisterwerk eine ganze Spielfamilie begründet.

Kompetenzschulung

✓ **Taktik:** Bei *Labyrinth der Meister* kommt durch die feste Reihenfolge der Aufnahme der Gegenstände sowie den Doppelzug
eine stark taktische Komponente ins Spiel.

✓ **Raumvorstellung:** Alle Labyrinth-Spiele verlangen eine gute
Vorstellung von der jeweils neuen, durch Verschieben ganzer
Reihen erzeugten Spielsituation.

Kurzidee/Originalspiel

Das Verschieben beweglicher Gangplatten über den Rand des
Spielplans hinaus ist das Herzstück dieser Spielfamilie. Was her-
ausfällt, muss vom nächsten Spieler wieder eingesetzt werden,

allerdings nicht an der gegenüberliegenden Stelle. Bei *Labyrinth der Meister* müssen noch dazu für alle Spieler gleiche Gegenstände („Rezeptkarten") gesammelt werden, und zwar in der richtigen Reihenfolge. Außerdem ist dreimal während der Partie ein Doppelzug möglich, mit starken taktischen Auswirkungen.

Kastners Varianten-Koffer

Romeo & Julia   ⊙ P ✂ *1–4

Spielziel: Jeweils zwei Spieler, die sich gegenübersitzen, versuchen gemeinsam am Ende die meisten Punkte zu erreichen.

Spielvorbereitung: Das Spielmaterial wird entsprechend der Originalregel verteilt. Eine Sanduhr, die möglichst genau zur Hälfte abgelaufen ist, wird (in waagrechter Lage) bereitgehalten,

Spielablauf:

- Die Sanduhr wird aufgestellt.
- Der erste Spieler macht seine Verschiebung und dreht die Sanduhr auf die andere Seite.
- Abwechselnd sind nun reihum alle Spieler mit ihren Verschiebungen an der Reihe, wobei anschließend jedes Mal die Sanduhr gedreht wird.
- Die Partner dürfen sich beraten. Zudem ist es erlaubt, dem jeweiligen Partner die eigenen Rezeptkarten zu zeigen, allerdings nur eine pro Runde.
- Läuft die Sanduhr für eine Partnerschaft ab, muss diese sofort eine Rezeptkarte abgeben. Im Normalfall wird es eine Karte sein, die ohnehin keine Punkte eingebracht hat.
- Die Sanduhr wird wieder auf „Halbe-halbe" gestellt, mit dem Spieler am Zug, der die Uhr auslaufen lassen musste.

Spielende: Das Spiel endet mit dem Aufnehmen der 21. Zauberzutat.

Wertung: Die Punkte für die erworbenen Zutaten, der 20-Punkte-Bonus für die Erfüllung der Rezepte sowie eine kleine 3-Punkte-Prämie für jeden nicht benötigten Doppelzug ergeben den Gesamtstand im Spiel. Das Team mit den meisten Punkten hat gewonnen.

Bemerkungen: Dadurch, dass der Partner die geheimen Rezeptkarten kennt, wird die taktische Seite des Spiels noch stärker betont. Durch die Sanduhr, die ja gleichzeitig für beide Seiten wirkt, kommt auch noch ein gewisser Zeitdruck ins Spiel. Jedenfalls kann durch schnelles Verschieben unter Umständen die eine oder andere Rezeptkarte eines Gegners ungültig gemacht werden.

Kastners Kniffe

1. **Doppelzug:** Achten Sie darauf, den Doppelzug wirklich gewinnbringend einzusetzen. Hier können Partien gewonnen oder verloren werden.

2. **Vorausblick:** Achten Sie besonders darauf, Ihre „Rezeptkarten" einzulösen, denn sie bringen am Ende jeweils 20 Extrapunkte. Hier gilt es, den Partner rechtzeitig in die eigene Planung einzuweihen.

Rush Hour

8+ 5m *1–4 ☉ T ✕

Rangierspiel
Autor: Nob Yoshigahara
Verlag: ThinkFun
www.thinkfun.com
Jahr: 1996 (Rush Hour),
1998 (Railroad Rush Hour)

Spielerzahl: 1 (bis 4, Variante)
Alter: ab 8 Jahren
Dauer: ab 5 Minuten
Regelerklärung: 1 Minute
Glück/Taktik/Bluff (insgesamt 9 Punkte) –
1:8:0

Ausgaben: Railroad Rush Hour, Safari Rush Hour, Erweiterungsaufgaben
Ähnliche Spiele: Fünfzehnerspiel
Internet: www.thinkfun.com

Teuflisches Verkehrsgewühl

„Das verrückte Stau-Puzzle" – so lautet die Eigenwerbung auf der Schachtel dieses als Solitärspiel konzipierten Knüllers des japanischen Puzzle-Autors Nob Yoshigahara. Und „verrückt" ist hier in der Tat das richtige Wort, müssen doch bei jeder Aufgabe bis zu vierzehn bunte Plastikautos auf einem 6x6-Raster in ungemein verzwickter Art hin und her verschoben werden. Kein Kinderspiel, wenn auch das Äußere der Verpackung genau dies vermuten lässt. Vom „Beginner" bis zum „Grand Master" gibt es ganz unterschiedliche Schwierigkeitsstufen; auf dem höchstem Spielniveau werden über 40 richtig knifflige Rangier-Bewegungen verlangt.

Kompetenzschulung

✓ **Logik:** Alle Routen folgen absolut strengen Prinzipien, daher wird das Logikverständnis gut geschult.

✓ **Blick aufs Ganze:** Kein Teil der Spielfläche darf außer Acht gelassen werden, denn nur im Zusammenspiel aller Autos wird der Erfolg möglich.

✓ **Konzentration:** Jeder der vorgefertigten Rangierraster verlangt vom Spieler 100-prozentige Konzentration.

Kurzidee/Originalspiel

Auf den ersten Blick ist Rush Hour ein niedliches Verschiebe-Puzzle, mit kindgerechten Plastikautos, die noch dazu halbwegs robust erscheinen. Sobald man sich allerdings an die Experten- und Grand-Master-Aufgaben heranwagt, wird alles zur herausfordernden Gehirnakrobatik. Es gilt, ein rotes Auto durch die freie Öffnung eines 6x6-Rasters zu schieben. Wetten, dass Sie in Bedrängnis kommen!

Kastners Varianten-Koffer

Tempobolzen   ⊙ T >< *1–4

Spielziel: „Lenke dein Auto durch die Ausfahrt, indem du alle blockierenden Fahrzeuge aus deinem Weg schiebst." (Originalregel auf dem Schachteldeckel)

Spielvorbereitung: Zunächst wird ein Schwierigkeitsgrad gewählt und eine Ausgangsstellung aufgebaut. Beim Solitärspiel sollten Sie unbedingt gegen die Uhr antreten. Eventuell beginnen Sie bei 5 Minuten und reduzieren bei erfolgreichem Lösen die Zeit jeweils um 30 Sekunden. *Anmerkung:* Die Zeitwahl muss ganz individuell gehalten werden, das heißt Ihrer Spielstärke angepasst sein.

Spielablauf (der Solitärvariante):

- Auf dem Raster werden die Autos so lange bewegt, bis man mit dem roten Auto durch die Ausfahrt gelangt.
- Sollte eine Totalblockade eintreten, darf die Ausgangsstellung wieder aufgebaut werden.
- Danach wird der Timer um 30 Sekunden kürzer eingestellt und ein zweites Puzzle in Angriff genommen usw.

Spielende: Das Spiel endet, wenn ein Stau in der verfügbaren Zeit nicht aufgelöst werden kann.

Wertung: Jede der erfolgreich aufgelösten Staukarten bringt am Ende einen Punkt ein.

Turnier: (1) Bei der Variante „Jeder gegen jeden" sollte ein Spieler nach dem anderen versuchen, mit jeweils um 30 Sekunden verkürzter Zeitvorgabe ein neu aufgestelltes Puzzle zu lösen. Wer es nicht schafft, scheidet aus. Der nächste Spieler an der Reihe darf bei gleichbleibender Zeit – und selbstverständlich auch mit gleichbleibendem Schwierigkeitsgrad – ein weiteres Puzzle in Angriff nehmen.

(2) Wenn alle verbleibenden Spieler einer Runde das Problem lösen oder wenn alle scheitern, gibt es eine Entscheidungsrunde, die auf Zeit gespielt wird. Das bedeutet, jeder Spieler hat noch exakt einen Versuch. Wer dafür weniger Zeit benötigt, ist Gewinner des Spiels.

(3) Wenn Sie mehrere Rush-Hour-Spiele zur Verfügung haben, können Sie mit dieser Regel auch Turniere austragen, am besten mit dem im Anhang beschriebenen Staffel- bzw. dem Rundensystem.

Bemerkungen: Sie werden nach wenigen Versuchen erkennen, wie schwer es ist, sich längerfristig zu konzentrieren.

Kastners Kniffe

1. **Spielraster:** Am besten wird für jeden Spieler ein Rangier-Raster bereitgestellt.
2. **Handicap:** Durch einfache oder schwierige Rangier-Karten lassen sich die Spielstärken der Turnierteilnehmer ausgleichen.
3. **Blockade:** Falls eine Stellung total blockiert ist, empfiehlt sich ein Wiederaufbau der Ausgangslage. Dabei darf selbstverständlich die Zeit nicht angehalten werden.
4. **Rotes Auto:** Das rote Auto muss meist zuerst nach hinten gezogen werden. Erst später gelingt es, durch geschicktes Rangieren die Ausfahrt zu erreichen.

Ubongo

8+ 10 Min. *1–30+ ☉ T ⤬ ±

Legespiel
Autor: Grzegorz Rejchtman
Verlag: Kosmos
www.kosmos.de
Jahr: 2005

Spielerzahl: 1 bis 4 (30+, Variante)
Alter: ab 8 Jahren
Dauer: ab 10 Minuten
Regelerklärung: 5 Minuten
Glück/Visuelle Vorstellung/Bluff (insg. 9 Punkte) – 2:7:0

Ausgaben: Ubongo Duell, Ubongo Extrem
Empfehlungen für Legespiele: Tangram, Code Omega, Tetris

Stress pur!

Grzegorz Rejchtman, gebürtiger Pole, wohnhaft in Schweden, hat seit dem Auftauchen seines Legeknüllers *Ubongo* eine Welle der Puzzlesucht in der Welt der Spielfreunde ausgelöst! Was für eine Bereicherung! Hektisch, tempogeladen, spannend, süchtig machend, räumliches Denken fördernd, familientauglich ... alle diese Adjektive, die in den fast durchgängig positiven Rezensionen auftauchen, versuchen, dem Charakter dieses Legepuzzles gerecht zu werden. (aus: WIN 381, Mai 2008)

Kompetenzschulung

✓ **Raumvorstellung:** Das Ineinandergreifen von Formen verlangt eine wirklich gute räumliche Vorstellung.

✓ **Konzentration:** Nur bei voller Konzentration sind gute Ergebnisse zu erwarten.

Kurzidee/Originalspiel

Unter Zeitdruck müssen Sie versuchen, drei oder vier Puzzleteile auf verschiedensten Vorlagerastern unterzubringen. Nahtlos, wohlgemerkt! Besonders in der „Extrem"-Ausgabe verlangt *Ubongo* einen guten Blick für die Legemöglichkeiten, denn die Puzzleteile sind beidseitig verwendbar. Die Zahl der Kombinationen wird dadurch ungemein erhöht.

Kastners Varianten-Koffer

Cut-Punktestaffel	☉ T ✂ ± *1–30+

Spielziel: Jeder Spieler versucht, in 10 Runden möglichst viele Punkte zu erreichen.

Spielvorbereitung: Ein Farbchip vor jedem Spieler gibt an, mit welchen Puzzleplättchen er die nächste Aufgabe zu lösen hat. Alle Legetafeln kommen mit der „3-Stein-Seite" bzw. der „4-Stein-Seite" (schwieriger) in einen verdeckten Stapel. Die Puzzleplättchen (nach Farben sortiert) sowie eine 3- bzw. 4-Minuten (bzw. ein Timer) werden bereitgehalten. Spielchips (in ausreichender Zahl) dienen zum Zählen der Punkte.

Spielablauf:

- Jeder Spieler zieht eine Legetafel und sucht sich die darauf abgebildeten, farblich passenden Puzzlesteine.
- Die Sanduhr wird umgedreht oder der Timer gestartet.
- Alle Spieler versuchen gleichzeitig, die Puzzleaufgaben zu lösen.
- Sobald ein Spieler fertig ist, ruft er „Ubongo". Von nun an kontrolliert dieser Spieler das weitere Geschehen.
- Während die Sanduhr läuft, puzzeln alle anderen weiter.
- Wenn mindestens die Hälfte der Spieler (aufgerundet) „Ubongo" gerufen hat oder die Sanduhr abgelaufen ist, endet eine Runde.
- Die Farbchips werden reihum nach links weitergegeben.

Wertung: Jede der 10 Runden wird extra gewertet.

- **1. bis 3. Runde:** Der erste „Ubongo"-Rufer bekommt 2 Punkte, alle anderen, die den „Cut" (obere Hälfte) geschafft haben, 1 Punkt. Die übrigen Spieler gehen leer aus.
- **4. bis 6. Runde:** Diesmal bekommt man als erster Rufer 4 Punkte, für den „Cut" immerhin noch 2 Punkte.
- **7. bis 9. Runde:** Die Punkte steigen nun auf 6 / 3.
- **10. Runde:** In der finalen Runde können die Spieler nochmals 8 bzw. 4 Punkte auf ihr Konto schreiben.

Tuniere: Turniere sollten auf jeweils 3 Runden pro Match ausgetragen werden, mit jeweils gesteigerten Punkten: also 2 / 1 − 4 / 2 −

6/3, wie oben beschrieben. Bei Gleichstand ist der jeweils höchste Punktewert entscheidend für die Reihung. **Matchpunkte** entsprechen dem im Anhang beschriebenen Staffel-System, abhängig von der Spielerzahl. Die Zahl der Matches sollte vorab vereinbart werden. *Beispiel:* 5 Spieler; Matchpunkte 5, 4, 3, 2, 0; Ergebnis der 3 Runden: Spieler A / 2-2-0, Spieler B / 0-2-3, Spieler C / 1-4-0, Spieler D / 1-0-3 und Spieler E / 0-0-6. Matchpunkte: E − 5 Punkte, C − 4 Punkte, B − 3 Punkte, D − 2 Punkte, A − 0 Punkte.

Solitär: Beim Solitärspiel sollen Sie in exakt 30 Minuten möglichst viele Puzzleaufgaben lösen.

Handicap: Sollten schwächere Spieler an einer Matchserie teilnehmen, können Sie vereinbaren, dass diese die eine oder andere der zehn Runden mit den „3-Stein-Legetafeln" spielen. Die Aufgabenstellung wird damit deutlich vereinfacht.

Bemerkungen: Dieses Spiel ist eigentlich eine Solitär-Beschäftigung. Doch gerade in der oben beschriebenen Variante sind beliebig viele Spieler durch den wechselseitig verschärften Zeitdruck enorm gefordert. *Voraussetzung:* Sie besorgen sich eine entsprechend notwendige Zahl von „Ubongos".

Kastners Kniffe

1. **Doppelseitig:** Denken Sie daran, dass alle Puzzleteile doppelseitig verwendbar sind.

2. **Schwierigkeit:** *Ubongo* ist deutlich einfacher als *Ubongo Extrem*. Dieses wiederum ist besonders schwierig, wenn mit 4 Puzzleteilen pro Legetafel gespielt wird.

3. **Handicap:** Nutzen Sie unbedingt die Möglichkeit, mit Handicap zu spielen. Gerade bei diesem Spiel sollten alle Spieler Erfolgserlebnisse haben.

Förderung der rechnerischen Anlagen

Klar ist, dass unzählige Spiele kleinere bis größere rechnerische Anforderungen an die Spieler stellen. Doch habe ich die Beispiele dieses Kapitels bewusst gewählt, um Ihnen das schwierige Feld der Wahrscheinlichkeitsberechnung auf „gefühlsmäßige" Art und Weise näherzubringen, ohne dabei die mathematisch-rechnerischen Voraussetzungen allzu sehr zu strapazieren. Immerhin konnten erst im 17. Jahrhundert Blaise Pascal und Pierre de Fermat am anschaulichen Beispiel von Würfelergebnissen das Rätsel der Wahrscheinlichkeit mathematisch präzise lösen. Bei langen Wurfserien wird jedoch das Berechnen und Abschätzen von möglichen Ereignissen, also von Wahrscheinlichkeiten, immer schwieriger und irgendwo immer intuitiver. Verzahnt mit anderen Spielelementen, wie etwa dem Bluff, werden hierbei biswei-

Anzeichen für Probleme eines Kindes/Jugendlichen

- Die rechnersichen Fähigkeiten des Kindes/Jugendlichen kommen zu wenig deutlich zum Vorschein.
- Das Gefühl für Wahrscheinlichkeiten scheint nur unzureichend gefördert.
- Das Zusammenspiel zwischen Rechnen und psychologischen Elementen (etwa Bluff) wurde bislang nicht optimal unterstützt.
- Die Fähigkeit des logischen Denkens wird im Alltag (Schule und Freizeit) nicht richtig genutzt.
- Die ungetrübte Freude am Rechnen und Denken ist nicht permanent zu erkennen.

len psychologische Grenzen erreicht und rechnerische Kenntnisse ausgelotet.

Doch keine Angst, die hier vorgestellten Spiele können allesamt auch von Zehnjährigen mit durchschnittlichen rechnerischen Fähigkeiten auf hohem Niveau gespielt werden. Das Autorenkartenspiel **6 nimmt!**, das tückische **Bluff**, das süchtig machende **Can't Stop**, das oft zu wenig gewürdigte **Domino** und zuletzt das lockere **Finito!** werden bei jedem Spieler auf leicht verständliche Art und Weise das Gefühl für das Abschätzen von Wahrscheinlichkeiten verbessern.

Mit **6 nimmt!** ist Wolfgang Kramer vor knapp fünfzehn Jahren ein Meisterwurf gelungen. Jede Karte muss mit Rücksicht auf die wahrscheinlichen Entscheidungen der Mitspieler verdeckt abgelegt werden; aufgrund der unterschiedlichen Auslage spielt dabei auch das psychologische Moment gewaltig mit. Blufft vielleicht der eine oder andere Spieler, um eine unangenehme Karte möglichst billig loszuwerden? Jedenfalls können die letzten der 10 Karten der Ausgangshand zum Drama werden, wenn die Verteilung der Karten in der Frühphase falsch eingeschätzt wurde.

Falls Sie in entspannter Runde einem kleinen Zockerspiel frönen wollen, dann greifen Sie unbesehen zum Würfel-„Spiel des Jahres" 1993 **Bluff**. Auch hier geht es um Wahrscheinlichkeiten, doch werden diese von unverschämten Bluff-Elementen überlagert. Man kann sich daher selbst bei unglücklichen Wurfergebnissen bisweilen couragiert durchschummeln.

Wer einmal eine Runde **Can't Stop** (in der Version *Basislager*) erlebt hat, läuft wahrlich Gefahr, süchtig zu werden. Immer glaubt man, sein Glück in Händen zu halten, doch wie oft enttäuschen die Würfel unsere Erwartungen, auch wenn wir die Wahrscheinlichkeiten exakt abschätzen. Der Drang weiterzuzocken ist eben riesig und das „Can't Stop" in der Tat ein sprechender Titel.

Lassen Sie sich mit den in diesem Buch vorgestellten **Domino**-Varianten auf den Zauber eines alten Legespiels ein. Sie werden es nicht bereuen, denn die Leichtigkeit der einzelnen Stein-Platzierung, gepaart mit kleinen taktischen Zügen aufgrund der Augenverteilung der Auslage, machen Domino zu einem außergewöhnlich faszinierenden Erlebnis. Dazu kommen einige versteckt taktische Elemente, die jeder Variante ein charakteristisches Flair geben.

Zuletzt verlangt das erst jüngst erschienene **Finito!** von den Spielern den Aufbau aufsteigender Zahlenreihen, ganz im Stile des ehrwürdigen Racko. An sich eine simple Sache, wäre da nicht die schon obligate Häufigkeitsverteilung der offenen Felder. Wieder müssen daher Wahrscheinlichkeiten auf gewisse Zahlen mit Gefühl abgeschätzt werden. Doch verdient gerade dieses Spiel das auf dem Schachteldeckel abgedruckte Prädikat „EasyPlay".

6 nimmt!   10+ 30 Min. *2–10 T ✕ ±

Kartenspiel
Autor: Wolfgang Kramer
Verlag: Amigo
www.amigo-spiele.de
Jahr: 1994

Spielerzahl: 2 bis 10
Alter: ab 10 Jahren
Dauer: ab 30 Minuten
Regelerklärung: 10 Minuten
Glück/Taktik/Bluff (insgesamt 9 Punkte) – 2:3:4

Literatur: Kastner, Hugo/Folkvord, Gerald: Die große humboldt Enzyklopädie der Kartenspiele. Humboldt, Baden-Baden 2005
Verwandte Spiele: 6 nimmt! Junior, Hornochsen, Tanz der Hornochsen

Wer will schon die Hornochsen?

Kramers Dauerbrenner hat seit seinem Erscheinen im Jahr 1994 schon Hunderttausende Spielfreunde begeistert. Ganz zu Recht, denn die trickreichen Möglichkeiten, die sich mit den 104 Karten ergeben, sind nahezu unbegrenzt. Abhängig von der Anfangsverteilung der eigenen Kartenhand muss ein strategischer Plan gefasst werden, der jedoch gleichzeitig durch den starken Bluff-Faktor von einem Augenblick zum nächsten wieder umgestoßen werden kann. Wer nicht ständig mitdenkt, die Gegner richtig einschätzt, die Kartenauslage mit den punkteträchtigen Hornochsen richtig liest und die Reihenfolge seiner zehn Karten optimal spielt, hat auf Dauer nur geringe Chancen zu gewinnen. (aus: WIN 396, Juni 2009)

Kompetenzschulung

✓ **Gefühl für Wahrscheinlichkeiten:** Die Kartenauslage entscheidet über die Wahrscheinlichkeit, mit dieser oder jener eigenen Karte viele Schlechtpunkte zu „fressen". Hier wird taktisches Feingefühl verlangt.

✓ **Taktik:** Besonders in den Varianten mit reduziertem Kartenblatt kommt stark das taktische Verständnis ins Spiel.

✓ **Bluff-Verhalten:** Bei 6 nimmt! wird das Bluff-Verhalten in rein spielerischer Form stark gefördert. Denn das oberste Gebot ist es, die Mitspieler in allen Phasen über die eigene Kartenhand im Unklaren zu lassen.

Kurzidee/Originalspiel

Bei diesem Spiel müssen ganze Reihen einer offenen Kartenauslage aufgenommen werden, sobald die 6. Karte anzulegen wäre. Und diese Reihen können durch „Hornochsen" (sprich: Schlechtpunkte) sehr vergiftet sein. Da jeder Spieler in seiner Ausgangshand exakt zehn Karten (mit Werten zwischen 1 und 104) zur

Verfügung hat und diese in beliebiger Folge gespielt werden dürfen, bleibt ein beachtlicher taktischer Spielraum zum Lavieren.

Kastners Varianten-Koffer

5 nimmt! 4 nimmt!   T >< ± *2–10

Wenn Sie ein Match nicht (wie im Originalspiel vorgeschlagen) nach den ersten 66 Hornochsen, die ein Spieler einfährt, abbrechen, sondern es bis zum Showdown zwischen zwei Spielern fortsetzen wollen, sollten Sie folgende Spezialregeln versuchen: (1) Wer 66 Hornochsen hat, scheidet aus. Erreichen gleichzeitig mehrere Spieler diesen Wert, entscheidet in einem Turnier das höhere Überschreiten der 66er-Schwelle über die Reihenfolge. (2) Wenn nur mehr 3 Spieler eine Runde eröffnen, nimmt bereits die 5. Karte (5 nimmt!). (3) Im finalen Showdown mit 2 Spielern gilt die 4 nimmt!-Regel, das heißt, es wird die Auslage um eine weitere Karte reduziert. *Handicap:* Sie können vereinbaren, dass schwächere Spieler zunächst 11 oder 12 Karten aufnehmen und dann frei entscheiden dürfen, die eine oder andere verdeckt abzuwerfen. Dadurch kann die Kartenhand meist deutlich verbessert werden.

Miniset   T >< *2–6

Gespielt wird mit einem auf die Spielerzahl plus 4 reduzierten Kartenblatt. Beispiel: 4 Spieler – 40 Handkarten + 4 Blatt. *Empfehlung:* Verwenden Sie die Karten von 1 bis 44. Durch diese Zuteilung wird der Zufallsfaktor weitgehend verringert, was allerdings in der Endphase zu längeren Denkpausen verleitet.

Ringelspiel ⊃⊂ ± *2–6

Diese Variante sollte mit der Spielform *Miniset* kombiniert werden. Bei drei und zwei Spielern kann auch hier die oben beschriebene *5 nimmt! 4 nimmt!* -Regel gelten. *Empfehlung:* Insgesamt sollten maximal sechs Spieler um den Tisch sitzen. Zuvor wählt jeder aus einer offenen Auslage reihum Karte für Karte aus, bis er 10 Handkarten aufgenommen hat. Diese werden auf einem Blatt notiert. Das eigentliche Spiel besteht aus so vielen Runden, wie Spieler teilnehmen. Und nun das Besondere: Nach jeder Runde werden die 10 gewählten Handkarten an den linken Nachbarn weitergegeben. Dadurch muss jeder Teilnehmer jede „Hand" einmal spielen. Wer insgesamt am wenigsten Hornochsen „einfängt", ist Gewinner des Spiels.

Bemerkungen: Durch das hier vorgeschlagene frühere Aufnehmen einer Reihe bleibt das Originalspiel (egal in welcher Variante) auch bei wenigen Teilnehmern spannend. Denn es gibt hier kaum „Leerablagen", bei denen also völlig ohne Risiko gespielt werden kann. Diese Variante eignet sich auch bestens für Turniere, auf denen mehrere Matches bis zum Showdown gespielt und jeweils die Rangpunkte in eine Liste eingetragen werden. Meine Empfehlung: 10-7-5-3-2-1 Punkte für die besten sechs Spieler eines Matches. *Handicap:* Schwächere Spieler beginnen mit einem Punktepolster (z. B. 10 Punkte). *Alternativ:* Sie können auch die im Theorieteil beschriebene Staffel-Wertung verwenden.

Kastners Kniffe

1. **Handicap:** Falls mit jüngeren Kindern gespielt wird, sollten Handicaps in die Punktewertung eingebaut werden.

2. **5 nimmt! 4 nimmt!:** Spielen Sie bei drei oder zwei Spielern unbedingt mit diesen verringerten „Strafzahlen".

3. **Standardkarten:** Falls Sie einmal kein 6 nimmt! dabei haben, lässt sich dieses elegante Spielprinzip auch recht einfach auf Standardspielkarten übertragen (siehe Kastner, Hugo / Folkvord, Gerald: Die große humboldt Enzyklopädie der Kartenspiele. Humboldt, Baden-Baden 2005).

Bluff

8+ 10 Min. *2–6 T ±

Würfelspiel
Autor: Richard Borg
Verlag: F.X.Schmid/Ravensburger
www.schmidtspiele.de/www.
ravensburger.de
Jahr: 1993

Spielerzahl: 2 bis 6
Alter: ab 8 Jahren
Dauer: ab 10 Minuten
Regelerklärung: 10 Minuten
Glück/Taktik/Bluff (insgesamt 9 Punkte) – 2 : 1 : 6

Literatur: Hugo Kastner: Die große humboldt Enzyklopädie der Würfelspiele. Humboldt, Baden-Baden 2007
Verwandte Spiele: Liar's Dice, Perudo, Mäxchen

Würfelbluff für Zockertypen

Das wahrscheinlich beste Bluff-Würfelspiel der Geschichte wurde 1993 von der Essener Jury vielleicht etwas überraschend, aber doch ganz zu Recht als Spiel des Jahres ausgezeichnet. Mit minimalem Materialaufwand bietet jedes Match ein maximales Erlebnis an Spannung, Täuschung und – nomen est omen – Bluff. Der Titel wurde vom Autor Richard Borg gewählt, der sich vermutlich von ähnlichen Spielformen in Lateinamerika zu diesem Meisterwerk inspirieren ließ. Sie benötigen jedenfalls ein paar Würfel, einige Becher und vielleicht auch noch einige Bierdeckel, schon sind Sie mitten drin im Zocker-Geschehen. Was zählt, ist allein Ihre Fähigkeit, selbst mit völlig leeren Bechern eine gute Wurfkombination vorzutäuschen. (aus: Kastner, Hugo: Die große humboldt Enzyklopädie der Würfelspiele. Baden-Baden 2007)

Kompetenzschulung

✓ **Psychologisches Feingefühl:** Mit Bluff schulen Sie Ihren Blick für die Mitspieler. Manche bleiben mit Ihren Ansagen fast immer „korrekt" bei der Wahrheit, andere lassen sich dagegen überhaupt nicht in die Karten, pardon: Würfel, schauen.

✓ **Gefühl für Wahrscheinlichkeiten:** Bedenken Sie, dass die durchschnittliche Häufigkeitsverteilung ein Drittel der Würfel ausmacht, da ja die „6er" als Joker verwendet werden können.

Kurzidee/Originalspiel

Jeder Spieler beginnt mit 5 Würfeln unter seinem Becher. Ziel des Spiels ist es, Ansagen zu machen, wie viele Würfel sich jeweils unter den Bechern aller Mitspieler verbergen. Da diese Ansagen ständig in ihrer Höhe gesteigert werden müssen, sind die Spieler von Mal zu Mal zu mehr Risiko beim Bluff gezwungen. Bisweilen fällt der Sitznachbar jedoch darauf rein, seien Sie unbesorgt!

Kastners Varianten-Koffer

Zocken	T ± *2–6

Spielziel: Ziel ist es, als Letzter mit zumindest einem Würfel im Spiel zu bleiben.

Spielablauf: Jede Runde hat exakt den gleichen Spielablauf.

- Alle Spieler schütteln mit einem Becher gleichzeitig 5 (bzw. die noch verfügbaren) Würfel auf einem Bierdeckel. Geheim –

durch die Hand abgedeckt – sehen sie sich zunächst ihr Wurfergebnis an.

- Stehen einzelne Würfel übereinander, muss der Becher vorsichtig (und für alle einsichtig) gehoben und der Wurf wiederholt werden.

- Ein beliebiger Spieler eröffnet mit seiner Ansage.

- Der nächste Spieler (im Uhrzeigersinn) muss erhöhen, falls er die Korrektheit der Ansage glaubt, oder er darf ein Aufdecken verlangen, falls er an der Höhe der Ansage zweifelt. So geht es reihum weiter.

- Wer immer den Showdown (die „Wette") nach der Anzweiflung gewinnt – also Ansager oder Aufdecker –, darf in der nächsten Runde beginnen.

Ansage (eng. *Claim*): Alle Ansagen beziehen sich auf alle Würfel, die zum gegebenen Zeitpunkt im Spiel sind. Das heißt, dass Ihr eigener Wurf genauso in die Schätzung hineinkommt wie der Wurf aller anderen Mitspieler. Was nun kann angesagt werden?

- *1 Zweier, 2 Zweier, … 4 Fünfer, 5 Fünfer:* Das heißt, Sie behaupten, dass zum Beispiel insgesamt unter allen Bechern 2 Zweier liegen oder auch 5 Fünfer. Nach oben gibt es kein Limit.

- *1 Sechser, 2 Sechser, 3 Sechser …* (sprich: Stern): Die Sechser sind Joker („Stern"), können also jeden Wert annehmen, aber auch für sich alleine stehen. *Achtung:* Obige 5 „Fünfer" können echte Fünfer sein, aber auch eine beliebige Kombination aus „Fünfern" und „Sternen".

- Jede Ansage muss die vorherige überbieten, was auf verschiedenste Art geschehen kann:

  - **Höhere Anzahl gleicher Augen.** *Beispiel:* auf 3 Fünfer folgen 4 oder 5 Fünfer usw.

- **Gleiche Anzahl höherer Augen:** *Beispiel*: auf 4 Dreier folgen 4 Vierer oder 4 Fünfer
- **Höhere Anzahl höherer Augen:** *Beispiel*: auf 4 Zweier folgen 6 Vierer
- **Halbe Anzahl** (aufgerundet) **in einer Sternansage:** *Beispiel*: auf 6 Vierer folgen (mindestens) 4 Stern (Sechser); Achtung: auf 7 Vierer können ebenfalls 4 Stern angesagt werden
- **Doppelte Augenzahl auf eine Sternansage:** *Beispiel*: auf 3 Stern folgen (mindestens) 6 Einser, Zweier usw.

Aufdecken (engl. *Challenge*): Glaubt ein Spieler, der als Nächster erhöhen müsste, eine Ansage nicht, darf er „aufdecken" („Becher hoch") verlangen. Nun sind drei Ergebnisse möglich:

- **Gleich viele oder mehr Würfel** als angesagt liegen auf dem Tisch: Der Aufdecker verliert von seinen eigenen Würfeln die Differenz zu der von ihm bezweifelten Ansage.
- **Weniger als die angesagten Würfel** sind vorhanden: Der letzte Ansager verliert an Würfeln die Differenz zu seiner falschen Ansage.
- **Korrekte Ansage:** Alle Spieler außer dem Ansager verlieren 1 Würfel. *Optional*: Eine objektiv fairere Variante nimmt bei korrekter Ansage nur dem Spieler Würfel weg, der die falsche Spieleinschätzung macht. Allerdings geht dabei viel von der diebischen Freude verloren, die dann aufkommt, wenn es gelingt, jedem Spieler einen Würfel zu stibitzen.

Spielende: Wer keinen Würfel mehr hat, scheidet aus und stellt seinen Becher mit der Öffnung nach oben auf den Tisch, den Bierdeckel darüber. Der letzte Spieler, der einen Würfel übrig hat, ist Sieger beim Bluffen. Wird bei den Turnieren mit dem Staffel-System (siehe Theorieteil) gespielt, entscheidet die Reihenfolge des Ausscheidens über die erreichten Punkte. Bei gleichzeitigem Ausscheiden, was bei punktgenauen Ansagen möglich ist, bekommen die betreffenden Spieler den jeweils niedrigeren Punktewert zugeschrieben.

Zocken: Zu empfehlen ist die exzellente Option des Zockens. Bevor eine Ansage gemacht wird, darf der betreffende Spieler einen oder mehrere Würfel einer beliebigen Augenzahl für alle Mitspieler sichtbar herauslegen und seine restlichen Würfel nochmals werfen. Diese Spielidee lässt die Ansagen deutlich nach oben schnellen. Optional: Wer noch mehr Einfluss wünscht, kann auch mit der Vereinbarung spielen, die herausgelegten Würfel wieder in den nächsten Wurf hineinnehmen zu dürfen. Bei beiden Zocker-Varianten behalten die Sechser ihre Joker-Funktion, sind also nach dem Aufdecken für jede beliebige Augenzahl zu werten.

Bemerkungen: Eröffnen Sie nicht immer am statistischen Limit, sondern variieren Sie so stark wie möglich. Sie sind dadurch weniger leicht zu durchschauen. Beispiel: Bei sechs Spielern mit insgesamt 30 Würfeln hat jeder Augenwert eine Chance von einem Drittel, da ja alle Sechser eben diesen Wert annehmen können. Das heißt, 10 Zweier, Dreier usw. sind eine brauchbare Ansage (am statistischen Limit). Verwenden Sie bei größeren Bluff-Runden das Staffel-System (siehe Turniersysteme).

Kastners Kniffe

1. **Zocken:** Die Spielform „Zocken" ist empfehlenswert, denn dadurch werden die Augenzahlen in ihrer Häufigkeit nach oben getrieben. Achtung: Gerade diese Option ist für Anfänger nicht sehr eingängig. Bitte darauf extra hinweisen!

2. **Handicap:** Anfänger können eventuell mit einem Würfel mehr beginnen. Die Gewinnchancen erhöhen sich damit beträchtlich.

3. **Psychologie:** Versuchen Sie unbedingt, die Risikobereitschaft des vor Ihnen sitzenden Spielers auszuloten. Nur dieser kann ja ein Aufdecken verlangen.

4. **Bluff:** Denken Sie daran: Was Sie sehen, entspricht der Wahrheit – was Sie bloß hören, dem ist nicht zu trauen.

Can't Stop

10+ 15 Min. *2–4 P ><

Würfelspiel
Autor: Sid Sackson
Verlag: Parker Brothers, Franjos, Ravensburger
www..de/www.ravensburger.de
Jahr: 1980

Spielerzahl: 2 bis 4
Alter: ab 10 Jahren
Dauer: ab 15 Minuten
Regelerklärung: 5 Minuten
Glück/Taktik/Bluff (insgesamt 9 Punkte) – 5:4:0

Literatur: Hugo Kastner: Die große humboldt Enzyklopädie der Würfelspiele. Humboldt, Baden-Baden 2007

Achtung: Suchtpotenzial!

Einfach unglaublich, wie schwer es jedes Mal fällt, die Emotionen zurückzuhalten, wenn es darum geht, noch einen winzigen Schritt in die offene Bergwand zu tun. … Ach ja, es gilt, mit dem in zwei Summen aufgeteilten Ergebnis von vier Würfeln ein paar Bergsteiger (Holzfiguren) verschieden hohe Bergflanken hinaufklettern zu lassen. Solange eine Augensumme fällt, die den Bergsteigern ein Höhersteigen ermöglicht, geht es weiter. Wehe aber, die Würfel sind uns nicht gnädig. Schwupps, stürzen alle sorgsam gesicherten Kletterer ab, mindestens bis zum Basislager (das ist die zuletzt erreichte Höhe), schlimmstenfalls aber gleich bis zum Bergfuß. Sid Sackson at his best! Treffender kann ich es nicht umreißen. Der amerikanische Großmeister der Spielerfinder hat sich mit seinem *Can't stop* tatsächlich selbst ein Denkmal gesetzt. [Diese Einleitung bezieht sich auf die frühere Franjos-Ausgabe dieses Spiels, mit exakt identischem Regelwerk, doch einem „Bergsteiger"-Sujet, Anm. d. Verf.] (aus: WIN 361, Dez. 2006).

Kompetenzschulung

- ✓ **Wahrscheinlichkeiten:** Das lockere Abschätzen von Wahrscheinlichkeiten wird geübt.
- ✓ **Taktik:** Mit der hier vorgestellten Regel *Basislager* kommt ein Schuss Taktik ins Geschehen.
- ✓ **Risikofreude:** Ganz ohne Risikofreude geht es keinesfalls.

Kurzidee/Originalspiel

Vier Wurfergebnisse müssen zu jeweils zwei Augenpaaren zusammengesetzt werden. Entsprechend diesen Wurfresultaten werden auf dem Spielplan Reihen, die von 2 bis 12 markiert sind, durch drei Spielsteine besetzt. Ziel ist es, das jeweils höchste Feld einer Reihe zu erreichen. Der Kniff dabei: Die 2er- und die 12er-Reihen sind nur drei Felder lang, die 7er-Reihe dagegen 13 Felder, gemäß der Häufigkeitsverteilung der Wurferwartungen.

Kastners Varianten-Koffer

Basislager	P ✕ *2–4

Spielplan: Die einzelnen „Routen" auf dem Spielplan sind unterschiedlich lang (3 Felder bis 13 Felder), annähernd entsprechend der Häufigkeitsverteilung der Wurfergebnisse.

Spielziel: Eine von der Mitspielerzahl abhängige Zahl von „Bergsteigern" muss in die Zielfelder gebracht werden: 2 Spieler (5 Bergsteiger), 3 Spieler (4 Bergsteiger), 4 Spieler (3 Bergsteiger), Partnerversion (zusammen 5 Bergsteiger).

Spielablauf (in der Teamversion): Dieser ist für jeden Spielzug gleich.

- Zunächst würfelt der aktive Spieler mit 4 Würfeln und bildet daraus zwei beliebige Augensummen (aus je 2 Würfeln).
- Entsprechend dieser Zahlenkombination werden zwei Bergsteiger auf dem Spielplan bewegt. Insgesamt stehen für jeden Spielzug maximal drei Bergsteiger zur Verfügung.
- **Erste Wurffolge** (Spezialregel): In der allerersten Runde muss jeder Spieler aufhören, sobald er alle drei Bergsteiger auf dem Spielplan platziert hat.
- **Stop-Option:** Der aktive Spieler kann aufhören, wenn er mit dem erreichten Zwischenstand zufrieden ist. Er belegt jedes der momentan von seinen Bergsteigern besetzten Felder mit einem Markierungsstein seiner Farbe und errichtet damit sein persönliches Basislager.
- **Stop-Verpflichtung:** Der aktive Spieler muss aufhören, wenn er mit einer geworfenen Zahlenkombination keinen Bergsteiger bewegen kann. Seine Bergsteiger fallen bis zu den zuletzt erreichten Baislagern zurück.
- Der nächste Spieler ist an der Reihe.
- **Basislager** (Spezialregel): Am Ende einer Wurffolge darf sich in einem Basislager nur ein Bergsteiger befinden. Das heißt: Eine Wurffolge kann freiwillig nur beendet werden, wenn die eigenen Bergsteiger auf freien Feldern stehen.

Spielende: Das Spiel endet unmittelbar, wenn die im Spielziel angeführte Zahl von Zielfeldern erreicht wurde.

Bemerkungen: Durch die Basislager, die ja am Ende eines Spielzugs immer nur von einem „Bergsteiger" besetzt werden dürfen, kommt mehr Taktik und Wahrscheinlichkeitsberechnung ins Spiel. Die Partnerversion erlaubt ein ständiges „Mitzittern" bei den Würfen des Partners. Es gilt, besonders diejenigen Reihen zu forcieren, die nicht schon vom Partner in Angriff genommen wurden.

Kastners Kniffe

1. **6-7-8:** Die mittleren Reihen haben eine wesentlich bessere Wahrscheinlichkeitserwartung, daher sollten Sie, wenn möglich, zumindest mit einem Bergsteiger eine dieser Reihen besetzen. Fallen alle drei dieser optimalen Zahlenkombinationen in den ersten beiden Würfen, sollten Sie womöglich gleich versuchen, einen Bergsteiger ins Ziel zu bringen.

2. **Basislager:** Bedenken Sie, dass ein Basislager am Ende einer Wurffolge nur von jeweils einem Bergsteiger besetzt werden darf. Ein doppeltes Besetzen etwa in der 2er- oder 3er-Reihe (ebenso in der 11er- und 12er-) macht ein freiwilliges Aufhören oft unmöglich, da diese Zahlenkombinationen nur sehr selten fallen.

3. **Partner:** In der Partnerversion sollten, wenn möglich, nicht beide Spieler die gleichen Reihen besetzen, denn damit vergeuden beide wertvolle Würfe. Es kann ja nur ein „Bergsteiger" den Gipfel erreichen.

4. **Risiko:** Wenn in den mittleren Reihen nur mehr zwei oder drei Schritte fehlen, ist auch dann ein Risikowurf anzuraten, wenn die anderen beiden „Bergsteiger" auf Randfeldern stehen.

5. **Stop:** Lassen Sie sich nicht zu unnötigen Abstürzen verleiten. Gerade in der Frühphase ist es meist entscheidend, gute, weit oben liegende „Bergsteiger" zu haben.

Domino

8+ 10 Min. *2–9 T P ✕ ±

Legespiel
Autor: unbekannt
Verlag: Schmidt Spiele, Philos u.a.
www.schmidtspiele.de
Jahr: klassisches Spiel (um 1120?)

Spielerzahl: 2 bis 9
Alter: ab 8 Jahren
Dauer: ab 10 Minuten
Regelerklärung: 5 Minuten
Glück/Taktik/Bluff (insgesamt 9 Punkte) – 2 : 3 : 4

Literatur: Michael Engel: Das große humboldt Domino-Buch. Humboldt, Baden-Baden 2004

Steinespiel der Extraklasse

Domino All Fives ist heute eines der ganz großen Onlinespiele. Ganz zu Recht, wenn ich als Spielexperte sprechen darf, denn diese Form des *Dominos* ist eine wahre Perle unter den klassischen Spielen: einfach in der Regel, elegant und ästhetisch im Spiellayout, schnell und dynamisch in der Abwicklung, und spannend von der ersten bis zur letzten Dominoauslage. Selten kann ich mit mehr Überzeugung die Empfehlung aussprechen, sich einfach mit einem 28-Steineset um den Spieltisch zu platzieren und das Klinkern und Klappern der Dominos zu genießen. (aus: WIN, Okt. 2007).

Kompetenzschulung

✓ **Rechnen/Wahrscheinlichkeit:** Ein schneller Blick für gute Platzierungs-Möglichkeiten und ein Gefühl für Wahrscheinlichkeiten werden geschult.

✓ **Konzentration:** Voraussetzung für den Erfolg sind permanente Übersicht und Konzentration. Ein guter Spieler weiß jederzeit, welche Steine mit bestimmten Werten noch ausständig sind.

✓ **„Lesen" des Gegenspielers:** Experten können sich nach einigen Durchgängen auch auf die sehr persönlichen Spielweisen ihrer Gegenüber einstellen.

Kurzidee/Originalspiel

Es gibt viele sehr reizvolle Spielformen des Originalspiels. Die einfachste Regel: Die Dominos müssen an die Endsteine einer gemeinsamen Auslage angelegt werden, mit den jeweils zusammenpassenden Augen. Wer alle seine Dominos loswird, schreibt die Restaugen der Gegner. Lassen Sie sich jedoch bitte gerade bei diesem Klassiker von den hier präsentierten Varianten überraschen. Man kann sie wunderbar spielen!

Kastners Varianten-Koffer

All fives	T P ✕ ± *2–4

Spielziel: Entscheiden Sie zunächst, wie viele Durchgänge Sie spielen wollen (z. B. 3 oder 5). Versuchen Sie dann in jedem Durchgang, alle Steine loszuwerden, daneben aber ständig durch geschicktes Anlegen zu punkten. Wer zuerst 100 Punkte hat, gewinnt einen Durchgang.

Spielvorbereitung: Ein einfaches 28-Steine-Domino, mit den Augensteinen von 0-0, 0-1, … bis 5-6 und 6-6 wird mit der Bildseite nach unten auf einem glatten Tisch gut durchgemischt. Spielchips werden zum Anzeigen der Punktestände bereitgehalten. (Bei 2 Spielern: 2x50, 2x20, 4x10, 2x5 sowie 5 Markierungschips)

Spielablauf (2 Spieler):

- Jeder Spieler nimmt 7 Steine und stellt diese vor sich auf.
- Der Spieler mit dem höchsten Doppelstein (6-6, 5-5, … 0-0) legt diesen als Startstein aus. Dieser Domino heißt **Spinner-Stein** und liegt immer quer zur übrigen Auslage, in der Folge „Schlange" genannt.

- Im weiteren Spiel darf am Spinner-Stein – nachdem zuerst an den beiden Längsseiten angesetzt wurde – auch an den Augen-Enden angelegt werden (d. h., es gibt bis zu vier „Schlangen").

- Sollten nach dem Anlegen die Endsteine einen durch 5 teilbaren Augenwert ergeben, bekommt der Spieler entsprechend viele Spielchips als Gutschrift. *Achtung:* Die Quer-Enden des Spinners zählen (nach dem Schließen der Längsseiten) erst, wenn daran zumindest ein neuer Domino angelegt wurde.

- Ist der angelegte Stein ein Doppler (z. B. 5-5), muss er ebenso wie der Spinner quer zur „Schlange" ausgelegt werden. Allerdings darf diesmal nur an den zwei Längsseiten angelegt werden. Die Augen-Enden dieser Dopplersteine sind während des ganzen Durchgangs tabu. Liegt ein Doppler am Ende einer Schlange, zählen beide Augen für die Gutschrift mit.

- Kann ein Spieler nicht legen, muss er so lange nachziehen, bis ein passender Stein aufgenommen wird. Dieser muss sofort angelegt werden, sonst gibt es am Ende des Durchgangs 50 Strafpunkte.

- Sobald es einem Spieler gelingt, alle Steine loszuwerden, deckt der Gegner seine Restaugen auf. Diese werden auf 5 auf- oder abgerundet und diese Extrapunktezahl wird nun zusätzlich an Spielchips ausbezahlt. Kann keiner der beiden Spieler alle Steine ablegen, schreibt derjenige mit der geringeren Augenzahl die gerundete Differenz zu seinem Gegner.

- Übersteigt die Chipzahl eines Spielers den Wert 100, endet der Durchgang unmittelbar. Der Spieler bekommt einen Bonus-Chip.

- Wer alle Steine zuerst ablegen konnte, eröffnet den nächsten Durchgang mit einem beliebigen Stein, vorzugsweise jedoch einem Zähler (5-5, 6-4, 5-0, 4-1 oder 3-2).

Wertung: Gespielt wird auf eine vorweg festgelegte Zahl von Durchgängen (Best of 3, Best of 5).

Spezialregeln (3 Spieler): Hier sind einige Änderungen gegenüber der Zweierspielform zu beachten.

- Es wird auf 2 oder 3 gewonnene Durchgänge gespielt (vorab zu vereinbaren).
- Jeder Spieler bekommt zu Spielbeginn 6 Steine.
- Wer zuerst alle Steine ablegen kann, schreibt die Rückzähler (auf 5 gerundet) des schlechteren Gegenspielers.
- Erreicht ein Spieler 100 Punkte, gewinnt er alleine den Durchgang. Alle Punkte der Gegner zählen nichts, wurden also umsonst kumuliert.
- *Turnierformat:* In Dreiergruppen bei Turnieren bekommt der Sieger 2 Bonus-Chips, der zu diesem Zeitpunkt besser stehende Gegenspieler 1 Bonus-Chip.

Spezialregeln (4 Spieler – Partnerspiel): Auch hier sind kleine Änderungen gegenüber der Zweierspielform nötig.

- Die beiden Spieler eines Teams sitzen sich gegenüber.
- Es wird auf 2 oder 3 gewonnene Durchgänge gespielt (vorab zu vereinbaren).
- Jeder Spieler bekommt zu Spielbeginn 5 Steine.
- Sobald ein Spieler alle Steine ablegen kann, decken die übrigen drei Mitspieler ihre Hand auf. Hat ein Gegenspieler die höchste Zahl an Rückzählern, schreibt der Sieger diese auf 5 gerundet. Hat jedoch der Partner die schlechteste Hand, schreibt diese Runde niemand. Zum Ausspielen kommt in diesem Fall der bessere der beiden Gegenspieler.
- *Turnierformat:* Im Turniermodus, bei großen Teilnehmerfeldern, wird jeder Durchgang mit neuen Gegnern abgewickelt.

Bemerkungen: Die Dramatik dieses Spiels ist aus der Regeldarlegung kaum zu erahnen. Wie oft kommt es vor, dass ein Spieler bei 90 oder 95 Punkten stehen bleibt und dann den Durchgang noch unerwartet abgeben muss. *Rekordschriften:* 35 Punkte (Enden: 66-44-55-5); 100 Punkte in nur einem Durchgang. *Achtung:* Die in manchen Regeln vorgeschlagene Zählweise für diverse Varianten, alle Enden des ersten Doppelsteins zu werten, auch wenn an die noch offenen kurzen Felder keine Dominos angelegt wurden, kann ich nicht empfehlen. Dies erhöht nur die Punktewerte und macht damit das Spiel auf 100 weniger interessant. Ebenso wenig gefällt mir das in manchen Regeln vorgeschlagene Nachziehen von nur 2 Steinen. Damit wird dem Spiel die innere Dynamik genommen. Zuletzt auch noch eine Bemerkung zu den langen Durchgängen auf 200 oder 250 Punkte. Hierbei können frühe Rückstände zu völlig unnötigen Längen im Spiel führen.

Kastners Kniffe (zu Domino All Fives)

1. **Chips:** Halten Sie Spielchips bereit, um alle 5er-Punktstände bis 100 für alle beteiligten Spieler festzuhalten. Pro Spieler benötigen Sie 1 x 50, 1 x 20, 2 x 10, 2 x 5 Chips: Dazu kommt eine Anzahl von Markierungschips entsprechend der Zahl der geplanten Durchgänge.

2. **Handicap:** Spielen Sie bei Kindern eventuell mit Handicap-Vorgaben von 10 bis 20 Punkten.

3. **Augenzahlen:** Vergessen Sie nicht: Jede Augenzahl ist exakt achtmal vorhanden, zweimal im Doppler, je einmal in den übrigen Kombinationen (66, 65, 64, 63, 62, 61, 60). *Domino* ist ein Spiel um Wahrscheinlichkeiten. 5er-Steine auszulegen ist immer ein großes Risiko, da hiermit vielleicht dem Gegner im

unmittelbar folgenden Zug eine hohe Punkteausbeute ermöglicht wird.

4. **Blocken:** Wenn Sie einen Augenwert mehrmals in Ihrer Hand haben, sollten Sie versuchen, mit diesem zu blocken.

Texas 42   T P *4

Das vielleicht spannendste Domino-Stichspiel (6er-Domino) erlaubt ein Turnierformat mit Partnerschaften.

Spielziel: Eine in einer Gebotsrunde vorab angesagte Punktezahl muss erreicht werden.

Spielvorbereitung: Es wird ein 28-Steine-Domino verwendet. Spielchips zum Anzeigen der Punktestände werden bereitgehalten.

Spielablauf:

- Die Partner sitzen sich NS-WO gegenüber. Jeder Spieler bekommt 7 Steine.
- Jeder Spieler darf genau eine Ansage machen: zwischen 30 und 42 Punkte (daher der Name). Das höchste Gebot zählt, kann jedoch von den Gegnern kontriert werden. Das bringt in der Endabrechnung den doppelten Gewinn/Verlust.
- Jeder Stich zählt 1 Punkt (insgesamt sind also 7 Stichpunkte möglich). Fünf Dominos zählen exakt ihre Augenwerte: 0-5, 1-4, 2-3, 4-6, 5-5. Hier sind daher 35 weitere Punkte zu gewinnen.
- Wer das höchste Gebot macht, darf einen Trumpfwert bestimmen: entweder eine der Augenzahlen oder alle Doppelsteine. Auf dieses Recht kann man auch verzichten.
- Die Ranghöhen der Steine sind immer wie folgt (Beispiel: 3 ist Trumpf): 3-3, 3-6, 3-5, 3-4, 3-2, 3-1, 3-0. Sind die Doppelsteine Trumpf, ist die Ranghöhe 6-6, 5-5, … 0-0.

- Der Spieler mit dem höchsten Gebot legt den ersten Stein. Das höhere der beiden Augenfelder muss von allen anderen Spielern bedient werden. Der Stich geht immer an den Spieler, dessen zweites Augenfeld die höchste Zahl aufweist. Wird mit einem Trumpfstein eröffnet, müssen alle Spieler Trumpf zugeben. Wer den Stich macht, spielt zum nächsten aus.

- Hat ein Spieler keinen passenden Stein, darf er einen beliebigen Stein aus seiner Hand verwenden (neutral oder Trumpf).

Wertung: (1) Wird das Gebot erreicht oder überboten, schreiben beide Partnerschaften ihre gewonnenen Augenzahlen. (2) Bleiben dagegen die Gewinner der Gebotsphase unter ihrer Ansage, schreiben sie für diese Runde null Punkte. Der Wert der Ansage wird den Gegnern zugeschlagen. Wer zuerst 250 Punkte erreicht, gewinnt das Match. Überschreiten beide Partnerschaften die Marke von 250 Punkten, gewinnt die Seite, die den letzten Durchgang ersteigern konnte.

Bemerkungen: *Texas 42* bietet einige Elemente bekannter Stichkartenspiele und verlangt zudem einen sehr guten Blick für die Möglichkeiten der fünf Zähldominos. Diese in den Stich des Partners zu bringen macht den Reiz dieses Spiels aus.

Challenge   >< *3–9

Von der FIDO (Fédération Internationale de Domino) werden Einzelpartien mit folgenden Regeln ausgetragen.
Spielziel: Die höchste Punktezahl bringt am Ende den Gewinn.
Spielvorbereitung: Steine / Spielbeginn – 6er-Domino: 3-4-5-6-7-8-9 Spieler / 7-5-4-4-3-3-2 Steine. 9er-Domino: 3-4-5-6-7-8-9 Spieler / 13-11-9-7-6-6-5 Steine.

Spielablauf:

- Der Spieler mit dem höchsten Doppelstein eröffnet das Spiel.
- Je nach Steinzahl wird mit einem Divisor gespielt. Zeigen die Enden der Auslage eine durch diesen Divisor teilbare Augenzahl, schreibt der betreffende Spieler während der Partie Divisor-Punkte.
- Der Divisor beträgt beim … 6er-Domino 3 und beim 9er-Domino 4.
- Es darf an alle vier Enden aller quergelegten Doppelsteine angelegt werden.
- Kann ein Spieler nicht anlegen, muss er einen Stein aus dem Pott nachziehen und diesen in die Hand nehmen. Er setzt damit eine Runde aus.

Wertung: Sobald ein Spieler alle Steine ablegt, zählen die Gegner ihre Rest-Augenpunkte und ziehen diese von den eventuellen Divisor-Punkten ab. Es wird auf eine vorab vereinbarte Zahl von Partien gespielt. Empfehlung: Üblicherweise sollte es zur einfachen Siegermittlung eine ungerade Zahl von Partien sein.

Bemerkungen: Diese Turnierform verlangt einen guten Blick für die zahllosen Möglichkeiten des Anlegens sowie der Punktegutschrift. Gegenüber der *All Fives*-Spielform geht jedoch einiges an Leichtigkeit verloren.

Mexican Train ✕ *2–4

Diese Spielvariante wird besonders im englischsprachigen Raum in speziellen Sets mit Zubehör angeboten. Ein 9er-Domino ist empfehlenswert.

Spielziel: Die höchste Punktezahl bringt am Ende den Gewinn.

Spielvorbereitung: Je nach Spielerzahl werden die Steine wie folgt zugeteilt: 2 Spieler – 15 Steine, 3 Spieler – 13 Steine, 4 Spieler – 10 Steine. Die Doppel-9 wird in der Tischmitte ausgelegt. Jeder Spieler bekommt einen Markierungschip.

Spielablauf:

- Ein durch Los bestimmter Spieler eröffnet mit dem Ablegen eines ersten Steins. Danach geht es im Uhrzeigersinn weiter.
- **Mexican Train:** Jeder Spieler legt nur an seiner Seite bzw. an einer neutralen, Mexican Train genannten Kette, an.
- **Offene Kette:** Kann ein Spieler nicht legen, muss er einen Stein aufnehmen und diesen, wenn möglich, sofort spielen. Andernfalls wird die eigene Kette durch einen Spielchip markiert. Diese ist damit für alle Mitspieler offen.
- Erst wenn ein Spieler wieder an seiner Kette anlegt, wird diese für die Mitspieler gesperrt.
- **Doppelstein:** Nach einem quergelegten Doppelstein muss derselbe Spieler am Zug einen weiteren Stein ablegen, an seiner eigenen Kette, am *Mexican Train* oder einer offenen Kette eines Mitspielers. Andernfalls muss ein Stein nachgezogen werden. Ist auch dieser nicht spielbar, wird die eigene Kette durch einen Chip markiert und damit für alle Mitspieler offen.
- **Bedienung:** Nun ist der nächste Spieler verpflichtet, zunächst den Doppelstein zu bedienen, egal wo dieser liegt (offene, geschlossene Kette, Mexican Train). Sind nachweislich bereits alle Steine mit der betreffenden Augenzahl gespielt worden, entfällt diese Verpflichtung zur Bedienung.
- Kann ein Spieler mehrere Doppelsteine in Serie ablegen – es muss ja nach einem Doppler jeweils ein weiterer Stein gespielt werden – wird zunächst der zuerst gespielte bedient, dann der

zweite usw. Diese Regel ist auch für die nachfolgenden Spieler streng einzuhalten.

- **Klopfen:** Hat ein Spieler nur noch einen Stein, muss er – so will es die Etikette – damit klopfen, um den Mitspielern das drohende Ende anzukündigen.
- Wird von einem der Spieler der letzte Stein abgelegt, endet die Runde. Dieser letzte Stein darf auch ein Doppelstein sein.

Wertung: Der siegreiche Spieler schreibt null Negativpunkte, die übrigen Mitspieler entsprechend ihrer Restaugenzahl. Die nächste Runde wird mit der Doppel-8 begonnen, danach kommt die Doppel-7 an die Reihe. Es beginnt jeweils der Spieler links vom letzten Eröffnungsspieler. Ein Vollspiel (nach Vereinbarung kann auch kürzer gespielt werden) geht bis zur Doppel-0.

Bemerkungen: Dieses Domino-Spiel ist auch zu viert sehr reizvoll. Für echte Fans gibt es sogar eigene Mexican Train-Sets, die Markierungschips und einen „Startbahnhof" als Zubehör anbieten.

Finito!

8+ 10 Min. *2–4 T ✕ ±

Zahlenspiel
Autor: Hartmut Kommerell
Verlag: F.X.Schmid
www.schmidtspiele.de
Jahr: 2008

Spielerzahl: 2 bis 4
Alter: ab 8 Jahren
Dauer: ab 15 Minuten
Regelerklärung: 5 Minuten
Glück/Taktik/Bluff (insgesamt 9 Punkte) – 6:3:0

Empfehlungen für ähnliche Spiele: Racko, Eurotour, Take It Easy, Würfel-Bingo

Einfach und familientauglich

Sie lieben Zahlenreihen? Dann schnell ein Griff zu Hartmut Kommerells *Finito!* und hinein ins Geschehen. Wie schon anno dazumal beim zahlenlastigen *Racko* oder in neuerer Zeit beim farbenprächtigen *Take It Easy* geht es um Reihenbildungen, die jeder Spieler auf seinem eigenen Plan anstreben muss, wobei die zur Verfügung stehenden Schritte direkt von der Leistung der Mitspieler abhängen.

Kompetenzschulung

✓ **Timing:** Beim Spiel über mehrere Runden muss der Rückstand zumindest in Grenzen gehalten werden. Dies geht nur mit entsprechendem Timing, das heißt mit einem zeitgerechten Umschichten der Spielsteine.

✓ **Abschätzen:** Ein gutes Auge für die Wahrscheinlichkeiten, die durch den Würfel auftreten, bringt leichte Vorteile.

Kurzidee/Originalspiel

Jeder Spieler hat ein Dutzend Scheiben zur Verfügung, mit den Zahlenwerten von 1 bis 12. Drei davon sind vor jedem Spielzug aufgedeckt, und eine der offenen Scheiben muss auf dem zahlenmäßig von 1 bis 20 aufsteigenden Spielplan platziert werden, gemäß einem Zufallswurf eines 20-seitigen Würfels. Im späteren Verlauf müssen alle zwölf Scheiben aufsteigend umgeschichtet werden. Das ist schon alles!

Kastners Varianten-Koffer

Prämie	T ✕ ± *2–4

Sonderregeln: Gespielt wird auf 5 Runden. Es gibt kleine Änderungen bei Spiel und Wertung gegenüber dem Original.

- **2-Stein:** Statt drei offener Spielsteine darf der Sieger einer Runde in der folgenden Partie nur aus zwei aufgedeckten Steinen wählen. Sollte er dennoch gewinnen, zählen alle Differenzen zu den Gegenspielern doppelt (2-Stein-Prämie).

- **Engpass:** Der Sieger einer Runde bekommt eine Engpass-Prämie, deren Höhe davon abhängt, wie viele Nummern vor der „1" und hinter der „12" auf seinem Spielplan unbesetzt bleiben.
- **Kette:** Die längste durchgehende Kette (z. B. 3-4-5-6) wird mit je einem Punkt pro Stein prämiert (gilt für alle Spieler).

Spielende: Nach 5 Runden wird das Ergebnis verglichen. Wer mehr Punkte aufweist, hat das Spiel gewonnen. Bei Punktegleichstand wird zwischen den Führenden ein Entscheidungsmatch gespielt.

Turnier: Alle obigen Sonderregeln sind durchaus auch für Turnierspiele zu empfehlen.

Bemerkungen: Die hier vorgeschlagenen Regeln bringen einen Schuss mehr Taktik ins Geschehen. Falls Sie mit einem Kind spielen, sollten Sie womöglich in allen Runden mit dem 2-Stein-Handicap spielen – ohne allerdings im Gewinnfall die Differenz doppelt zu werten.

Kastners Kniffe

1. **2-Stein-Runde:** Versuchen Sie unbedingt, eine 2-Stein-Runde zu gewinnen. Dadurch bekommen Sie meist entscheidende Prämienpunkte.

2. **Bereinigung:** Wenn ein schnelles Ende einer Runde droht – Sie können ja alle Spielfelder einsehen – sollten Sie noch so gut als möglich ihr Tableau umschichten.

3. **Engpass:** Verzichten Sie womöglich auf diese Spielanlage, wenn Sie nach zwei oder drei Runden bereits weit vorne liegen.

4. **Ketten:** Vergessen Sie nicht, Ketten zu bilden, da diese eine Extraprämie bringen.

Förderung des strategischen Denkens

Dieses Kapitel möchte ich mit einer begrifflichen Unterscheidung von Strategie und Taktik einleiten. Eine Strategie ist ein (im Normalfall) längerfristig ausgerichtetes planvolles Anstreben einer vorteilhaften Lage oder eines Ziels. Mathematisch gesehen kann man sich dies als eine Folge von Funktionen vorstellen, die etwa aus einer Menge denkbarer Spielsituationen eines Spielers bestimmte Aktionen herausfiltern, die dem Spieler gleichsam vorschreiben, was er tun soll.

Der Ausdruck Strategie stammt übrigens aus der Militärsprache, bedeutet doch das griechische Wort *stratēgia* ebenso wie der verwandte Begriff „Strategem" ursprünglich Heeresführung. Der Stratege war demgemäß der Heerführer. Davon klar zu unterscheiden ist die Taktik. Denn das taktische Verhalten bestimmt den Weg und die Maßnahmen, mit denen kurzfristigere Zwischenziele erreichen werden können. Eines hängt vom anderen ab, und beide gehören eng zusammen. Angriffs-, Abwehr-, Eroberungsstrategien, all diese „größen Pläne" finden sich sowohl beim Militär, in der Wirtschaft, der Politik und selbstverständlich auch im Sport und im Spiel. Das strategische Bauernopfer des Schachs hat ja geradezu sprichwörtliche Bedeutung erlangt. Und dem aufmerksamen Sportsfreund wird auch das häufig zu sehende taktische Foul im Fußball kaum entgangen sein.

Alle Spiele dieser Kategorie verlangen zwar ständig wachsames taktisches Verhalten, doch noch viel mehr langfristige strategische Planung. Egal ob der Klassiker **Schach**, das Würfelbrettspiel **Backgammon**, das moderne **Hive,** das chinesisch-japanische **Go** oder das geniale **Yinsh** – man kann auf Dauer nur erfolgreich sein, wenn man einem strategischen Grundkonzept folgt. Dieses auf hohem Niveau zu erlernen verlangt viel an Zeit und noch mehr an Konzentration und Freude am kombinatorischen, logischen Denken. Jedoch ist der Lohn dafür groß, denn selbst über Jahre gespielt, gleicht keine Partie der anderen.

Alle strategischen Spiele eignen sich bestens für Turnierveranstaltungen, alle können jedoch auch von modernen Computern nahezu perfekt gespielt werden. Der Grund ist einfach. Wie ich in meinem Aufsatz „Spannungsdreieck im Spiel" (siehe dort) geschrieben habe, resultiert die Ungewissheit bei den rein kombinatorischen Spielen einzig und allein aus der bisweilen astronomischen Tiefe möglicher Zugfolgen. Wer die Verzweigungen und Drohungen besser abschätzen und durchrechnen kann, wird auf Dauer immer gewinnen. Und beim Rechnen sind moderne Computer nahezu unschlagbar. Spannung kommt daher bei reinen Logikspielen vor allem dann auf, wenn die Spieler annähernd gleiche Fähigkeiten mitbringen oder wenn, wie im Falle des chinesisch-japanischen *Go*, mit Handicap gespielt werden kann.

Backgammon hat es bis zu Weltmeisterschaftsehren gebracht. So viel zur Qualität dieses Klassikers. Ich habe in meinem gleichnamigen Buch dem Thema Wahrscheinlichkeit ein ganzes Kapitel gewidmet. Doch das Schöne bei diesem Spiel liegt zweifellos darin, dass selbst ein Anfänger durchaus Chancen hat, die eine oder andere Partie zu gewinnen. Dies trotz der ungemein taktisch-strategischen Elemente, die *Backgammon* als eines der wenigen Würfelspiele auch für ein Kapitel „zur Förderung strategischen Denkens" qualifiziert.

Sehr interessant ist das erst in unserem Jahrtausend von John Yianni erdachte **Hive**. Mit nur wenigen Spielsteinen und ganz ohne Spielbrett entsteht von einem Zug auf den anderen ein immer schwieriger zu überblickendes Insektengekrabbel. Durch die unterschiedlichen Schrittweiten und Bewegungsmöglichkeiten von Grashüpfer, Ameise, Spinne, Käfer, Bienenkönigin und (in der Erweiterung) Moskito, außerdem durch die ständigen Umschichtungen der Spielauslage, scheint *Hive* auf den ersten Blick eher taktisch geprägt. Erst nach mehreren Partien entdeckt man den tiefen strategischen Gehalt dieses Spiels. Plötzlich scheint keine Bewegung eines Insekts beliebig, plötzlich lebt er geradezu auf, der surrende „Bienenkorb" (engl. Hive).

Anders als beim *Schach* hat die taktisch-strategische Kraft eines einmal platzierten Steins beim **Go** eine über das ganze Brett ausstrahlende Fernwirkung, die für Anfänger nur schwer „begreifbar" wird. Daher muss man sich an die Ziele des *Go* langsam herantasten. Der Lohn für die Mühe ist jedoch ein lebenslanges

Denkvergnügen. Zudem eignet sich dieses Strategiespiel wie kein anderes zu Handicap-Partien. Ja, diese waren selbst in der Geschichte der Meister absolut verpflichtend, wie die lange Überlieferung des Spiels belegt.

Mit **Yinsh** hat uns Kris Burm ein Strategiespiel mit einem bereits in die Regel eingebauten Handicap vorgelegt. Sobald es einem Spieler im taktisch-strategischen Gemetzel gelingt, eine Fünferreihe zu bilden, darf er sich zwar einen Siegpunkt gutschreiben, muss jedoch gleichzeitig in weiterer Folge mit weniger Brettsteinen auskommen. Gerade bei ungleicher Spielstärke bietet Yinsh einen geradezu genial einfachen Ausgleich. Als Einstieg in die weite Welt der Strategiespiele darf ich dieses Meisterwerk unbedingt empfehlen.

Über 60 000 Bücher sind dem königlichen Spiel gewidmet, und jedes Jahr kommen weltweit Hunderte von Schriften und Artikeln dazu. Eines dieser Werke ist meine kalendarisch angelegte Kulturgeschichte des **Schachs** (Das große humboldt Schach Sammelsurium), wo ich versucht habe, alle Facetten dieses Strategiespiels gebührend zu beleuchten. Freunde des Schachs können auf meiner Homepage einen Blick auf dieses Buch werfen (www.hugo-kastner.at).

Was nun macht das Schach so einzigartig, abgesehen von seiner langen Geschichte? Die Antwort ist im Grunde genommen einfach: Schach verzeiht keine Fehler, Schach ist strategisch-taktisches Denken pur! Jede Stellung bietet tiefe, strategische Möglichkeiten. „Die Bauern sind die Seele des Schachspiels", so drückte es der französische Schachkönig des 18 Jahrhunderts, François-André Philidor, aus. Gemeint hat er damit, dass jedes Vorrücken eines Bäuerleins eine wichtige strategische Entscheidung darstellt, die ein unwiderrufliches Muster schafft, das seinerseits weitreichende strategische Überlegungen nach sich zieht. All dies gilt vom ersten bis zum letzten Zug. Sämtliche taktische Finessen, und diese sind im Schach ungemein reichhaltig, ergänzen nur den Grundtenor des königlichen Spiels, die Suche nach der korrekten Strategie!

Go   10+ 60 Min. *2 T ±

Strategiespiel	Spielerzahl: 2
Autor: unbekannt	**Alter:** ab 10 Jahren
Jahr: um 2230 v. Chr.	**Dauer:** ab 60 Minuten
	Regelerklärung: 15 Minuten
	Glück/Strategie/Bluff (insgesamt 9 Punkte) – 0 : 9 : 0

Literatur: Koulen, Michael: Go – Die Mitte des Himmels. Hebsacker, Hamburg 2004
Internet: http://gobase.org/
Verwandte Spiele: Vier gewinnt

Die Mitte des Himmels

Es gibt viele Legenden um die Entstehung des ältesten Brettspiels der Welt – und sie alle sind wunderschön anzuhören. So soll der Kaiser Yao um 2230 v. Chr. dieses Spiel zur Darstellung und Berechnung astronomischer Zusammenhänge erdacht haben. Die frühen kosmologischen Mythen stellen sich das Universum als Scheibe vor, über die sich ein quadratischer Himmel wölbt. Und unter diesem liegt das Reich der Mitte, mit den Barbarenvölkern in den unbedeckten Winkeln der Weltenscheibe, mit dem Tengen, dem Mittelpunkt, als Wurzel des Seins im alten China.

Die schwarzen und weißen, linsenförmigen Steine stehen für Yin und Yang, die beiden grundlegenden Kräfte, die in unserer Welt wirken. Reichhaltig wie das Spiel selbst ist auch die Literatur darüber. Was damals entstand, war ein Spiel der äußersten Regelsimplizität, wo auf 361 Kreuzungspunkten mit zwei Typen von abwechselnd gesetzten Steinen gegnerische Gruppen umzingelt werden. Jeder geschlagene Stein zählt einen Punkt, jedes Kreuzungsfeld im eigenen Territorium genauso viel. Eine spezielle K.o.-Regel, die ich hier nur andeuten möchte, verhindert ewige Zugschleifen. Mit diesem Spiel wird sich dem Leser eine neue Welt auftun! (aus: WIN 366, April 2007)

Kompetenzschulung

✓ **Taktik / Strategie:** Das Setzen jeden einzelnen Steins lebt von tiefen taktisch-strategischen Möglichkeiten.

✓ **Konzentration:** Nur wer sich über die volle Spielzeit konzentrieren kann, wird auf lange Sicht erfolgreich sein.

✓ **Rechentiefe / Blick aufs Ganze:** Das Spielbrett ist riesig – und doch wirkt jeder Stein über das gesamte Feld. Rechentiefe sowie ein Blick aufs Ganze sind daher Kompetenzen, die beim Go durchgehend geschult werden.

Kurzidee / Originalspiel

Einfachste Regeln und eine schier unglaubliche Spieltiefe zeichnen dieses asiatische Brettspiel aus. Grundsätzlich geht es um die Eroberung von möglichst viel Territorium. Dabei gibt es nur eine Art von Spielsteinen (in den Farben Schwarz und Weiß), die abwechselnd von den Kontrahenten auf einen der 361 Kreuzungspunkte des Go-Bretts platziert werden müssen. Eine simple Spezialregel verhindert Endlosschleifen. Go eignet sich auch ganz vorzüglich für Vorgabepartien (2 bis 9 Steine). Die Regelerklärung dauert kaum eine Viertelstunde – der Lohn dafür: eine lebenslange Herausforderung.

Kastners Varianten-Koffer

Renju   T ± *2

Spielziel: Gespielt wird – in der offiziellen Variante – auf einem 15 x 15-Brett, beide Spieler haben je 50 Steine zur Verfügung. Ziel ist es, als Erster eine waagrechte, senkrechte oder diagonale Fünferkette zu bilden.

Spielablauf: Die Anfangsphase ist bei *Renju* streng geregelt, um einen zu großen Vorteil des Startspielers zu unterbinden. Der Lohn dafür: ein immens spannendes Zweipersonenspiel.

- **Eröffnungsphase:** Der erste Spieler setzt zwei schwarze und einen weißen Stein auf einen Schnittpunkt.
- Der zweite Spieler wählt nun die Farbe Schwarz oder Weiß.
- Jetzt setzt Weiß einen weiteren Stein auf das Brett.
- Danach ist Schwarz mit zwei Steinen dran, von denen allerdings Weiß einen wieder entfernt.
- Zuletzt setzt Weiß einen Stein auf das Brett und schließt damit die Eröffnungsphase ab.
- **Spiel:** Von nun an wird abwechselnd von Schwarz und Weiß je ein Stein auf das Brett gesetzt.

Verbotene Züge: Diese Verbote gelten nur für Schwarz.

- Es dürfen niemals zwei Dreierreihen auf einmal entstehen, die nicht von weißen Steinen blockiert sind („Doppel-Dreier").
- Ebenso verboten sind zwei ununterbrochene, nicht blockierte Viererreihen, die auf einmal entstehen („Doppel-Vierer"). Nicht blockiert ist eine Reihe, die an jedem Ende einen offenen Punkt hat. *Doch:* Erlaubt ist ein „Dreier-Vierer".
- Es darf auch keine überlange Reihe (6 schwarze Steine oder mehr) durch Verbinden kürzerer Ketten gebildet werden.

Ninuki Renju   T ± *2

Spielziel: Auch diese Variante wird auf einem 15x15-Brett gespielt. Ziel ist es, als Ester eine Fünferkette (waagrecht, senkrecht, diagonal) zu bilden oder 10 gegnerische Steine gefangen zu nehmen.

Spielablauf:

- Schwarz setzt den ersten Stein.
- Danach wird abwechselnd gezogen.
- **Verbotene Züge:** Wie bei Renju (siehe oben) sind bestimmte Züge verboten.
- **Schlagen:** Ninuki Renju erlaubt es den Spielern, zwei gegnerische Steine einer Kette durch Umzingelung vom Brett zu nehmen, also zu schlagen. *Achtung:* Dies gilt nur, wenn ein Stein an ein offenes Ende der Zweierkette platziert wird. Wenn ein Spieler jedoch selber seine Steine so setzt, dass vom Gegner eingeschlossene Paare entstehen, werden diese nicht geschlagen. Sobald eine Seite 10 Steine gefangen hat, gewinnt sie das Spiel.
- Regelfeinheit: Die Vereinigung zweier Dreierketten zu einer Sechserkette ist zwar erlaubt, gilt jedoch als neutral.

Varianten: *Go-bang* bzw. *Go-moku* folgen exakt demselben Prinzip, allerdings mit leicht vereinfachter Regel. Bei *Go-bang* (*Go-moku*) dürfen keine Steine vom Brett entfernt werden. Die strategischen Anforderungen werden damit allerdings beträchtlich reduziert.

Handicap: Bei allen hier präsentierten Spielformen kann zum Ausgleich der Spielstärke vereinbart werden, dass der schwächere Spieler (Schwarz) mit seinem ersten Zug zwei, drei oder sogar vier Steine platzieren darf, allerdings nicht zu einer Kette, sondern vielmehr lose über das Spielbrett verstreut. Bei *Renju* entfällt dabei die oben beschriebene Eröffnungsphase.

Ketten-Go   T ± *2

Spielziel: 15 willkürlich auf dem Brett verteilte Markierungschips müssen durch Kettenbildung miteinander verbunden werden.

Spielvorbereitung: Zunächst werden nach dem Zufallsprinzip 15 Markierungschips auf beliebige Kreuzungspunkte des Spielbretts gelegt.

Spielablauf: Es gelten alle normalen Regeln des *Go*.

- Schwarz setzt den ersten Stein. Er sollte damit einen Markierungspunkt besetzen.
- Danach wird abwechselnd gezogen, zunächst immer auf noch offene Markierungspunkte.
- Das Spiel endet, sobald beide Spieler hintereinander passen, da keine Kettenverbindungen mehr möglich sind bzw. keine Steine mehr gefangen werden können.

Wertung: Ein einzelner, besetzter Markierungspunkt bringt 1 Punkt. Für zwei durch eine eigene Kette verbundenen Markierungen gibt es 4 Punkte. Dies steigert sich zum Maximalergebnis von 49 Punkten für sieben miteinander verbundene Markierungspunkte. Zusätzlich bringt jeder gefangene Stein 1 weiteren Punkt.

Bemerkungen zu allen Go-Varianten: Probieren Sie – vor allem mit Anfängern – das von Alex Randolph erdachte *Ketten-Go*. Der Vorteil dabei ist, dass die Spieler sofort ein einleuchtendes Ziel vor Augen haben. Eventuell sollte der schwächere Spieler als Handicap einen Vorsprung von 5 oder mehr Punkten bekommen. *Go* ist ein wunderbares Turnierspiel, selbst bei größeren Spielstärkeunterschieden. Diese lassen sich ja durch die Handicap-Vorgabe von Steinen in allen Varianten weitgehend ausgleichen.

Kastners Kniffe

1. **Handicap:** Spielen Sie das Original immer mit einem die Spielstärke ausgleichenden Handicap von 2 bis 9 Steinen.

2. **9x9/13x13-Brett:** Die ersten Partien (des Originalspiels) sollten Sie in jedem Fall auf einem kleineren 9x9- bzw. 13x13-Brett spielen. Dadurch können Sie wesentlich schneller zur auf den ersten Blick ungewohnten Endphase durchdringen, in der das gewonnene Territorium berechnet werden muss.

3. **Life&Death:** Versuchen Sie, Ihre Spielstärke durch Lösen von Life&Death-Problemen (im Internet zu finden) zu steigern.

4. **Renju/Ninuki Renju:** Beginnen Sie das Go-Spiel mit diesen wesentlich einfacheren Spielvarianten.

Backgammon

10+ 10 Min. *2–6 T ±

Würfelbrettspiel
Autor: unbekannt
Verlag: Haba (Version), Philos u.a.
www.haba.de
Jahr: Vorläufer um 2500 v. Chr.

Spielerzahl: 2 (in Variante bis 6)
Alter: ab 10 Jahren
Dauer: ab 15 Minuten
Regelerklärung: 15 Minuten
Glück/Strategie&Taktik/Bluff
(insgesamt 9 Punkte) – 2:7:0

Literatur: Kastner, Hugo: Backgammon – Geschichte, Regeln, Strategien. Humboldt/
Schlütersche, Hannover 2008
Internet: www.gnubackgammon.com

Klassiker um Wahrscheinlichkeiten

Backgammon ist eines der ältesten, schwierigsten und populärsten Spiele der Welt: drei Superlative, die nicht übertreiben. Die frühesten Spuren dieser Kombination aus Brett- und Würfelspiel verlieren sich vor mehr als 4500 Jahren im Dunkel der Geschichte. Ein solch ehrwürdiges Alter hat selbst ein Klassiker wie Schach bei weitem nicht. Schwierig sind nicht die Regeln an sich. Doch wie bei fast allen Sternen am Spiele-Himmel ist auch bei *Backgammon* enorm viel an Erfahrung, Intuition, Konzentration und Mut nötig, um auf lange Sicht zu gewinnen. Und *Backgammon* ist vor allem ein grandioses Spiel mit Wahrscheinlichkeiten. Darin liegt die eigentliche Schwierigkeit dieses Würfelspiels. Was die Popularität anbelangt, darf *Backgammon* mit den ganz großen Vertretern des Spiel-Universums in einem Atemzug genannt werden: etwa *Schach*, *Go*, *Poker* oder *Bridge*. (Auszug aus dem Vorwort meines oben angeführten Buches „*Backgammon*")

Kompetenzschulung

✓ **Taktik/Strategie:** Im Gegensatz zu anderen Turnierspielen muss man *Backgammon* nicht verbissen studieren, um es zu einem guten Spieler zu bringen. Vielmehr sollte der Lernende versuchen, sich die Feinheiten und taktisch-strategischen Überlegungen der typischen Partiemuster im wahrsten Sinn des Wortes zu erspielen.

✓ **Übersicht/Spielgefühl:** Wie bei kaum einem anderen strategisch ausgelegten Spiele-Klassiker kann bei *Backgammon* bisweilen Fortuna zur Seite stehen. Dies mag den einen oder anderen oberflächlichen Betrachter zum falschen Schluss verleiten, dass es sich hier um ein Glücksspiel handle. Weit gefehlt, auf Dauer gewinnt immer der bessere Spieler.

✓ **Abschätzen von Wahrscheinlichkeiten:** Besonderes Augenmerk gilt auch den Wahrscheinlichkeiten verschiedenster Würfe. Wer an Feinheiten interessiert ist, dem empfehle ich einen Blick in mein Buch, wo sowohl für Anfänger als auch für Fortgeschrittene lehrreiche Beispiele für alle Spielstärken ausführlich analysiert werden.

Kurzidee/Originalspiel

Backgammon verlangt einen gut angelegten strategischen Plan, der jedoch aufgrund des Würfel-bedingten Glückselements ständig flexibel und entschlossen der Spielsituation (etwa Gammon-Gefahr!) angepasst werden muss. Besonders wichtig wird bei zunehmender Spielstärke der richtige Einsatz des Verdopplungswürfels, da gerade durch diesen bei längeren Matches viele Punkte gewonnen oder verloren werden.

Kastners Varianten-Koffer

Backgammon (WM-Regel)   T ± *2

Verdopplungswürfel: Mit diesem Würfel soll der Faktor „Glück" etwas reduziert werden, da gute Spieler die Wahrscheinlichkeit zu gewinnen sehr gut abschätzen können. Beim Einsatz des Verdopplungswürfels ist Timing gefragt. Dieser Würfel trägt die Zahlenwerte 2, 4, 8, 16, 32 und 64. Zu Spielbeginn ist er für beide Spieler zugänglich, er liegt in der Mitte der Bar, mit der Seite „64" nach oben. Wer glaubt, das Spiel zu gewinnen, darf dem Gegner eine Verdopplung des Spielwerts (d. h. des einfachen, doppelten oder dreifachen Gewinns) anbieten. Lehnt der Gegner ab, verliert er das Spiel unmittelbar, allerdings ohne Verdopplung. Akzeptiert er dagegen den Verdopplungswürfel (das heißt, legt er ihn vor sich ab), geht das Spiel von nun an um den doppelten Einsatz. Außerdem hat nun der Besitzer des Verdopplungswürfels das alleinige Recht, seinerseits zu einem beliebigen Zeitpunkt eine weitere Verdopplung anzubieten. Durch Drehen des Würfels wird der momentane Stand angezeigt. Der Einsatz dieses Verdopplungswürfels muss immer vor einem eigenen Wurf geschehen.

Crawford-Regel: In einem Match (Turnierspiel) auf mehrere Siegpunkte kommt die sogenannte Crawford-Regel zur Anwendung. Erreicht einer der Spieler den vorletzten Punkt (z. B. 14 aus 15), so darf im darauf folgenden Spiel nicht verdoppelt werden, von keinem der beiden Kontrahenten. In etwaigen weiteren Spielen ist diese Vorschrift dagegen wieder aufgehoben. *Beispiel:* Es steht 14 zu 8, Crawford-Spiel; der hinten liegende Spieler gewinnt, nun darf bei 14 zu 9 ganz normal verdoppelt werden. Der Grund für diese Regel: Ein Spieler, der weit zurückliegt, wird ja automatisch verdoppeln, da er nichts mehr zu verlieren hat. *Achtung:* Beim Freeze-Out-Turniersystem (siehe Anhang) wird diese Regel nicht angewandt.

Jacoby-Regel: Beim Spiel einzelner Partien (engl. Money Game) werden Gammon und Backgammon nur dann gezählt, wenn zuvor bereits mindestens einmal verdoppelt wurde. Durch diese Regel, die im Match auf eine bestimmte Punktezahl nicht angewendet wird, beschleunigt sich das Spiel, da eine Partie nicht endlos ausgewürfelt werden muss. *Achtung:* Beim Freeze-Out-Turniersystem (siehe Anhang) wird diese Regel ebenfalls nicht angewandt.

Chouette   T *3–6

Diese Spielform bietet sich für drei bis sechs Spieler an, eignet sich jedoch auch hervorragend für ganze Turniere.

Spielziel: Ziel ist es, eine Spielserie über eine vereinbarte Zahl von Partien zu gewinnen.

Spielvorbereitung: Zunächst wird durch Würfelwurf eine Reihenfolge der Spieler festgelegt: *Man in the Box* (kurz: *Box*), Kapitän, Erster Berater, Zweiter Berater usw. (je nach Spielerzahl).

Spielablauf:

- Der Alleinspieler, *Man in der Box*, tritt zunächst gegen den Kapitän und sein Team an, das heißt gegen alle anderen. Die Partner dürfen sich beraten, der Kapitän trifft im Zweifelsfall die Entscheidung.

- Es gelten die üblichen Regeln für Einzelpartien, inklusive der Jacoby-Regel.

Wertung: Es gibt zwei Möglichkeiten für den Spielausgang:

- Die Box gewinnt und behält damit ihre Position; der Erste Berater wird neuer Kapitän; alle anderen rücken um einen Rang vor; der Kapitän kommt dagegen auf den letzten Platz.

- Der Kapitän gewinnt und wird neuer *Man in der Box*; alle anderen rücken vor, die bisherige Box reiht sich hinten an.

Verdopplungswürfel: Entweder wird mit nur einem Verdopplungswürfel oder mit einem Verdopplungswürfel für jedes Teammitglied gespielt. Dann darf (beginnend mit dem Kapitän) jeder individuell entscheiden, ob er ein Verdopplungsangebot der Box annehmen oder ablehnen möchte. Steigt der Kapitän aus dem laufenden Spiel aus, rückt der nächste Spieler nach. Dies ist der einzige Fall, bei dem sich die Spieler nicht beraten dürfen. Die Box streicht sofort die Einsätze der ablehnenden Spieler ein und setzt das Spiel gegen die übrigen fort.

Bemerkungen: Die Spielform *Chouette* ist für drei und mehr Spieler geeignet. Wenn nur ein Brett zur Verfügung steht, ist diese Variante sehr zu empfehlen. Jedenfalls müssen Sie sich darauf einstellen, dass auch bei dieser Spielform der erfahrene Spieler überproportional viel gewinnen wird. Grundstrategien sowie taktisches Verständnis für *Backgammon* bleiben ja voll erhalten, ebenso die Verdopplungsmöglichkeiten.

Kastners Kniffe

1. **Anfänger:** Wenn Sie gegen wenig erfahrene Spieler antreten, sollten Sie unbedingt zunächst ohne Verdopplungswürfel spielen.

2. **Handicap:** Versuchen Sie eventuell auch eine der Handicap-Varianten.

   - **Erster Wurf:** Der schwächere Spieler macht immer den ersten Zug, unabhängig vom Wurfergebnis.
   - **Festgelegter Eröffnungswurf**: Der schwächere Spieler darf mit 42, 61, 31 oder 11 beginnen. Der Vorteil ist aufsteigend, da mit der Dublette sowohl der Bar-Punkt (7-Punkt) als auch der Goldene Punkt (5-Punkt) gemacht werden können.
   - **Verdopplungswürfel:** Der schwächere Spieler bekommt zu Beginn des Spiels den Verdopplungswürfel.
   - **Rollover:** Diese Vorgabe ist sehr flexibel und damit wirklich empfehlenswert. Der schwächere Spieler bekommt zwei oder drei Rollover-Optionen, der stärkere eine. Jeder Spieler darf im Spiel/Match (dies ist vorher zu vereinbaren) damit einen oder mehrere eigene Würfe wiederholen oder einen gegnerischen Wurf annullieren. Was bringt diese Idee im praktischen Spiel? Ganz einfach: Wer sein Privileg aufspart, kann unter Umständen in gleichwertigen Stellungen verdoppeln und damit den Gegner zur Aufgabe zwingen. Oder umgekehrt kann eine Verdopplung, die normalerweise abgelehnt werden müsste, mit der Rollover-Option doch noch angenommen werden. *Tipp:* Um nicht ständig ein bereits verwendetes Rollover-Recht in Erinnerung halten zu müssen, sollte jeder Spieler Extraspielmarker haben, die bei Bedarf abzugeben sind.

3. **Verdopplungswürfel:** Sobald die Mitspieler eine gewisse Spielstärke erreicht haben, empfehle ich, Matches auf 5, 7, 9 oder 11 Punkte zu spielen, mit Einsatz des Verdopplungswürfels.

4. **Computer:** Backgammon eignet sich hervorragend für Partien am Computer. In Schulen können ganze Turniere auf diese Weise abgewickelt werden. Bitte *GnuBackgammon* herunterladen und ausprobieren.

5. **Gruppen:** Bei größeren Gruppen bieten sich die Spielform *Chouette* bzw. die Freeze-out-Wertung an.

6. **Turnier:** Bei kleinen Turnieren ist es günstig, nur Einzelpartien durchzuführen oder bei Verwendung des Verdopplungswürfels maximal auf 5 Punkte zu spielen.

Hive   9+ 20 Min. *2 T ±

Strategiespiel
Autor: John Yianni
Verlag: Gen Four Two, Huch
www.huchandfriends.de
Jahr: 2001, 2006 (Neuausgabe)

Spielerzahl: 2
Alter: ab 9 Jahren
Dauer: 20 Minuten
Regelerklärung: 15 Minuten
Glück/Strategie&Taktik/Bluff (insgesamt 9 Punkte) – 0 : 9 : 0

Erweiterung: Moskito-Steine
Empfehlungen für strategische Spiele: Army of Frogs
Internet: www.hivemania.com

Insektenplage!

Ein Spiel mit Suchtpotenzial, so viel gleich vorweg. Ich kenne kaum jemanden, der nicht sofort von der Tücke der teuflischen Insekten infiziert wird. Der Grund: Das Fehlen des bei Denkspielen oft grüblerischen Wartens und der quälend langsamen Zugfolgen. Brettspielcharakter ohne Brett sozusagen! Stattdessen ein schnell anwachsendes Insektengekrabbel, das nicht nur bunt im eigentlichen Sinn, sondern auch tiefsinnig, facettenreich und vielschichtig ist, wie selten ein rein deduktives Spielwerk. Ja, selbst das ästhetische, stilvolle Material führt uns hier in eine neue Welt des Spielempfindens. (aus: WIN 358, Oktober 2006)

Kompetenzschulung

✓ **Taktik / Strategie:** Jede Bewegung eines Insekts verlangt taktische und strategische Überlegungen.

✓ **Konzentration:** Eine kurze Unachtsamkeit führt sofort zur Umzingelung durch Insekten.

Kurzidee / Originalspiel

Elf Spielsteine (Insekten mit ganz unterschiedlichen Bewegungsmustern) müssen von beiden Spielern nach und nach zu einem Wabenmuster auf den Tisch gebracht werden. Sobald die Königin ausliegt, dürfen alle eigenen Insekten frei bewegt werden. Ziel ist es, die gegnerische Königin auf allen sechs Seiten zu umzingeln. Die eigentliche Schwierigkeit liegt darin, beim sich ständig verändernden „Bienenkorb" (engl. *Hive*) die Übersicht zu bewahren.

Kastners Varianten-Koffer

Tiebreaker	T ± *2

Spielziel: Die gegnerische Königin muss völlig von Insekten eingeschlossen werden.

Spielvorbereitung: Jeder der beiden Spieler bekommt 11 (bzw. 12) Steine: 1 Bienenkönigin, 2 Käfer, 3 Grashüpfer, 2 Spinnen und 3 Ameisen.

In der Erweiterung kommt noch je 1 Moskito dazu. Alle Insekten haben ihre eigenen Bewegungsmuster.

Spielablauf:

- Ein Stein (Insekt) wird von einem Spieler in die Tischmitte gelegt. Danach legt der Gegner ebenfalls einen seiner Steine ab, direkt an den ersten Stein anschließend.
- Ab dem zweiten Zug muss jeder neu angelegte Stein einen oder mehrere eigene Steine berühren, darf jedoch keinesfalls an einen gegnerischen Stein angrenzen.
- Spätestens im vierten Zug muss die Bienenkönigin auf den Tisch.
- Von nun an können bereits auf dem Tisch befindliche Steine bewegt oder neue Insekten eingesetzt werden.
- *Achtung:* Alle Steine müssen zu jeder Zeit miteinander verbunden sein, auch während eines Spielzugs.

Insekten (kurz beschrieben): *Käfer:* kann auf andere Steine krabbeln; *Spinne:* zieht exakt drei Schritte weit; *Grashüpfer:* darf Steine geradlinig überspringen; *Ameise:* kann um die ganze Wabe herumlaufen; *Königin:* kann nur einen Schritt machen, darf jedoch keinesfalls vollkommen eingeschlossen werden; *Moskito:* nimmt die Identität eines Nachbarsteins an. Falls eine Spinne auf einem Stein aufsitzt, gilt diese als Nachbar, nicht das darunterliegende Insekt.

Wertung: Das Spiel endet in dem Augenblick, in dem eine Bienenkönigin auf allen sechs Seiten von gegnerischen oder eigenen Steinen umzingelt ist. Werden beide Bienenköniginnen gleichzeitig eingeschlossen, endet das Spiel unentschieden. Ebenfalls remis ist eine *Hive*-Partie, wenn immer wieder die gleichen Steine bewegt werden müssen, ohne dass es zu einer Veränderung der Spielsituation kommt.

Turnier: Weil *Hive*-Partien unterschiedlich lang dauern, sollten Turniere am besten im K.o.-System ausgetragen werden.

Remis: Da bei umsichtigem Spiele Remis-Partien doch recht häufig vorkommen, sollten Sie zuvor folgende Regel vereinbaren: Im Falle eines unentschiedenen Spielstands (egal ob durch gleichzeitiges Einschließen der Bienenköniginnen oder durch Zugwiederholung) gewinnt die Seite, die bis dahin weniger Insekten eingesetzt hat. Ist auch hier die Zahl gleich, empfehle ich eine Rangfolge der noch nicht eingesetzten Insekten. Wer mehr davon außerhalb der „Wabe" liegen hat, gewinnt das Spiel: (1) Ameisen, (2) Spinnen, (3) Käfer, (4) Grashüpfer und (5) Moskitos (falls Sie diese Steine verwenden).

Bemerkungen: Hive ist ungemein tückisch, vor allem, da das Zusammenspiel der Insekten kaum berechenbar ist. Jede Partie verläuft völlig anders. Ein Unentschieden wird übrigens umso wahrscheinlicher, je näher die Bienenköniginnen beisammen liegen.

Kastners Kniffe

1. **Handicap:** Lassen Sie dem schwächeren Spieler die Wahl des ersten Zuges. Spielen Sie eventuell mit einem Insekt weniger.

2. **Insekten:** *Käfer:* Unterschätzen Sie keinesfalls die Käfer. Sitzen diese erst einmal auf der Bienenkönigin, wird sie für immer bewegungsunfähig. *Grashüpfer:* Diese sind vor allem im Endspiel wichtig, da sie in offene Stellen hineinspringen können. *Spinnen:* Diese sollten früh ins Spiel gebracht werden, da ihre Bewegung bei einer kleineren Steine-Ansammlung besser zur Wirkung kommt.

3. **Blockieren:** Ameisen sind extrem beweglich. Daher sollten gegnerische, wenn möglich, blockiert werden. Versuchen Sie

daher immer, Ihre Insekten in der „Wabe" außen zu halten, den Gegner dagegen zu umzingeln.

4. **Moskito:** Verwenden Sie, wenn möglich, die zwei Moskito-Steine der Erweiterung.

Yinsh

8+ 15 Min. *2 T ±

Strategiespiel
Autor: Kris Burm
Verlag: Don & Co
www.gipf.com
Jahr: 2003

Spielerzahl: 2
Alter: ab 8 Jahren
Dauer: 15 Minuten
Regelerklärung: 5 Minuten
Glück/Strategie&Taktik/Bluff (insgesamt 9 Punkte)
– 0 : 9 : 0

Internet: www.gipf.com
Serie „Project Gipf": Dvonn, Gipf, Pünkt, Tamsk, Tzaar, Zertz

Angriff und Verteidigung

Sie müssen schon lange suchen, um ein taktisch-strategisches Spiel zu finden, das die Leichtigkeit und Eleganz des Yinsh vermittelt und gleichzeitig selbst bei unterschiedlicher Spielstärke eine nahezu unwirkliche Balance der Chancenverteilung bietet. Kein Wunder, dass dieses Meisterwerk aus dem „Gipf-Projekt" weltweit unzählige Auszeichnungen einheimsen konnte. Wenn auch Kris Burm Anleihen bei *Gobang*, *Reversi* und *Vier gewinnt* gemacht hat, so liegt das Yinsh-Geheimnis doch darin, dass dem führenden Spieler eine immanente Schwächung zugefügt wird und damit der Spielpartner zumindest zweimal während einer Partie unvermittelt neue Hoffnung schöpfen darf. Zudem entstehen auf dem Spielplan rasch wechselnde, bizarr wirkende und gleichzeitig ästhetisch ansprechende Muster aus griffigem, sich wunderbar anfühlendem Spielmaterial (aus: WIN 389, Dez. 2008).

Kompetenzschulung

✓ **Strategisch-taktisches Verständnis:** Nahezu jedes Setzen eines Steins verlangt gleichzeitig nach taktischen wie auch nach strategischen Überlegungen.

✓ **Umschalten von Angriff auf Verteidigung:** Sobald ein Spieler fünf Steine vom Brett nehmen muss, gilt es für den Gegner, auf Angriff umzustellen. Dieses Umstellen von Verteidigung auf Angriff wird durch das eingebaute Handicap fast zwangsläufig forciert.

✓ **Erkennen von Nah- und Fernwirkung:** Ähnlich wie beim japanischen Brettspiel *Go* kommt auch bei *Yinsh* der Fernwirkung einzelner Steine große Bedeutung zu.

Kurzidee/Originalspiel

Auf den Kreuzungspunkten eines Dreieckrasters versuchen die Spieler durch das geschickte Setzen von Ringen (die mit der eigenen Farbe schwarz-weiß-seitiger Steine gefüllt werden) Fünferreihen zu bilden. Wird dabei eine durchgehende Kette eigener und/oder gegnerischer Steine von zwei Ringen eingeschlossen, werden unmittelbar alle dazwischen liegenden Steine umgedreht. Damit wechselt die Farbe und gleichzeitig das Reihenmuster auf dem Spielbrett.

Kastners Varianten-Koffer

Handicap-Yinsh   T ± *2

Geben Sie dem schwächeren Spieler zwei bis drei Steine vor. Allerdings dürfen diese Vorgabesteine keine zusammenhängenden Ketten bilden und daher auch nicht mit einem der zu Spielbeginn ausgelegten fünf Ringe kombiniert werden.

Bemerkungen: Für Turniere sollten Sie in jedem Fall mehrere Bretter zur Verfügung haben. Yinsh eignet sich für nahezu alle im Theorieteil vorgeschlagenen Turniersysteme. *Anmerkung:* Jedoch ist bei Vergleichskämpfen auch bei diesem strategisch ausgerichteten Spiel die Verwendung einer Zeituhr (eventuell Schachuhr) zu empfehlen.

Kastners Kniffe

1. **Mehrfachdrohung:** Achten Sie darauf, dass jeder Ring, den Sie setzen, eine Mehrfachdrohung darstellt. Das heißt, dass einerseits die Bildung einer Fünferreihe angestrebt, andererseits aber auch ein Umdrehen einer bereits ausliegenden Kette die eigene Farbe forciert wird.

2. **Randfelder:** Bedenken Sie, dass Steine, die am Rand des Spielbretts liegen, vor einem Umdrehen durch Einschließen zwischen zwei Ringe sicher sind. Dafür stellen diese Randsteine meist weniger Drohungen auf.

Schach

8+ 10 Min. *1–4 ⊙ T P ±

Klassisches Brettspiel
Autor: unbekannt
Jahr: um 580

Spielerzahl: 1 bis 4 (Varianten)
Alter: ab 8 Jahren
Dauer: ab 10 Minuten (Blitzschach)
Regelerklärung: 30 Minuten
Glück/Strategie/Bluff (insgesamt 9 Punkte) – 0:9:0

Literatur: Kastner, Hugo: Das große humboldt Schach Sammelsurium. Humboldt, Baden-Baden 2007
Internet: www.chess.at
Empfehlungen für strategische Spiele: Ablone, Dame, Halma

Weizenkornlegende

Diese Legende stammt aus dem Buch „Die goldenen Wiesen und Edelsteingruben" des in Bagdad geborenen Historikers, Philosophen und Geografen Abu al-Hasan Ali ibn al-Husayn al-Mas'⁻udi († 956 Fustat, Ägypten).

Ein indischer König brachte durch Hochmut und Tyrannei das Volk gegen sich auf. Da erschien der Brahmane Sissa, der das Schachspiel erfand, um dem König vor Augen zu führen, dass nur das Gemeinsame dem Wohl des Landes dient und der Herrscher ohne den Beistand der Untertanen schutzlos dem Feind ausgeliefert ist. Der König stellte dem Brahmanen einen Wunsch frei und war fast erzürnt, als sich der heilige Mann ein Weizenkorn auf dem ersten Feld des Brettes, zwei auf dem zweiten, vier auf dem dritten und so fort wünschte. Er wollte nur die Gesamtzahl der Körner als Lohn bekommen. Nun, der König durfte den Wunsch nicht abschlagen und wies seinen Verwalter an, sofort den nötigen Weizen aus der Kornkammer holen zu lassen. Seine Erzürnung über die große Bescheidenheit des Brahmanen wich Erstaunen und dann Entsetzen, da der König bald einsah, dass alles Korn aller Ernten seines Lebens nicht ausreichen würde, um den Wunsch des weisen Mannes zu erfüllen. Verlangt war die astronomische Zahl von 18 446 744 073 709 551 615 Körnern Weizen, das sind 18,5 Trillionen, eine Zahl, die unserer Vorstellungskraft sprengt. (aus: Kastner, Hugo: Das große humboldt Schach Sammelsurium. Humboldt, Baden-Baden 2007)

Kompetenzschulung

✓ **Strategie/Taktik:** Vermutlich gibt es kein Spiel, das stärker durch die Verquickung von Strategie und Taktik, also von langfristiger Planung sowie kurzfristiger Reaktion auf die Spielsituation, geprägt ist als *Schach*. *Empfehlung*: Achten Sie darauf, Spieler annähernd gleicher Stärke zusammenzubringen.

✓ **Angriff / Verteidigung:** Die Wechselwirkung zwischen Angriff und Verteidigung bzw. der Übergang von einer Spielanlage in die andere kann bei *Schach* optimal trainiert werden.

✓ **Logik:** Gerade bei Problemen und Studien wird logisches Verständnis optimal gefördert.

✓ **Merkvermögen:** Stellungsmuster und Spielbilder wiederholen sich, wenn auch in immer neuen Facetten. Wie theoretische Forschungen zeigen, ist das Merkvermögen ein wesentliches Element aller strategischen Spiele, also auch im Schach entscheidend. (Siehe Kapitel „Förderung der Gedächtnisleistung".)

Kurzidee / Originalspiel

Zwei „Armeen" stehen sich in exakt gleicher Stärke gegenüber. Beide Seiten verfolgen das gleiche Ziel, nämlich den gegnerischen König durch strategische und taktische Zugfolgen in die Enge zu treiben und schließlich matt zu setzen. Alle Züge erfordern einen rein logischen und kombinatorisch tief durchdachten Plan. *Schach* wird verdientermaßen als „König der Spiele" bezeichnet.

Kastners Varianten-Koffer

Tandem	T P *4

Spielziel: Einer der beiden Gegner soll matt gesetzt werden.

Spielvorbereitung: Gespielt wird auf zwei Brettern, wobei die Partner (nebeneinander sitzend) einmal Schwarz und einmal Weiß spielen. Beide Partien gehen auf Zeit (optimal 5 Minuten), und zwar unabhängig voneinander. Es werden daher zwei Schachuhren benötigt.

Spielablauf:

- Beide Partien beginnen gleichzeitig.
- Geschlagene Figuren wandern jeweils zum Partner.
- Diese Figuren dürfen statt eines regulären Zuges eingesetzt werden. Dabei gelten folgende *Einschränkungen*: Bauern dürfen nicht auf die 1. oder 8. Reihe gestellt werden; Einsätze zum Schach bzw. Schachmatt sind untersagt; Türme dürfen, wenn am Originalfeld platziert, rochieren; eine umgewandelte Figur, die geschlagen wird, kann wieder nur als Bauer eingesetzt werden; das erste Matt entscheidet die Partie.
- Sonst gelten die normalen Schachregeln.

Spielende: Sobald eine Seite matt ist oder das Fallen der Klappe reklamiert wird, enden beide Partien.

Variante: Wenn Sie noch mehr Turbulenz wünschen, können Sie auch zuvor vereinbaren, Figureneinsätze zum Schach zuzulassen.

Bemerkungen: *Tandem-Schach* hat einen immensen Spaßfaktor und sollte daher gerade mit Jugendlichen unbedingt versucht werden.

Chess 960   T *2

Spielziel: Es gewinnt, wer den Gegner matt setzt.

Grundregeln: Gespielt wird mit einer gegenüber dem traditionellen *Schach* geänderten Grundstellung.

- Die Auslosung der Startposition erfolgt kurz vor Spielbeginn.
- Alle weißen und schwarzen Bauern stehen auf den üblichen Feldern.
- Alle weißen Figuren kommen auf die Grundreihe.
- Der weiße König muss zwischen den Türmen stehen.
- Ein Läufer besetzt ein weißes, ein Läufer ein schwarzes Feld.

- Die schwarzen Figuren werden spiegelbildlich aufgestellt.
- **Figurenauslosung** (nach *Hans Bodlaender*): Mittels Achterwürfel wird zunächst das Feld für den schwarzfeldrigen Läufer bestimmt, danach das für den weißfeldrigen. Als Nächstes folgen die Springer, zuletzt die Dame. Von den drei freibleibenden Feldern sind das linke sowie das rechte für die Türme reserviert. Zuletzt wird der König gesetzt.

Spielablauf:
- Dieser folgt exakt dem Normalschach.
- **Rochaderegeln:** (R1) c-Rochade (entspricht 0-0-0): König auf c-Linie, Turm auf d-Linie; g-Rochade (entspricht 0-0): König auf g-Linie, Turm auf f-Linie; (R2) der König darf das Feld des rochierenden Turms überschreiten; (R3) entspricht die Stellung einer Normalpartie, gelten die normalen Rochaderegeln; (R4) es können auch nur Turm oder nur König gezogen werden bzw. beide Figuren in die gleiche Richtung ziehen. *Beispiel:* Ta1, Kb1. (R5) Zusätzlich gelten alle herkömmlichen Rochadebedingungen.

Bemerkungen: Im Vergleich zum traditionellen *Schach* entfällt die Eröffnungstheorie fast völlig, und es ist daher vom ersten Zug weg eine Over-the-board-Analyse notwendig. Mittelspiel und Endspiel dagegen sind weitgehend mit dem regulären *Schach* identisch. Die Startpositionen werden gelost.

Fress/Räuber-Schach   T *2

Spielziel: Es gewinnt, wer zuerst alle eigenen Figuren verliert oder keinen Zug mehr machen kann.

Spielvorbereitung: Grundaufstellung des *Schachs*.

Spielablauf:

- Der erste Zug folgt den normalen Schachregeln.
- Während der Partie … besteht Schlagzwang, wobei der am Zug befindliche Spieler entscheidet, wenn mehrere Optionen offen stehen, … gibt es kein Schach oder Matt, …. kann ein Bauer auch zum König umgewandelt werden.

Spielende: Sobald ein Spieler keine Figur mehr auf dem Brett hat oder nicht mehr ziehen kann, gewinnt er die Partie.

Varianten: (1) Umwandlungen dürfen nur zur Dame erfolgen; Patt bedeutet Remis. (2) Schach ist möglich, der König muss wegziehen; Siegbedingung: Matt oder alle Figuren bis auf den König werden geschlagen; Patt bedeutet Remis. (3) Der matt gesetzte Spieler gewinnt.

Bemerkungen: Beim *Fress-Schach* bildet das Endspiel den Höhepunkt der Partie. Umwandlungen in alle Figuren kommen vor.

Problemschach *1

Hier liegt allein im Lösen der Aufgaben die Befriedigung. Problemschach eignet sich damit hervorragend für „einsame" Stunden. (Beispiele aus: Kastner, Hugo: Das große humboldt Schach Sammelsurium, humboldt, Baden-Baden 2007.)

Bemerkungen: Wie vermutlich kein anderes Spiel eignet sich *Schach* für Problem- und Studienaufgaben. Der Unterschied: Bei Ersteren gibt es eine exakte Zahl von Zügen bis zum Matt, bei Letzteren muss dagegen der (meist lange) Weg zum Gewinn oder Remis gefunden werden. Beide Problemschach-Varianten haben ihre glühenden Anhänger. Jedenfalls kommen die Studien dem praktischen Spiel etwas näher als die (dafür) effektvolleren Probleme.

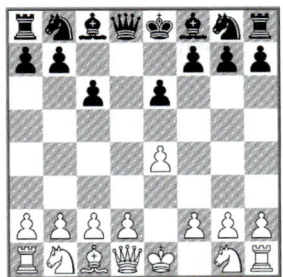

Tibor Orbán 1976

Wie kommt man nach je 4 Zügen von Weiß und Schwarz zu dieser Stellung? Eine teuflisch schwere Aufgabe … einfach dagegen ist dieses Problem in sechs, sieben oder neun Halbzügen. **1. e4 e6 2. Lb5 Ke7! 3. Lxd7 c6 4. Le8! Kxe8**

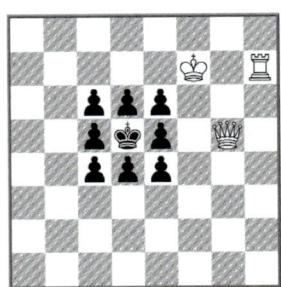

Dawid Przepiórka 1907: Matt in 4

Dieses Stellungsbild hat eine ungewohnt hohe ästhetische Ausprägung. Elegant, wie der schwarze König aus seiner Festung gelockt und schließlich mit einer versteckten Pointe zur Strecke gebracht wird. **1. De7 d3** Falls 1…e3 2.Th4 und 3.Dxe6#. **2. Dd6+ Kxd6 3. Ke8** … und schließlich der Gnadenstoß: **4.Td7#**

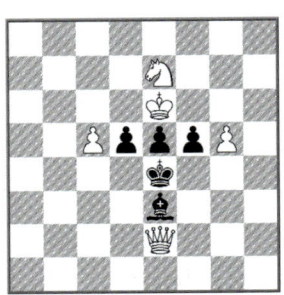

Sam Loyd 1867: Matt in 3

Das „Kreuz" von Sam Loyd ganz ohne religiösen Hintergrund …
1. c6 (oder 1. g6) **Kd4** 1…Kf4 2. Dg2 Lc5 oder beliebig 3. Sxd5#; 1…d4 2. Sd5 d3 (2…f4 3. Sf6#) 3. Dxe3#; 1…f4 2. Sf5 d4 3. Sd6# **2.Dc2 Lxg5** (oder beliebig) **3. Sxf5#**

Kastners Kniffe

1. **Problemschach:** Die Probleme, die Sie Jugendlichen vorlegen, sollten am besten gerade noch lösbar sein, jedoch eine wirkliche Herausforderung darstellen.

2. **Handicap:** Achten Sie unbedingt auf die Spielstärken der einzelnen Turnierteilnehmer, selbst beim *Tandemschach*. Zeit-Handicaps bieten sich im *Schach* auf allen Spielstufen an, ja sie sind selbst unter Weltklassespielern bei Entscheidungspartien nicht verpönt.

3. **Turnierformat:** Wichtig ist es, beim Originalspiel wie auch beim Blitzschach (5-Minuten-Partien), die für den Zeitrahmen passende Turnierform zu wählen (siehe Theorieteil mit einer ausführlichen Darstellung der speziell für das *Schach* entwickelten Turniersysteme).

4. **Regeln:** Beim Schach sollte auf allen Spielstärkestufen exakt auf Einhaltung der Regeln – etwa „berührt-geführt" – geachtet werden. Streitfälle sind damit nahezu ausgeschlossen.

5. **Schachuhr:** Um unnötige Verzögerungen und langatmige Denkpausen zu unterbinden, empfiehlt es sich, eine Schachuhr zu verwenden. *Tipp:* Diese lässt sich auch sehr gut für zahlreiche weitere Spielideen dieses Buches verwenden.

Spiel-Initiativen & Museen

Fachgruppe Spiel

www.fachgruppe-spiel.de

Als Dachorganisation der deutschen Spielwarenindustrie setzt sich die *Fachgruppe Spiel* „für die Anerkennung des Spiels als gesellschaftlich und sozialpolitisch relevantes Kulturgut" ein und bietet zudem eine breite Palette von Unterstützungsmaßnahmen und Beratungen für alle Interessenten der Freizeit- und Lernaktivität „Spielen".

Zielsetzungen

- kommuniziert Absatzentwicklungen und Trends im Spielebereich
- fördert Spielen an Schulen umfassend
- initiiert und fördert mit „gamemob.de" die Erschließung neuer Zielgruppen für die Sache des Spiels
- fördert ideell das Netzwerk von großen und kleinen Publikumsveranstaltungen zum Thema Spiel
- unterstützt Spiele-Events und Publikumsmessen mit kostenlosen Exemplaren für das Ausleihen von Spielen
- setzt sich ein für die Anerkennung des Spiels als gesellschaftlich und sozialpädagogisch relevantes Kulturgut
- unterstreicht in ihrer Medienarbeit die Bedeutung des spielerischen Lernens bei Kindern
- dient ihren Mitgliedern als Forum für die Erörterung allgemein interessierender unternehmenspolitischer Problemstellungen

Thesen (aus: Website der Fachgruppe Spiel)

1. *Spielen fördert die Entwicklung der Intelligenz:* Das Erkunden von unterschiedlichen Lösungswegen, um dem Spielziel näherzukommen, gehört zu jedem Spiel. Da nicht jeder eingeschlagene Weg immer zum Spielsieg führt, gilt es viele Möglichkeiten auszuprobieren. Wer den intelligenteren Weg einschlägt, gewinnt. So entwickeln Spieler taktisches Gespür und strategische Weitsicht. Durchdachtes kann sofort ausprobiert werden. Erfolg bringt Bestätigung bzw. durch Niederlagen entstehen Anreize, es erneut zu versuchen.

2. *Spielen fördert die Persönlichkeitsentwicklung:* Im Spiel sind verschiedene Verhaltensweisen denkbar. Spieler können erleben, was es heißt zu kooperieren. Rücksichtsloses Verhalten verärgert Mitspieler, deren Solidarität unter Umständen in späteren Spielsituationen benötigt wird. Wer einen Mitspieler klein hält und gering achtet, mag die Vorlage für einen dritten geben, so dass dieser unbehelligt Nutznießer eines Geplänkels zweier Streithähne sein kann. Man ist auf alle Mitspieler angewiesen. Das „Niedermachen" eines einzelnen Gegenspielers mag sich als Pyrrhussieg erweisen. Schließlich führt Spielen so auch zu selbständigem Handeln.

3. *Spielen fördert die Sozialentwicklung:* Spielen, erst recht Spielen in der Schule, ist keine Solitär-Angelegenheit. Im Spiel gibt es Mit- und Gegenspieler, auf die jeder angewiesen ist. Erst im gemeinsamen Messen der verschiedenen Fähigkeiten ist spielerischer Wettstreit möglich. Nirgendwo sonst als beim Spielen kann man sanktionsfrei das Erleben eines Gewinns oder das Ertragen einer Niederlage durchleben und verarbeiten. Damit einher gehen emotionale

Erlebnisse wie Freude, auch Schadenfreude, Ärger, Enttäuschung, etc. Schließlich wird so ein wichtiger Beitrag zur Gewaltprävention geleistet. Wer mit anderen spielt, wird sich diese Spielpartner niemals gewaltausübend vergraulen.

4. *Spielen fördert motorische Fähigkeiten:* Im Spiel lassen sich etliche Bewegungsabläufe der Hand, des Arms, des ganzen Körpers einüben, vor allem, wenn es um Geschicklichkeit oder ein gutes Reaktionsvermögen geht. Das fängt beim Trainieren des Pinzettengriffs im Kleinkindalter an und führt bis zum geschickten Stapeln statisch stabiler Holzklotz-Türme für ältere Semester. Und wer bei Reaktionsspielen keine „schnelle Hand" besitzt, wird diese Fähigkeit üben wollen.

5. *Spielen fördert Konzentrationsfähigkeit:* Wenn Schüler für einen längeren Zeitraum eine Aufgabe verfolgen, wird die Konzentration (das „Am-Ball-Bleiben") unterstützt. Spielerische Sequenzen halten die Mitwirkenden konzentriert bei der Sache. Das liegt zum einen am Wettbewerbscharakter – man möchte besser sein als die Konkurrenten –, das liegt aber zum anderen auch an den empfundenen Spannungsbögen während des Spielgeschehens. Man möchte erleben, wie sich was im Spiel entwickelt.

6. *Spielen fördert die Sprachentwicklung:* Spielen ist hochgradig kommunikativ. Die Spieler müssen sich über das Spielgeschehen, den Spielablauf und das Regelwerk verständigen und es gelegentlich auch interpretieren. Auch die im Spiel erlebte Emotionalität muss sprachlich verarbeitet werden. Darüber hinaus gibt es etliche Wort-, Buchstaben- und Sprachspiele, die ganz gezielt den

Umgang mit Sprache (auch mit Fremdsprache) thematisieren und auf kurzweilige Art unterhalten können.

7. Spielen fördert die Entwicklung von Kreativität: Kreativität wird beim Spielen auf vielfältige Art und Weise angeregt. Zum einen können die Spieler unterschiedliche Vorgehensweisen ausprobieren und somit ganz kreativ Lösungswege erproben. Zum anderen dürfen Spiele verändert, und damit kreativ auf den eigenen Bedarf hin zugeschnitten werden. Das Entwickeln sogenannter Hausregeln ist keine Seltenheit. Und als dritter kreativer Aspekt muss genannt werden, dass mancher Spieler sogar selbst eigene Spielkonzepte entwirft, entwickelt und austestet.

Anmerkung des Autors: Alle hier angeführten Thesen darf ich uneingeschränkt aus meinen persönlichen Erfahrungen mit dem Thema „Spiel" bestätigen.

Mitglieder

1. Vorsitzender: Michael Hopf, Habermaaß GmbH
2. Vorsitzender: Axel Meffert, Franckh-Kosmos Verlags GmbH & Co. KG
Geschäftsführer: Dr. Volker Schmid, info@fachgruppe-spiel.de

AMIGO
Spiel + Freizeit GmbH
Waldstraße 23 - D5
63128 Dietzenbach
Tel. 06074 3755-0
Fax 06074 3755-110
info@amigo-spiele.de

ASS
Spielkartenfabrik Altenburg GmbH
Leipziger Straße 7
04600 Altenburg
Tel. 03447 582-0
Fax 03447 582-109
info@spielkarten.com

Clementoni GmbH
Gutenbergstr. 3, 76437 Rastatt
Tel. 07222 968986
Fax 07222 9689868
info@clementoni.de

Franckh-Kosmos
Verlags-GmbH & Co.KG
Pfizerstr. 5–7, 70049 Stuttgart
Tel. 0711 2191-300
Fax 0711 2191-360
info@kosmos.de

Goliath Toys GmbH
Otto-Hahn-Str. 46
63303 Dreieich
Tel. +49 6103 45918-0
Fax +49 6103 45918-20
Mobil +49 160 90590285
abtm@goliathgames.de

Habermaass GmbH
Fabrik für feine Holzspielwaren
Postfach 1107, 96473 Rodach
Tel. 09564 929-100
Fax 09564 3513
info@haba.de

Hans im Glück Verlag
Birnauerstr. 15, 80809 München
Tel. 089 3005419
Fax 089 302336
info@hans-im-glueck.de

HASBRO Deutschland GmbH
Dreieich Plaza 2a, 63303 Dreieich
Tel. 06103 3011-0
Fax 06103 3011-199
info@hasbro.de

Jumbo Spiele GmbH
Wasserburg Haus zum Haus
40878 Ratingen
Tel. 02102 9393-0
Fax 02102 9393-20
info@jumbo.nl

Mattel GmbH
An der Trift 75, 63303 Dreieich
Tel. 06103 891-0
Fax 06103 891-300
info@mattel.com

Ferd. Piatnik & Söhne
Wiener Spielkartenfabrik
Hütteldorferstr. 229–231
A-1141 Wien
Tel. 02166 128710
Tel. 0043 1-9144151
Fax 0043 1-9111445
info@piatnik.de

Ravensburger
Spieleverlag GmbH
Robert-Bosch-Str .1
88214 Ravensburg
Tel. 0751 86-0
Fax 0751 86-1311
info@ravensburger.de

Georg Reulein GmbH & Co. KG
Noris Spiele
Postfach 2254
90712 Fürth Bayern
Tel. 0911 970800
Fax 0911 708507
info@noris-Spiele.de

Schmidt Spiele GmbH
Lahnstr. 21, 12055 Berlin
Tel. 030 683902-0
Fax 030 683902-55
info@schmidtspiele.de

Selecta Spielzeug AG
Römerstraße 1, 83533 Edling
Tel. 08071 1006-0
Fax 08071 1006-40
info@selecta-spielzeug.de

Winning Moves
Deutschland GmbH
Lindemannstraße 13
40237 Düsseldorf
Tel. 0211 550275-0
Fax 0211 550275-22
info@winning-moves.de

Zoch GmbH
Brienner Straße 54a
80333 München
Tel. 089 520574-0 oder
        520574-11
Fax 089 520574-59
info@zoch-verlag.com

Österreichisches Spielemuseum

Stiftung Spielen in Österreich
Dagmar und Ferdinand de Cassan
Raasdorferstraße 28, A-2285 Leopoldsdorf
Tel. +43 2216 7000-6, Fax +43 2216 7000-3
office@spielen.at
www.spielen.at

Das *Österreichische Spielemuseum* steht mit seinen mehr als 20 000 Spielen, die das letzte Vierteljahrhundert nahezu lückenlos abdecken, allen Freunden des Kulturguts „Spiel" offen. Vor Ort in

Leopoldsdorf (bei Wien), an regelmäßig stattfindenden Spiele-Abenden sowie bei der seit 1984 durchgeführten Megaveranstaltung „Spielefest" wird der „Homo ludens" in uns allen gefördert und gefordert. Das Spielemuseum ist eine Privatinitiative von Dagmar und Ferdinand de Cassan.

Zielsetzungen

Wiener Spiele-Akademie – Quod ludo

- Die Wiener Spiele-Akademie versteht sich in erster Linie als „Denkfabrik" für die österreichische Spieleszene.
- Neben der wissenschaftlichen Beschäftigung mit dem zeitgenössischen Spiel steht vor allem die Entwicklung und Realisierung von Ideen und Lösungen zur Popularisierung des Spielens in Österreich im Mittelpunkt.
- Die Zusammenarbeit mit Spieleverlagen, Spieleautoren und Spieleorganisationen auf nationaler wie internationaler Ebene wird angestrebt, trotzdem bleibt die österreichische Linie im Zentrum des Interesses der Akademie.
- Durch die Veranstaltung von Symposien und Expertenrunden sowie die Forcierung der Öffentlichkeitsarbeit soll einerseits der gesellschaftliche Wert des Brett-, Karten- und Gesellschaftsspieles in Familie und Freundeskreis gefestigt, andererseits Österreich als Markt für Spieleverlage interessanter gemacht werden.

Initiativen

SPIELEPREIS – *Ausgezeichnete Spiele*
- Alljährlich werden Spielepreise in mehreren Bereichen vergeben: „Brett- und Kartenspiel" (SPIEL DER SPIELE, SPIELE HITS),

„Fantasy-Spiel" (GRIFFIN SCROLL) und „Computer- und Konsolenspiel" (ULTIMATE GAME AWARD). Anmerkung: Der Preis „Spiel der Spiele" – die größte österreichische Auszeichnung – wird seit dem Jahr 2001 vergeben.

■ Diese Auszeichnungen sollen dem Konsumenten helfen, familienfreundliche, gewaltfreie und kommunikationsfördernde Spiele im Handel leichter zu finden.

SPIELEINSTITUT – Unterricht und Ausbildung

■ SPIELEBERATER, die auf Grund ihres Wissens jedem Spieler das für ihn richtige Spiel empfehlen können, werden im Spielemuseum ausgebildet.

■ Ein SPIELECHOACH hat die Aufgabe, einem Menschen in jeder Lebenssituation durch Spiele zu einem ausgeglichen Lebensstil finden zu lassen.

■ Für SPIELEAUTOREN findet jedes Jahr eine eigene Schulungs-Veranstaltung statt.

SPIELEKOLLEG – Beratung und Information

■ Die SPIELEBLITZLICHTER stellen eine multimediale Präsentation von Spielen dar.

■ Die SPIELREGELSHOW bietet ausgezeichnete visuelle Spielregel-Erklärungen im Internet.

■ Eine interaktive DATENBANK mit über 20 000 Einträgen umfasst nahezu alle Spielerscheinungen der jüngeren Vergangenheit.

■ Die ELTERNSCHULE geht in Kindergärten, um die Eltern als kompetente Spielpartner zu gewinnen.

■ Die Aktion SPIELEJUWELEN versucht, komplexe Spiele einem breiten Publikum näher zu bringen.

SPIELEJOURNAL — *Win-Das Spielemagazin*

- Nahezu 400 Ausgaben des größten österreichischen Spielemagazins bieten umfassende REZENSIONEN, kurze BLITZLICHTER von Neuerscheinungen und eine ständige Kolumne über PERLEN DER SPIELKUNST (vom Autor dieses Buches).

SPIELESTUDIO — *Denkfabrik und Forschung*

- Seit dem internationalen Kongress „Board Game Studies Colloquium X" (April 2007) wird eine „Topologie von Spielen" angestrebt, die letztlich eine echte Klassifizierung ermöglichen soll.

SPIELELABOR — *Digitale Spiele*

- Die neusten Computer- und Konsolenspiele werden laufend getestet und bewertet.

SPIELEFEST — *Mega-Action*

- Seit 1984 findet in Wien alljährlich ein SPIELEFEST statt, konzipiert als Treffpunkt für die ganze Familie.
- Zielsetzung: Ausprobieren von Spielen, Verteilen von Informationen, jedoch kein Verkauf.
- In verschiedenen österreichischen Bundesländern werden weitere Spielefeste veranstaltet.
- Zusammengenommen kommen alljährlich nahezu 100 000 Menschen zu den österreichischen Spielefesten.

Permanente Trendforschung rundet alle diese Tätigkeiten ab.

Deutsches Spiele-Archiv

Deutsches Spiele-Archiv e.V.
Barfüßerstr. 2a, 35037 Marburg / Lahn
Leitung: Dr. Bernward Thole (VdA)
Tel. 06421 62728, Fax: 62720
E-Mail: spiele-archiv@t-online.de
www.deutsches-spiele-archiv.de

Das *Deutsche Spiele-Archiv* (mit ca. 35 000 Spielen und mehr als 1000 Büchern) wurde in jahrzehntelanger Leidenschaft für „Spielen und Spiele" von Dr. Bernward Thole (zuletzt in Marburg) aufgebaut. Im Augenblick ist eine Übersiedlung in die „Spielestadt" Nürnberg, wo ja auch alljährlich eine große Fachmesse stattfindet, ins Blickfeld gerückt. Ich glaube, der Freund des Spiels darf sich über diese geografische Ballung eines zeithistorischen Riesen-Archivs an einem Ort wahrlich freuen.

Zielsetzung

Das 1985 gegründete *Deutsche Spiele-Archiv* dokumentiert auf einer Fläche von rund 750 qm die Spiele-Produktion des deutschsprachigen Raumes nach 1945. Es schafft damit die Grundlage für eine intensive Analyse und wissenschaftliche Reflexion der zeitgenössischen Spiel-Entwicklung. Über Verbraucherberatung und eine intensive Medienarbeit fördert das Archiv die Idee des Spiels in Familie und Gesellschaft.

Bestände

Der weitgehend in privatem Besitz befindliche Fundus umfasst eine der größten Sammlungen zeitgenössischer Brett- und Kartenspiele sowie spielhistorisch relevante Archivalien (Spielfiguren, Würfel, Spielgeld usw.). Die Sammlung wird ergänzt durch eine Fachbibliothek mit umfangreichem Buch- und Zeitschriftenbestand, durch eine Katalog- und Prospektsammlung sowie Sacharchive (Realarchiv, Rezensionsarchiv, Verlags- und Autorenarchiv).

Nutzung

Das *Deutsche Spiele-Archiv* steht Wissenschaftlern, Journalisten, Autoren, Lektoren und Pädagogen, aber auch Privatpersonen zur Verfügung. Es ist als Arbeitsarchiv angelegt. Sein Bestand kann daher nicht ausgeliehen werden.

Klassifikationen

Auf der Basis der grundsätzlichen Entscheidung für eine systematische Ordnung und Präsentation des Archivbestands entwickelte das *Deutsche Spiele-Archiv* eine bündige und zugleich übersichtliche Klassifikation für Spiele. Für diese Arbeit gab es im Bereich der Brett- und Tischspiele bis dahin kein systematisch-geschlossenes System, das als Vorlage dienen konnte.

Drei Haupt-Kategorien werden unterschieden, dann folgt eine erste Ebene innerhalb jeder Kategorie:

- **Brett- und Tischspiele**
  Würfel- und Glücksspiele
  Legespiele
  Denkspiele
  Rollenspiele
  Quiz- und Konversationsspiele
  Geschicklichkeitsspiele
  Sonstige Spiele und Spielemagazine

- **Kartenspiele**
  Abstrakte Kartenspiele
  Rollenspiele
  Kommunikationsspiele
- **Würfel und Zufallsgeneratoren**
  Platonische Würfel
  Nichtplatonische Würfel
  Sonstige Zufallsgeneratoren
  Würfelsammlungen

Fachdienst Spiel

Unter der Rubrik *fachdienst spiel* wurden Fachbeiträge in unterschiedlichen Gebieten zur Diskussion gestellt. Derzeit wird die Arbeit der gleichnamigen Zeitschrift durch das *Deutsche Spiele-Archiv* im Internet weiter geführt.

Europäische Spielesammler Gilde

www.eurospielesammlergilde.de
Vorsitzender: Jochen Corts
Gründung: 2000
Gründungsmitglieder: Rudolf Rühle, Rainer und Ulrike Schiefer, Bernward Thole, Dagmar und Ferdinand de Cassan, Werner Sommer, Roger Kaysel, Han Heidema, Frank Ükermann und Jürgen Schick.

Wer spannende und hervorragend recherchierte Artikel zu Brettspielen, Kartenspielen oder dem Thema „Spiel" ganz allgemein sucht, wird auf der Homepage der *Europäischen Spielesammler Gilde* garantiert fündig. Auch die Kontaktaufnahme zu Sammlern oder

der Blick in die großen Spiele-Museen eröffnet sich praktisch auf Mausklick. Im Weiteren werden alle wichtigen Verlage (darunter viele historische) vorgestellt sowie die namhaften Autoren der letzten Jahrzehnte porträtiert. Abgerundet wird diese mit Passion zusammengestellte Website durch ein umfangreiches Literaturverzeichnis wie einem Link zu nahezu allen bedeutenden Spieleseiten. Es bleiben wahrlich keine Wünsche offen. Für den am „Spiel" interessierten Leser ist ein Blick auf die Website wahrlich ein Muss.

Zielsetzung

Verein zur Förderung des Kulturguts Spiel und der Erforschung seiner Geschichte sowie des gegenseitige Erfahrungsaustausches bei der Erfassung und Sicherung des europäischen und internationalen Spiele-Erbes.

Aktuelles

Eine ständig aktualisierte Seite mit Hinweisen auf neuere Entwicklungen und Schwerpunkte der Spieleszene rundet den exzellenten Gesamteindruck dieser Website positiv ab.

Private Spielesammler

Diese Seite stellt mehrere Dutzend der größten privaten Spielesammler vor, inklusive ihrer vielschichtigen Sammelgebiete (3M, Avalon Hill, DDR, Denkspiele, Hausser, Mensch ärgere dich nicht, Parker, Quartette, Sala, Schachvarianten, Scholz, Schwarzer Peter, Scrabble, uvm.). Wer sich in die Spielhistorie vertiefen möchte, findet über die Kontaktadressen bestinformierte Partner. Alle Überblicksinformationen können übrigens auch in englischer Sprache abgefragt werden.

„Institutionelle" Spiele – Sammler – Vereine, Einrichtungen, Stiftungen, Museen, ...

Die wichtigsten Vereine, Stiftungen und Museen können über die Website der Europäischen Spielesammler Gilde direkt kontaktiert werden.

- **Deutsches Spielearchiv in Marburg (zukünftig: Nürnberg)** – Eine der größten Sammlungen zeitgenössischer Brett- und Kartenspiele
- **Bayrisches Spielearchiv Haar e.V.** – Sammelt und dokumentiert Gesellschaftsspiele und Spiele-Literatur
- **Deutsches Spielkartenmuseum Leinfelden-Echterdingen** – Die größte öffentliche Spielkarten-Sammlung in Europa
- **Association of Game & Puzzle Collectors** – The American game collectors' page (Seite für amerikanische Spielesammler)
- **Das virtuelle Spielemuseum** – Sehr schöne Seite mit vielen Spielen aus den 50er bis 70er Jahren
- **Deutsches Spielemuseum e.V. Chemnitz** – Über 50 000 Exponate mit Spielen aus aller Welt der letzten fünf Jahrhunderte
- **Österreichisches Spielemuseum** – Ludorium, eine Spieledatenbank mit über 20 000 Spielen
- **Board games studies** – International Journal for the Study of Board Games (Internationales Journal für Brettspiele)
- **Das schweizerische Spielemuseeum** – Swiss museum of games

Sammelgebiete

Wichtige Sammelgebiete werden auf den einzelnen Websites angeboten, viele davon von den Mitgliedern der ESG zusammengestellt und in hervorragender Weise dokumentiert. (Stand: August 2009)

- Verlage (62)
- Serien (8)
- Autoren (7)
- Themen (85)
- Literatur (über 800)

Mehr Zeit für Kinder e. V.

Seit 1987 fördert Mehr Zeit für Kinder e.V. das Miteinander von Eltern und Kindern. Der bundesweit aktive Verein gibt Buchratgeber, Broschüren und CDs heraus und organisiert Fachtagungen und Familienprogramme auf Messen und Landestagen. Durch Social Sponsoring-Plakatkampagnen macht der Verein auf die Belange von Kindern und Familien aufmerksam. Forschung und Wissenschaft, Unternehmen und Verbände unterstützen den Mehr Zeit für Kinder e.V. bei der Durchführung seiner vielfältigen Aktivitäten und Projekte. Vor allem die Buchratgeber für Familien bieten echte Lebenshilfe – ohne erhobenen Zeigefinger. Nähere Informationen sind abrufbar im Internet unter www.mzfk.net.

Zielsetzung

Der Mehr Zeit für Kinder e.V. möchte zum Spielen, zum Gemeinsam-Spaß-Haben, zum Sich-Wohlfühlen und zum Sich-Geborgen-Fühlen motivieren. Der Verein will Familien helfen, gleichermaßen die Bedürfnisse und Wünsche von Eltern und Kindern zu erkennen und die wegen ökonomischer Zwänge immer knapper werdende gemeinsame Zeit optimal zu nutzen. Auch zu mehr Familienfreundlichkeit im Alltag möchte der bundesweit aktive Verein beitragen. Der Mehr Zeit für Kinder e.V. gibt vor allem praktische Tipps und Anregungen, wie Eltern die gemeinsame Zeit mit ihren Kindern intensiver nutzen können.

Anmerkung des Autors: Diese Website gibt besonders für die Förderung jüngerer Kinder sehr brauchbare Hilfen. Dies zu praktisch allen in diesem Ratgeber für Eltern und Lehrer präsentierten Schwerpunkten.

Schwerpunkte

- Förderung gemeinsamer Spiel- und Spaß-Aktivitäten in der Familie
- Förderung der kindlichen Sprachentwicklung
- Förderung der motorischen Entwicklung von Kindern
- Förderung des Ernährungsbewusstseins in der Familie
- Förderung einer werteorientierten Erziehung

Publikationen

„Von Familien für Familien" – seit 1993 gibt der *Mehr Zeit für Kinder e.V.* Buchpublikationen heraus. Sie richten sich an die ganze Familie, sind stabil gebunden und farbig illustriert. Alle *Mehr Zeit für Kinder*-Bücher haben enthalten viele Tipps und Anregungen, die Familien zum jeweiligen Thema eingeschickt haben. Seit 2006 publiziert der Verein auch pädagogisch wertvolle CDs für Kinder.

Projektbeispiel

Wie wichtig gerade das Spielen für die motorische, geistige und soziale Entwicklung von Kindern ist, vermittelt der Verein seit vielen Jahren durch unterschiedliche Projekte. Mit dem Projekt „Spielen macht Schule" beispielsweise fördern der *Mehr Zeit für Kinder e. V.* und das *Transferzentrum für Neurowissenschaften und Lernen*, Ulm, das Spielen in Grundschulen.

Partner

Kooperationspartner des Vereins u. a.: Bundesministerium für Familien, Senioren, Frauen und Jugend; Barmer; Ravensburger; Lego; Deutsche Bahn AG; familotel; Deutscher Bundesverband für Logopädie; Bundesverband der Kinder- und Jugendärzte.

Spielforschung & Theorie

Spannungsdreieck im Spiel

„Jeder, der Spiele nur für Spielerei hält
und die Arbeit zu ernst nimmt,
hat von beiden wenig begriffen."
Heinrich Heine

Spiele leben vom Element der Ungewissheit, der Spannung, der Überraschung. Ohne diese Faktoren hätte ein Spiel keinen Reiz, ohne diese kann ein Spiel wohl nicht geliebt werden, und ohne diese Faktoren wird es letztlich auch nicht überleben. Wodurch aber wird diese Ungewissheit, die ewige Frage wie es weitergeht, bewirkt? Welche Eckpfeiler der Spannung finden sich – in der einen oder anderen Form – in allen spielerischen Aktivitäten wieder, also auch bei den durch pädagogische Elemente charakterisierten Spielen?

Entscheidend scheinen folgende Faktoren zu sein: Zum Ersten die Frage nach den Mechanismen, die ein Anhalten der Spannung bis zum Spielende bewirken. Im Wesentlichen sind es, so hat Jörg Bewersdorff in seiner exzellenten spieltheoretischen Analyse „Glück, Logik und Bluff" ausgeführt, drei Faktoren, die fast alle Spiele in ihrer Dynamik prägen (1) Glück/Zufall, (2) Logik/Kompetenz und (3) Bluff/Informationslücken. (Bewersdorff, Jörg: Glück, Logik und Bluff. Vieweg Verlag, Wiesbaden 2003.)

Wie nun sehen die angesprochenen Mechanismen (Spannungsursachen) im Detail aus?

Glück / Zufall: Eines der ältesten Hilfsmittel, den Verlauf einer Partie oder eines Spielzugs zu steuern, ist der Würfel. Aber auch Karten, Lottoziehungen und dergleichen dienen als Steuerelemente. In reinster Form dominiert bei Glücksspielen ausschließlich der Zufall, wie etwa beim klassischen *Roulette*. Als Spieler müssen Sie sich Ihrem Schicksal ergeben, hoffen aber, das Glück zwingen zu können. Meist ist es jedoch eine Kombination aus Entscheidungen der Spieler und zufälligen Ereignissen, die den Reiz der Ungewissheit im Spiel ausmachen. Interessanterweise folgen diese im Einzelfall unvorhersehbaren Ereignisse langfristig berechenbaren Gesetzen des Ausgleichs, so dass Fragen zum Glücksspiel sogar als die Geburtsstunde der Wahrscheinlichkeitsrechnung gelten dürfen. Wie sagt Alex Randolph: „Würfel sind die Symbole des Unvorhersehbaren."

Logik / Kompetenz: Haben alle Spieler bestimmte, den Regeln entsprechend genau festgelegte Handlungsmöglichkeiten, so entscheidet über den Spielverlauf oft allein die Kombinationstiefe. Je verästelter und reichhaltiger die Möglichkeiten sind, desto unüberschaubarer werden die Konsequenzen aus einem bestimmten Spielzug. Die Ungewissheit bei den rein kombinatorischen Spielen resultiert daher einzig und allein aus der bisweilen astronomischen Tiefe möglicher Zugfolgen. Gefragt ist von den Spielern ein vernetztes Denken. Klassisches Beispiel hierfür ist das *Schach*. *Wer* die Verzweigungen und Drohungen besser abschätzen und durchrechnen kann, wird auf Dauer immer gewinnen. Spannung kommt bei reinen Logikspielen dann auf, wenn die Spieler annähernd gleiche Fähigkeiten mitbringen oder wenn, wie im Falle des chinesisch-japanischen *Go*, mit Handicap gespielt werden kann.

Diese elementaren Faktoren sind allerdings nicht die einzigen von Fähigkeiten abhängenden Quellen der Ungewissheit im Spiel. Sie sind jedoch für die meisten Fälle des Unvorhersehbaren verantwortlich. Daneben spielen im Kompetenzbereich Geschicklichkeit sowie körperliche Leistungsfähigkeit (z. B. *Carabande*), Merkfähigkeit (z. B. *Memory*), Wissen (z. B. *Anno Domini*), Kommunikation (z. B. *Time's Up*) und Wortschatz (*Scrabble*) eine wichtige Rolle. Zudem sollten an natürliche Grenzen stoßende Regelauslegungen (z. B. bei der Gültigkeit bestimmter Scrabble-Wörter) nicht vergessen werden. Auch hier wird der Faktor „Ungewissheit" bisweilen nur allzu deutlich. Allerdings haben diese in diesem Absatz erwähnten Kompetenzbereiche im Gegensatz zu „Glück, Logik und Bluff", um die Bewersdorff-Kurzformel zu verwenden, im Normalfall bei den meisten Spielen eher weniger Gewicht. Andererseits kommt es gerade beim „pädagogisch wertvollen Spiel", wie dieses Buch zeigt, doch wieder stärker darauf an, diesen „atypischen" Kompetenz-Elementen größere Aufmerksamkeit zu schenken. Mehr dazu bei den einzelnen Spielempfehlungen.

Bluff / Informationslücken (in diesem Buch: **Bluff**): In Qualitätsanalysen von Spielen wird dieser dritte Ungewissheitsfaktor oft vernachlässigt. Gemeint ist mit dem Begriff Informationslücken, dass Spieler zu einem bestimmten Zeitpunkt des Spiels Informationen haben, die sich von denen der übrigen Spieler deutlich unterscheiden. Klassische Beispiele sind etwa das *Pokern*, wo mit der alleinigen Information über das eigene Blatt die Einsätze getätigt werden müssen, oder das simple *Stein-Schere-Papier*-Spiel, wo die eigene Strategie zwar einerseits völlig von der gegnerischen Entscheidung abhängig ist, andererseits die gegnerische Strategie bis zum Moment des Handelns unbekannt bleibt. Der Spielraum für das Bluffen wird von der Ausprägung der Informationslücken sowie den übrigen Spielfaktoren abhängen. Die Einschätzung der gegnerischen Handlungsweise, gleichermaßen das psychologische Moment, ist auch stark an die Persönlichkeit der Spieler gekoppelt. Die klassische Analyse des „Gefangenendilemmas" von John von Neumann bietet Denkansätze, wie bei unvollständiger Information (oder Bluff) spieltheoretisch vorzugehen ist. Der einzelne Spieler wird dennoch auf Grund seiner individuellen Risikofreudigkeit bisweilen völlig unerwartete Strategien einschlagen. Interessanterweise bildet dieser dritte Eckpunkt des Spannungsdreiecks im Spiel eine Brücke zur Wirtschaft, zum Militärwesen sowie zu Entscheidungsprozessen ganz allgemein. Bestätigt wird diese Erkenntnis durch die Verleihung des Nobelpreises 2005 für Wirtschaftswissenschaften an zwei Spieltheoretiker, den Amerikaner Thomas Schelling und den Israeli Robert Aumann, für ihre Arbeiten zu Konflikten und Kooperationen in der Spieltheorie.

Als Quintessenz dieser Überlegungen lässt sich für jedes Spiel ein Spannungsdreieck bilden, das auf einen Blick eine deutliche Vorstellung von den charakteristischen Spannungsfaktoren gibt. Bei dieser **codierten Darstellung** werden die Mechanismen jeweils von den Ecken weg gezählt, wobei diese Ecken den Wert „9" haben. Bei einem reinen Glücksspiel wie *Roulette* sind daher die L(ogik)- und B(luff)-Werte null, der G(lück)-Wert dafür 9. In diesem Ratgeber wird bei jedem Hauptspiel der Faktor „Glück-Kompetenz-Bluff" durch drei nebeneinanderstehende Zahlen, die insgesamt den Wert 9 ergeben, ausgewiesen. (Nach persönlicher Einschätzung des Autors: Zusätzlich erfolgt ein Hinweis darauf, welche Kompetenz mit dem jeweiligen Spiel hauptsächlich gefördert wird.)

Ich hoffe, den am Spiel interessierten Lesern mit diesem Aufsatz eine Anregung gegeben zu haben, Spiele unter einem neuen, erweiterten Aspekt zu betrachten, der vielleicht auch bei der Entscheidung für den praktischen Einsatz von Spielen im Unterricht oder im Familienverband hilfreich sein mag.

Spiele mit Kommunikations-Charakter

> *„Es gibt nichts Wunderbareres*
> *und Unbegreiflicheres und nichts,*
> *was uns fremder wird und gründlicher verloren geht*
> *als die Seele des spielenden Kindes."* Hermann Hesse

Keine Spielgattung bringt in größeren Gruppen ähnliche Turbulenz und Hektik wie die in diesem Buch vorgestellten, auf Kommunikation aufbauenden Spielempfehlungen. Im Normalfall kann sich jeder Mitspieler leicht einbringen, die Gruppengrößen sind äußerst variabel, und die Regelauslegung durch den Spielleiter kann oftmals großzügiger sein als etwa bei Spielen mit Turniercharakter. Man denke an die Publikumsbefragungen in diversen Fernsehshows. Der Tisch soll mit Leben erfüllt werden, das ist oberste Priorität in dieser Spielfamilie, egal ob in der Schule oder im trauten Heim. Dennoch sollten Sie als Spielleiter gerade bei den Rate- und Quizspielen unbedingt darauf achten, dass die einzelnen Gruppen ausgewogen sind, um Frust und Enttäuschung zu vermeiden. Beim Wertungssystem dieser Spielfamilie gilt es zu bedenken, dass die Trennschärfe zwischen „richtig" und „falsch" oft schwer zu ziehen ist. Daher sollten Sie schon zu Beginn klarmachen, dass „Schiedsrichterentscheidungen" unbedingt zu akzeptieren sind.

Spieltisch

Bei den kommunikativen Spielen ist die Raumverteilung extrem wichtig, oft entscheidet sie sogar darüber, ob ein Spiel angenommen wird oder nicht. Ich kann nur empfehlen, die Spielfläche durch ein Filztuch (persönlich bevorzuge ich die vom Kartentisch gewohnte Farbe Grün) abzudecken und alle Mitspieler um den „Tisch" zu versammeln. Bisweilen genügt hier eine lose Anordnung in halbwegs deutlich voneinander abgegrenzten Gruppen. Sie als Spielleiter sollten jedenfalls alle Mitspieler durch Augenkontakt jederzeit ansprechen können.

Stimmung

Bei dieser Spielfamilie ist es sehr wichtig, die Persönlichkeit der einzelnen Mitspieler gut zur Entfaltung kommen zu lassen. Je größer die Gruppe, desto stärker ist die Gefahr, dass der eine oder andere Spieler nicht zu Wort kommt, sich also nur passiv am Geschehen beteiligt. Hier wird vom Spielleiter Fingerspitzengefühl verlangt. Auch einzelne Spieler, die zu sehr dominieren, können Kommunikationsspiele leicht zum Kippen bringen. Auch hier ist es notwendig, rechtzeitig lenkend einzugreifen, indem etwa jeder Spieler einer Gruppe abwechselnd zum Zug gebeten wird. Das eigentliche Spielziel ist bei der Familie der Kommunikationsspiele weniger wichtig als der Weg dorthin. Ermöglichen Sie also ein Spielen mit allen Sinnen. Und denken Sie daran: Nirgendwo ist der Spielleiter so entscheidend wie bei dieser Spielfamilie.

Rate-System

Damit die „Spielrunde" spannend verläuft, sollte das System exakt zur Gruppengröße bzw. zum jeweiligen Spieltypus passen. Hier

dürfen Sie ohne Vorbehalte meinen bei den einzelnen Spielvorstellungen angeführten Empfehlungen folgen. Alles wurde in
vielen Hunderten von Stunden in ganz unterschiedlichen Grup-
penzusammensetzungen getestet. Jedenfalls kommt dem Spielleiter (selbst wenn diese Funktion reihum gewechselt wird) beim
Timing eine enorm wichtige Rolle zu. Kommunikationsspiele
leben vom Talent des Showmasters.

Handicap

Wenn verschiedene Altersstufen an einem Spiel teilnehmen, sollte
bisweilen auch bei dieser Familie mit Vorgabe gespielt werden.
Allerdings darf dies nicht so weit gehen, dass Antworten auf Fragen zu großzügig ausgelegt werden. Auch hier möchte ich auf
meine Empfehlungen bei den einzelnen Spielvorschlägen hinweisen. Wieder muss jedenfalls der Spielleiter seine Rolle mit Gefühl
und Gespür ausleben.

10 Goldene Tipps

- Legen Sie einen Spielleiter (fix oder temporär) fest.
- Betonen Sie, dass der Spielleiter für die Regelauslegung zustän-
  dig ist.
- Stecken Sie zu Beginn den Zeitrahmen ab und wählen Sie ein
  passendes Spielsystem.
- Stellen Sie die Gruppen nach Gefühl (oder durch Los) zusam-
  men.
- Versammeln Sie alle Spieler so nah wie möglich um sich.
- Lassen Sie nur ein Spiel im Raum zu und achten Sie auf das
  Timing.
- Vereinfachen Sie die Regeln so weit wie möglich.

- Legen Sie die Regeln eher großzügig aus.
- Legen Sie (eventuell) für schwächere Spieler Handicaps fest.
- Versuchen Sie treffende Kommentare zu geben.

Turniersysteme für Brettspiele

> *„Etwas Gescheiteres kann einer doch nicht treiben*
> *in dieser schönen Welt als spielen.*
> *Mir kommt das ganze Leben vor wie ein Spiel.“*
>
> Henrik Ibsen

Die Funktion des Spielleiters unterscheidet sich bei den Spielen mit Turniercharakter grundsätzlich von der bei den Kommunikations- bzw. Ratespielen. Kann bei den Letzteren eine große Gruppe gleichzeitig am Spielgeschehen teilnehmen, so sollten bei der hier vorgestellten Familie ausreichend Spielbretter, Kartenspiele und eventuell sogar Zeitmesser (Sanduhren, Schachuhren usw.) zur Verfügung stehen, damit etwa eine Schulklasse in Kleingruppen, Teams oder Zweier-Spielpartner aufgeteilt werden kann. Wertungssysteme, Handicapregeln sowie strenge Regeleinhaltung sind Grundvoraussetzung für den Erfolg der Spiele mit Turniercharakter.

Wertung

Wie im Schachsport können bei allen Spielen mit Turniercharakter unterschiedliche Turnier- und Wertungssysteme zur Anwendung kommen, abhängig von der Gruppe sowie der Intention des Veranstalters.

- **Freeze-Out-System:** Ein *Freeze-Out* Match funktioniert ähnlich wie ein Pokerspiel. Jeder Teilnehmer beginnt mit der gleichen Anzahl von Chips, etwa 12. Man spielt so lange mit, bis man alle seine Chips verloren hat. In jedem Spiel zahlt der Verlierer dem Gewinner einen Chip (Grundeinsatz). Glaubt ein Spieler, während der Partie, deutlich besser zu stehen, darf er verdoppeln (am besten mit einem **Verdopplungswürfel**). Lehnt der Gegner ab, verliert er einfach, nimmt er dagegen an, geht die Partie weiter, um den zweifachen Einsatz, mit dem Verdopplungswürfel beim annehmenden Spieler (siehe *Backgammon*). Nur dieser kann von nun an selbst verdoppeln. Um eine Matchserie zu beschleunigen, kann man zuvor vereinbaren, dass nach jeweils vier Partien der Grundeinsatz verdoppelt wird, ähnlich wie beim *Pokern*. *Besonderheit:* Es wird nie mehr an Chips ausbezahlt, als der jeweilige Spieler noch vor sich liegen hat. Wer keine Chips mehr besitzt, scheidet aus (engl. freeze-out).

- **K.o.-System:** Dieses sollte im Klassenverband nur dann eingesetzt werden, wenn auch die ausgeschiedenen Spieler um die hinteren Plätze weiterspielen können. Bei Gleichstand muss ein **Tiebreak** nach **Blitzregeln** (für jedes Spiel unterschiedlich zu handhaben) entscheiden. Sollte auch hierdurch keine Reihung möglich sein, kann auch das Los entscheiden. *Beispiel:* 32 Spieler beginnen in der ersten Runde, 16 davon spielen im K.o.-System in der oberen Hälfte weiter, 16 in der unteren. Dies jeweils bis zur Entscheidung. Damit ergibt sich am Ende ein durchgängiges, wenn auch ziemlich zufallsabhängiges Ranking.

- **Rundenturnier** (engl. Round-Robin)**:** Jeder spielt gegen jeden, was sehr gerecht erscheint, da es kein Auslosungsglück gibt. Allerdings werden in der Praxis bei manchen strategischen

Spielen, wie etwa Schach, viele Remispartien gespielt. Als Feinwertung kann ich auch hier bei Punktegleichstand das vom Schach bekannte **Sonneborn-Berger-System** empfehlen. Dieses wurde 1873 von *Oscar Gelbfuhs* entwickelt und 1883 von *William Sonneborn* und *Johann Berger* bei einem Liverpooler Turnier erstmals erprobt. 1886 war es endgültig etabliert. *Funktionsweise:* Nur die Punkte der Gegner, gegen die man gewonnen hat, werden addiert. Analog kommen bei Remis die halben Punkte in die Rechnung. Wer gegen die stärkeren Spieler besser abschneidet, wird dadurch belohnt.

- **Rutsch-System (Scheveninger System):** Bei diesem Turnierformat (für zwei Mannschaften) tritt jeder Spieler einer Mannschaft gegen jeden Spieler der anderen Mannschaft an. Beliebt ist das Scheveninger System im Schach vor allem bei Schnell- und Blitzturnieren. Der historische Hintergrund ist ein Turnier im holländischen Seebad *Scheveningen* (1923), wo die eingeladenen Gäste gegen die Vertreter des Gastgeberlandes antraten. Oft wird dieses Turnierformat mit dem Rutschsystem gekoppelt, wo eine Tischseite nach jeder Runde um einen Platz weiterrutscht. Bei größeren Spielergruppen kann auch vorweg festgelegt werden, wie viele Runden durchgespielt werden. Jedenfalls sollten die einzelnen Partien annähernd gleich lang dauern, was durch fixe Zeitvorgaben zu erreichen ist. Allerdings gilt es zu bedenken, dass sich nicht jedes Spiel für dieses Turnierformat eignet.

6. **Schweizer-System:** Auch dieses bei großen Teilnehmerzahlen, etwa in einem Open, populäre Turnierformat wurde zunächst für Schachveranstaltungen entwickelt. Eine feste Zahl von Runden (meist 7, 9 oder 11, also eine ungerade Zahl) wird

gespielt, wobei die Paarungen nach fixen Regeln erfolgen: Kein Spieler darf zweimal in einem Turnier den gleichen Gegner haben. Spieler mit gleicher Punktezahl nach einer Runde müssen, wenn möglich, gegeneinander spielen. Ist dies nicht zu machen, muss ein Gegner mit möglichst nah liegender Punktezahl gewählt werden. Vor Turnierbeginn wird eine Rangliste (beim Schach nach Elo-Punkten) erstellt und danach der erste Spieler der oberen Hälfte gegen den ersten Spieler der unteren Hälfte gesetzt usw. Ist die Spielstärke der Teilnehmer nicht bekannt, wird die erste Runde gelost. Das Schweizer System liefert für die Rangordnung gute Ergebnisse in den oberen und unteren Bereichen, ist allerdings im Mittelfeld sehr zufallsabhängig. Als Feinabstufung dient hier die **Buchholz-Wertung**, die *Bruno Buchholz* aus Magdeburg 1932 entwickelte. *Funktionsweise:* Nach Turnierende werden die Punkte aller Gegenspieler zur Buchholz-Zahl addiert. Bei Punktegleichheit entscheidet diese über die Platzierung. Erstmals wurde dieses Schweizer System 1895 bei einem Züricher Turnier erprobt, wo sich *Julius Müller* dafür starkmachte.

- **Staffel-System:** Dieses klassische Turnier-Wertungssystem verteilt Punkte entsprechend der Anzahl der Spieler (in Einzelpartien). Bei 4 Teilnehmern bekommt der Sieger 4 Punkte, der Zweite 3 und der Dritte 2. Der Verlierer geht völlig leer aus, schreibt also null Punkte. Wird gleichzeitig an mehreren Tischen gespielt, sollte für eine neuerliche Partie jeweils die Hälfte der Spieler um einen Platz weiterrücken. *Beispiel:* Tisch A: vier Spieler, Tisch B: vier Spieler, Tisch C: vier Spieler; zwei Spieler rücken von A nach C, von B nach A und von C nach B. Sollten an manchen Tischen fünf Spieler, an anderen jedoch nur vier Spieler sitzen (also eine unterschiedliche Spieleranzahl), sieht die Punktevergabe wie folgt aus: 4, 3, 2, 1, 0. Ist ein Tisch dagegen mit drei Spielern unterbesetzt, ist die Punkteverteilung 3, 2, 0.

Handicap

Bei den Spielen mit Turniercharakter müssen Sie als Spielleiter besonders darauf achten, dass nicht der eine oder andere Mitspieler zum ewigen Verlierer wird, denn damit ginge die Spielfreude schnell verloren. Daher bieten sich bei den strategischen und taktisch ausgerichteten Denkspielen oder bei den auf Wortschatz und Erfahrung aufbauenden Wortspielen ausgeklügelte Handicapregeln an, die ich bei den einzelnen Spielempfehlungen vorstelle.

10 Goldene Tipps

- Übernehmen Sie die Schiedsrichterrolle.
- Stecken Sie vorher den Zeitrahmen ab.
- Geben Sie eine kurze Einführung in das Spiel.
- Wählen Sie ein passendes Spielsystem.
- Halten Sie Turnierformulare bereit.
- Legen Sie (eventuell) für schwächere Spieler Handicaps fest.
- Beginnen Sie jede Runde gleichzeitig.
- Achten Sie auf exakte Einhaltung der Regeln.
- Lassen Sie keine Kommentare von Zuschauern zu.
- Halten Sie (eventuell) Preise bereit.

Ausgewählte Literatur und Internet

Bücher

Agostini, Franco: DuMonts großes Spielbuch der Mathematik und Logik. DuMont, Köln 2006

Anton, Friedrich: Encyclopädie der Spiele. Otto Wigand, Leipzig 1879

Babsch, Fritz: Internationale und österreichische Kartenspiel-Regeln. Ferdinand Piatnik & Söhne, Wien, 1983

Bachmann, Dölf/Maier, Vene: Jassen, die schönsten Varianten. Perlen-Reihe Bd. 658. Deuticke-Verlag, Wien 2000

Bauer, Günther (Hrsg.): 5000 Jahre Würfelspiel. Institut für Spielforschung und Spielpädagogik, Salzburg 1999

—: Homo ludens – Der spielende Mensch, Bd. 1–4. Musikverlag Katzbichler, Salzburg 1991–1994

Bell, R. C.: Board and Table Games from Many Civilizations. Dover Publications, New York 1969

—: Board and Table Games 2. Oxford University Press, London 1969

Bewersdorff, Jörg: Glück, Logik und Bluff. Vieweg Verlag, Wiesbaden 2003

Blachetta, Walter: Das große Spielemagazin. Erich Klinghammer, Berlin 1942

Boterans, Jack: The Book of Games. Sterling, New York 2008

Bozulich, Richard: The Go Player's Almanac 2001. Kiseido, Tokio 2001

Brucker, Bernd: Die schönsten Würfelspiele. Heyne, München 2005

Buchenmath, Jürgen: Die 7. Seite des Würfels. Hugendubel, München 1990

Bücken, Hajo: Bluff-Spiele. Hugendubel, München 1996

Bücken, Hajo/Hanneforth, Dirk: Klassische Spiele ganz neu. Rowohlt, Reinbek 1990

—: Würfelspiele. Faljen, Niedernhausen 2001

Costello, Matthew: The Greatest Games of All Time. Wiley & Sons, New York 1991

Danyliuk, Rita: 174 + 1 Würfelspiele. Humboldt-Verlag, München 1981

—: Einmaleins der Kartenspiele. Humboldt-Verlag. München, 1972

Das große Krone Spielebuch. Hoffmann und Campe, Hamburg 1976

Das große Buch der Spiele. Éditions des Connaissances Modernes, Freiburg 1974

Dietze, Rudolf: Das neue Spielbuch. Verlag Tribüne, Berlin 1990

—: Was spielen wir? Verlag Tribüne, Berlin 1977

Dummett, Michael: The Game of Tarot. Duckworth, London 1980

Endrei, Walter: Spiele und Unterhaltung im alten Europa. Dausien, Hanau 1988

Engel, Michael: Das große Humboldt Domino-Buch. Humboldt, Baden-Baden 2004

Finkel, Irving: Games. British Museum, London 2005

Fritz, Jürgen: Theorie und Pädagogik des Spiels. Juventa-Verlag, Weinheim 1990

Gibson, Walter: Hoyle's Modern Encyclopedia of Card Games. Doubleday, New York 1974

Glonnegger, Erwin: Das Spiele-Buch. Otto Maier Verlag, Ravensburg 1988

—: Geschichte der Spiele. Otto Maier Verlag, Ravensburg 1984

Goren, Hoyle: Encyclopedia of Games. Chancellor Hall, New York 1961

Gorys Erhard: Das Buch der Spiele. Verlag Werner Dausien, Hanau 1988

Gottwald, Bernd / Speichert, Horst (Hrsg.): Die ausgezeichneten Spiele. Rowohlt Taschenbuch Verlag, Reinbek 1991

Gravier, Delphine: Brettspiele der Welt. Fleurus, Köln 2006

Hanneforth, Dirk / Mutschke, Andreas: Ärger-Spiele. Rowohlt, Reinbek 1991

Höfer, Katrin / Hesse, Peter: Das große Tipp-Kick-Buch. Humboldt / Schlütersche, Hannover 2008

Hoffmann, Detlef: Die Welt der Spielkarte. Hugendubel, München 1983

Huizinga, Johan: Homo Ludens – Vom Ursprung der Kultur im Spiel. Rowohlt, Reinbek 1956

Kastner, Hugo: Backgammon. humboldt / Schlütersche Verlagsanstalt, Hannover 2008

—: Das große humboldt Schach-Sammelsurium. Humboldt, Baden-Baden 2007

—: Die große humboldt-Enzyklopädie der Würfelspiele. Humboldt, Baden-Baden 2007

—: Fundgrube für Denksport & Rätsel. Cornelsen Scriptor, Berlin 2004

—: Fundgrube für Spiele. Cornelsen Scriptor, Berlin 2002

—: Snooker – Spieler, Regeln und Rekorde. humboldt, Baden-Baden 2006

Kastner, Hugo / Folkvord, Gerald: Die große humboldt-Enzyklopädie der Kartenspiele. Humboldt, Baden-Baden 2005

Knizia, Reiner: Das große Buch der Würfelspiele. Hugendubel, München 2000

—: Dice Games Properly Explained. Right Way, Reading 1999

—: Neue Taktikspiele mit Würfeln und Karten. Hugendubel, München 1990

Knopf, Michael: Spielen. Dtv, München 1999

Koulen, Michael: Die Mitte des Himmels. Hebsacker, Hamburg 2004

Krämer, Walter: Denkste! Campus-Verlag. Frankfurt / New York 1996

Kraus, Kristian: Das Buch der Glücksspiele. Goldmann, München 1966

Kropiwoda, Hermine: Schreib- und Würfelspiele. Albrecht Philler, Minden 1950

Lamford, Paul: 100 Backgammon Puzzles. Guilford 1999

—: Starting out in Backgammon. Guilford 2001

Lasker, Emanuel: Brettspiele der Völker. Scherl, Berlin 1931

Lasker, Emanuel: Das verständige Kartenspiel. Scherl, Berlin 1929

Loyd, Sam/Gardner, Martin: Mathematische Rätsel und Spiele. Dumont, Köln 1995

Magriel, Paul: Backgammon. The New York Times Book, New York 1976

Mayr, Wolfgang/Sedlaczek, Robert: Das große Tarockbuch. Franz Deuticke, Wien 2002

Mérö, László: Die Logik der Unvernunft. Rowohlt, Hamburg 2003

—: Grenzen der Vernunft. Rowohlt, Hamburg 2002

Morehead, Albert/Mott-Smith, Geoffrey: Hoyle's Rules of Games. Penguin Books, New York 1983

Müller-Alfeld, Theodor: Das Hausbuch der Spiele und Hobbies. Deutsche Buch-Gemeinschaft, Berlin/Darmstadt 1954

Obermair, Gilbert: Die beliebtesten Kneipenspiele. Pabel-Moewig, Rastatt 1994

—: Die pfiffigsten Münzspiele. Pabel-Moewig, Rastatt 1994

—: Auge um Auge. In: Spielbox Sonderheft 1984, S. 86-89

Parlett, David: The Guinness Book of Word Games. Guinness, London 1995

—: A History of Card Games. Oxford University Press, London, 1990

—: Card Games (Teach Yourself Books.) Hodder & Stoughton Ltd., London 1996

—: The Penguin Encyclopedia of Card Games. Penguin Books, London 2000

Pritchard, David: Das große Familienbuch der Spiele. Mosaik Verlag, München 1983

Pruss, Friedrich: Die schönsten Würfelspiele Falken Verlag Sicker, Wiesbaden 1972

Randolph, Alex: Alex Randolph. Drei Magier Verlag, Uehlfeld 2002

Reisinger, Klaus: Glocke & Hammer. Limitierte Ausgabe, Eigenverlag, Wien 2005

—: Tarocke. Kulturgeschichte auf Kartenbildern (5 Bände.) Eigenverlag, Wien 1996

Robertie, Bill: 501 Essential Backgammon Problems. New York 2000

Rororo Spielbuch. Rowohlt, Reinbek 1970

Rüger, Bruno: Das Buch der Spiele. Peter-Paul-Verlag, Feldberg 1952

Sackson, Sid: A Gamut of Games. Random House Inc, New York 1967

—: Kartenspiele der Welt. Hugendubel-Verlag, München, 1984

—: Spiele anders als andere. Hugendubel, München 1981

Scarne, John: Scarne on Dice. Military Service Publishing, Crown Publishers, Harrisburg 1945

—: Scarne's Encyclopedia of Games. Book Club Associates, London 1976

Schädler, Ulrich (Hrsg.): Spiele der Menschheit. Genf-Darmstadt 2007

Seipel, Wilfried (Hrsg.): Spielwelten der Kunst. Kunsthistorisches Museum, Wien 1998

Silverman, David: 100 unterhaltsame Denkspiele. Orbis, München 1993

Stewart, Ian: How to Cut a Cake. Oxford University Press, Oxford-New York 2006

Thiele, Rüdiger: Das große Spielvergnügen. Heinrich Hugendubel, München 1984

Thole Bernward/Werneck, Tom: Dominospiele. Fleurus, Köln 2006

Van Delft, Pieter/Botermans Jack: Denkspiele der Welt. Wilhelm Heyne, München 1979

Van der Heijdt, Leo: Face to Face with Dice. Gopher Publishers, Groningen 2001

Vogel, Heiner: Bilderbogen, Papiersoldat, Würfelspiel und Lebensrad. Edition Popp, Würzburg 1981

Wetter, Andreas u. a. (Hrsg.): Spiele entwickeln 2008. Dokumentation der 3. Deutschen Spieleautorentage. Weilburg, Hessen 2008

Whitehill, Bruce: Americanopoly. Musée Suisse du Jeu 2004

Spieleportale – Fachzeitschriften

games.aarp.org – Brettspiele online (engl.)

sunsite.informatik.rwth-aachen.de/luding – Riesige Datenbank (engl./dt.)

www.boardgamenews.com – Infos über Brettspiele (engl.)

www.brettspielnetz.de – Klassische und moderne Brettspiele online

www.brettspielwelt.de – Brettspiele online

www.cliquenabend.de – Alles über Gemeinschaftsspiele

www.deutscher-lernspielpreis.de – Empfohlene Lernspiele

www.deutsches-spiele-archiv.de – Größtes deutsches Privatarchiv

www.eurospielesammlergilde.de – Für Sammler von Spielen

www.fachgruppe-spiel.de – Dachgruppe der deutschen Spielwarenindustrie

www.fairplay-online.de – Spielermagazin

www.gamemob.de – Spieltipps

www.reich-der-spiele.com – Rezensionen, Spieltipps, News

www.spiel-und-autor.de – Für Spielautoren & Spielautorinnen

www.spielarchiv.de/websites/allgemein/start.htm – Spielarchiv mit Abbildungen

www.spielbox-online.de – Größtes deutsches Spielmagazin

www.spiele-check.de – Rezensionen, Foren, Infolisten

www.spielen.at – Größte österreichische Spiele-Website

www.spielerei.de – Zeitschrift rund ums Spiel

www.spielwiese.at – Spiele aus verschiedenen Blickwinkeln

www.superfred.de – Rezensionen von Spielern für Spieler

www.thedicetower.com/thedicetower/index.php – Große englische Games-Website

www.thegamesjournal.com – Artikel, Kritiken, Puzzles (engl.)

Spiel-Suche

Hier finden Sie zur schnellen Orientierung in alphabetischer Form alle in diesem Buch empfohlenen Spiele und Symbole (soweit für Varianten relevant).

A: Alter, **Min.**: Minuten (mindestens), **SZ**: Spielerzahl (Varianten inklusive), **G**: Gruppen (von/bis), **K**: kooperativ möglich, **S**: Solitärvariante, **T**: für Turniere geeignet, **P**: Partnervariante, **J**: Jeder gegen jeden, **H**: Handicap möglich, **e**: gut auf Englisch spielbar

Spiel	Förderung	A	ab Min.	SZ	G	K	S	T	P	J	H	e
6 nimmt!	Rechenkompetenz	10+	30	2–10				T		✕	±	
Activity	Kreativität	12+	30	3–16	••/••							e
Anno Domini	Allgemeinbildung	12+	10	1–30+	••••/••	Ω	☉			✕	±	
Äpfel zu Äpfeln	Sozialverhalten	12+	10	4–12					P	✕		e
Backgammon	Strategie	10+	10	2–6				T			±	
Black Stories	Sprachkompetenz	10+	10	1–30+		Ω	☉					e
Blokus	Raumvorstellung	8+	15	1–4			☉	T	P	✕	±	
Bluff	Rechenkompetenz	8+	10	2–6				T			±	
Can't Stop	Rechenkompetenz	10+	15	2–4					P	✕		
Darts	Motorik	8+	10	2–6	••/••			T	P	✕	±	
Der wahre Walter	Sozialverhalten	12+	15	4–10	•/•	Ω						
Domino	Rechenkompetenz	8+	10	2–9				T	P	✕	±	
Ein bisschen Mord muss sein	Sprachkompetenz	13–	45	4–7						✕		
Ein solches Ding	Kreativität	10+	30	2–30+	••/••	Ω		T		✕		
Es war einmal	Sprachkompetenz	10+	30	2–10						✕		e
Finito!	Rechenkompetenz	8+	10	2–4				T		✕	±	
Gambit 7	Allgemeinbildung	10+	30	3–30+	•••/•••	Ω				✕		

Spiel	Förderung	A	ab Min.	SZ	G	K	S	T	P	J	H	e
Gift Trap	Sozialverhalten	8+	45	2–30+	•/•	Ω				✕		e
Go	Strategie	10+	60	2				T			±	
Hive	Strategie	9+	20	2				T			±	
Labyrinth der Meister	Raumvorstellung	8+	30	1–4			☉		P	✕		
Linq	Sozialverhalten	8+	45	2–8	•/•	Ω				✕		
Memory (Künstler-memo/Zeitreise)	Gedächtnis	8+	20	2–8					P	✕		
Nobody is perfect	Sprachkompetenz	14+	30	3–13						✕		
Outburst	Allgemeinbildung	12+	10	2–30+	•••/•••	Ω				✕		e
Pandemie	Kooperation	12+	45	1–4		Ω	☉					
PitchCar	Motorik	8+	10	2–8	••/••			T		✕	±	
Professor Pünschge	Kooperation	12+	30	2–30+	••/••	Ω				✕		
Quartett	Gedächtnis	8+	30	2–8		Ω			P	✕		
Ricochet Robots	Gedächtnis	10+	15	1–30+	••/••	Ω	☉			✕		
Rush Hour	Raumvorstellung	8+	5	1–4			☉	T		✕		
Schach	Strategie	8+	10	1–4				T	P		±	
Scrabble®	Sprachkompetenz	14+	60	1–30+		Ω	☉	T		✕	±	e
Tabu	Sprachkompetenz	12+	30	2–30+	••/••	Ω		T	P	✕	±	
Time's Up	Kreativität	12+	30	4–12	••/••							e
Tipp-Kick	Motorik	8+	30	2–4				T	P			
Trivial Pursuit	Allgemeinbildung	14+	10	1–30+	••/••	Ω	☉			✕	±	e
Ubongo	Raumvorstellung	8+	10	1–30+			☉	T		✕	±	
Wer wird Millionär/Millionenshow	Allgemeinbildung	12+	30	2–30+	••••/••••	Ω	☉			✕		
Werwölfe von Düsterwald	Kooperation	10+	30	8–24		Ω						
Yinsh	Strategie	8+	15	2				T			±	